网络与新媒体专业系列丛书

新媒体平台运营与管理

罗健萍 陈思 编著

清华大学出版社

北京

内 容 简 介

本书作为新媒体平台运营与管理的教学用书,采用任务式教学模式,融合丰富的项目实训案例,系统、全面地介绍新媒体平台的运营策略、管理技巧和营销方法。

本书共分为 9 个项目,项目 1 讲解新媒体与新媒体运营的基础知识;项目 2 讲解新媒体账号的创建与设置;项目 3 讲解新媒体的内容运营;项目 4 讲解新媒体的用户运营;项目 5 讲解新媒体的活动运营;项目 6 讲解新媒体的产品运营;项目 7 讲解新媒体的社群运营与管理;项目 8 讲解新媒体平台渠道推广;项目 9 讲解新媒体数据化运营。

本书内容全面,专业性较强,能够切实有效地帮助读者掌握新媒体平台运营与管理方面的知识和技能。本书既可作为新媒体从业者学习新媒体平台运营与管理的入门指南,也可作为高等院校新媒体相关课程的实用教材。

图书在版编目 (CIP) 数据

新媒体平台运营与管理 / 罗健萍 , 陈思编著 .
北京 : 清华大学出版社 , 2024. 8. -- (网络与新媒体
专业系列丛书). -- ISBN 978-7-302-66886-2

Ⅰ . G206.2

中国国家版本馆 CIP 数据核字第 20248B5C26 号

责任编辑:黄　芝
封面设计:刘　键
版式设计:方加青
责任校对:韩天竹
责任印制:刘海龙

出版发行:清华大学出版社

   网   址:https://www.tup.com.cn,https://www.wqxuetang.com
   地   址:北京清华大学学研大厦 A 座   邮 编:100084
   社 总 机:010-83470000   邮 购:010-62786544
   投稿与读者服务:010-62776969,c-service@tup.tsinghua.edu.cn
   质 量 反 馈:010-62772015,zhiliang@tup.tsinghua.edu.cn
印 装 者:小森印刷霸州有限公司
经 销:全国新华书店
开 本:185mm×260mm 印 张:15.75 字 数:381 千字
版 次:2024 年 8 月第 1 版 印 次:2024 年 8 月第 1 次印刷
印 数:1 ~ 2000
定 价:59.80 元

产品编号:102788-01

1. 本书的编写初衷

互联网技术的快速发展让每个人都有机会发声，新媒体平台便是表达自我、分享观点和体验的重要渠道。随着新媒体的兴起，越来越多的个人、组织和企业选择通过新媒体平台进行信息传播、互动交流和品牌推广。因此，对于个人和企业而言，掌握新媒体平台的运营与管理技巧已经成为一项必不可少的技能。

在新媒体时代，企业需要运用新媒体平台进行品牌推广、产品营销和客户关系管理。通过有效的运营和管理，企业能够提高品牌知名度、拓展市场份额、增强客户黏性，进而实现企业的商业目标。同时，对于个人而言，通过在新媒体平台运营个人账号可以扩大自身影响力、展示才华、建立个人品牌，实现个人价值。

为了满足当前市场对新媒体平台运营与管理知识的需求，我们特别为新媒体运营者量身打造了本教材，旨在为学习者提供全面、实用的新媒体平台运营与管理方面的知识。

2. 本书的内容

本书遵循理论与实践相结合的理念，全面系统地介绍新媒体平台的运营策略、管理技巧和营销方法。我们深知理论是指导实践的基础，因此本书在介绍理论知识的同时，还结合了大量的实际案例和实践经验，帮助读者更好地理解和应用所学知识。

本书共分为9个项目和多个任务，采用"基本知识+操作技巧+课堂实训+课后作业"的结构进行编写，全书体现"有思想、有目标、有方法、有操作、有实战"的教学理念，不仅适合新媒体运营的学习者和从业者学习，更可作为高等院校新媒体运营相关课程的实用教材。

项目1：讲解新媒体与新媒体运营的基础知识，包括新媒体的相关概念、常见新媒体平台、新媒体运营概述、新媒体运营人员的核心技能与职业路径等内容。

项目2：讲解新媒体账号的创建与设置，包括新媒体账号的重要性、账号定位的基本要点、新媒体账号定位的四大技巧，以及搭建新媒体账号的步骤等内容。

项目 3：讲解新媒体的内容运营，包括内容运营的含义和目的、内容运营的基本形式、内容运营的核心要素、内容运营的方法与步骤，以及带货文案的写作技巧等内容。

项目 4：讲解新媒体的用户运营，包括用户运营的含义、作用、内容和体系，以及拉新用户、用户留存、激活用户和用户转化的方法等内容。

项目 5：讲解新媒体的活动运营，包括活动运营的作用、活动的基本类型、线上活动的优势、活动运营中的注意事项、活动运营的流程、不同平台的促销活动与玩法、活动创意及文案撰写要点等内容。

项目 6：讲解新媒体的产品运营，包括产品运营的概述、产品设置与定价、产品运营策略与实践等内容。

项目 7：讲解新媒体的社群运营与管理，包括社群运营的概念与特点、社群运营的优点、社群运营的商业价值，以及社群平台的管理与维护、社群运营方法与技巧等内容。

项目 8：讲解新媒体平台渠道推广，包括短视频平台、社交平台、资讯平台、电商平台的推广方式和技巧等内容。

项目 9：讲解新媒体数据化运营，包括数据化运营的概念、价值、思维、工作流程，以及数据化运营的常用工具和核心指标等内容。

本书由电子科技大学成都学院两位老师编写，其中，罗健萍负责本书的项目 1 至项目 5 的内容，陈思负责本书的项目 6 至项目 9 的内容。在编写过程中，尽管编者着力打磨内容，精益求精，但由于水平有限，书中难免有不足之处，恳请读者提出宝贵意见和建议，以便后续的再版修订。

编者
2024 年 6 月

目录

项目 1　新媒体与新媒体运营

　　随着互联网的普及和移动技术的发展，新媒体在人们的生活中扮演着越来越重要的角色。同时，新媒体自身的优势和发展前景也吸引越来越多的人投身新媒体这个行业。无论是商家还是个人，要想深耕新媒体，必须先认识新媒体并熟悉新媒体平台、新媒体运营，并掌握新媒体运营人员的核心技能。

　　本项目学习要点：

　　（1）认识新媒体。

　　（2）熟悉常见的新媒体平台。

　　（3）熟悉新媒体运营的概念、专业术语及思维、工作流程。

　　（4）了解新媒体运营人员的核心技能与职业路径。

任务1.1　认识新媒体

近年来，随着互联网的迅猛发展，新媒体作为一种新发展的媒体形态，为各行各业提供了新的营销平台。只有在了解新媒体的基本知识后，才能进一步了解新媒体运营这一岗位。

子任务1.1.1　什么是新媒体

新媒体是指基于互联网和信息通信技术的全新媒介形态。与传统媒体相比，新媒体具有实时性、互动性、个性化和多媒体等特点。它包括社交媒体、手机 App、微信公众号、博客、视频网站等各种网络平台和应用。通过这些平台和应用，用户可以自由获取、分享和发布信息，并与其他用户进行交流和互动。新媒体的出现和发展，给人们的生活和工作带来了巨大的改变，也对传统媒体产生了深远的影响。大家可以从图 1-1 所示的 4 个角度来理解新媒体。

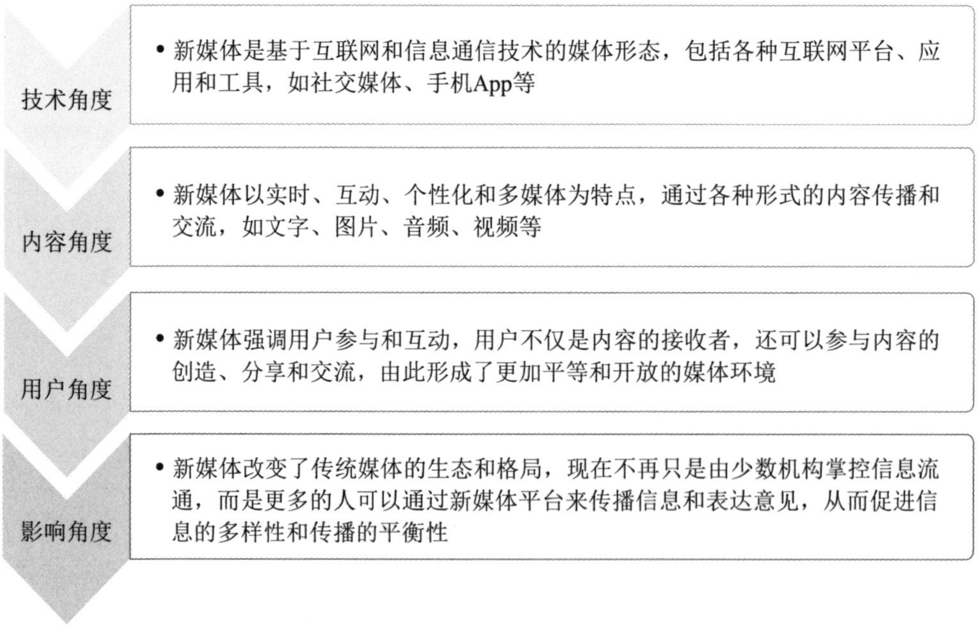

技术角度	• 新媒体是基于互联网和信息通信技术的媒体形态，包括各种互联网平台、应用和工具，如社交媒体、手机App等
内容角度	• 新媒体以实时、互动、个性化和多媒体为特点，通过各种形式的内容传播和交流，如文字、图片、音频、视频等
用户角度	• 新媒体强调用户参与和互动，用户不仅是内容的接收者，还可以参与内容的创造、分享和交流，由此形成了更加平等和开放的媒体环境
影响角度	• 新媒体改变了传统媒体的生态和格局，现在不再只是由少数机构掌控信息流通，而是更多的人可以通过新媒体平台来传播信息和表达意见，从而促进信息的多样性和传播的平衡性

图 1-1　理解新媒体的 4 个角度

子任务1.1.2　新媒体的分类

根据不同的分类标准，新媒体有不同的分类，图 1-2 所示是一些常见的新媒体分类。

1. 社交媒体

社交媒体是指通过网络平台和应用实现用户之间社交交流和互动的媒体形式，包括脸

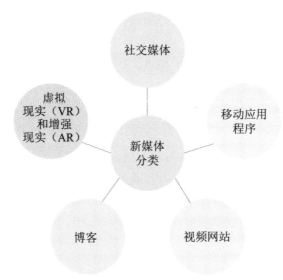

图 1-2 一些常见的新媒体分类

书（Facebook）、推特（Twitter）、微信（WeChat）和新浪微博等。它们为用户提供了发布动态、分享图片和视频、实时聊天等功能，成为用户交流和获取信息的重要渠道。

2. 移动应用程序

移动应用程序（App）是指可以下载和安装到移动设备上的应用程序，用户可以通过App进行各种操作，获取各种服务，如社交、购物、娱乐等。

3. 视频网站

视频网站是指提供在线视频播放和分享服务的网站，如 YouTube、腾讯视频、爱奇艺等。利用视频网站用户可以观看和上传各种视频内容。

4. 博客

博客是一种个人或机构通过网络发布文字、图片、音频、视频等内容的平台，如WordPress、新浪博客等。用户可以创建自己的博客，分享自己的观点、见解和经验。

5. 虚拟现实（VR）和增强现实（AR）

虚拟现实和增强现实是一种利用计算机图形技术将虚拟场景与现实世界进行结合的媒体形式。通过 VR 眼镜或 AR 应用，用户可以体验沉浸式的虚拟世界或将虚拟元素叠加到现实世界。

以上分类只是一部分新媒体分类。随着技术的不断发展和变革，新的媒体形式还会不断涌现。总体来说，新媒体的分类是多样化的，不同类型的新媒体都有其特点和功能，以满足用户多样化的需求。

子任务1.1.3 新媒体的特点

新媒体的特点在于其实时性、互动性、多样化、个性化、普及性等，如图 1-3 所示。

这些特点使新媒体在信息传播和社交互动方面具有独特的优势。

（1）实时性：新媒体具有即时传播的特点，信息可以在短时间内实时传达给用户。例如，社交媒体平台上的动态更新可以实时推送给用户，让用户及时了解和参与话题讨论。

（2）互动性：新媒体强调用户的参与和互动，用户不仅是信息的接收者，还可以参与内容的生成、分享和评论。例如，在社交媒体上，用户可以发布自己的动态、评论他人的帖子、形成互动交流的社群。

图 1-3　新媒体的特点

（3）多样化：新媒体以多媒体形式呈现内容，涵盖文字、图片、音频、视频等各种形式。这种呈现形式使得信息更加生动、直观，并能够满足用户多样化的需求。

（4）个性化：新媒体允许用户根据自己的兴趣和需求定制内容，满足个性化的信息获取，如订阅新闻或兴趣话题的推送，或根据自己的喜好和关注选择想要接收的内容。

（5）普及性：新媒体平台普及广泛，几乎每个人都可以通过手机、计算机等设备接入新媒体，获取信息并参与互动。这大大降低了信息获取的门槛，使得更多的人可以参与到信息传播和创造中来。

以社交媒体平台微博为例，它具有实时性的特点，用户可以即时了解朋友的动态，并与其互动；同时，用户也可以根据自己的兴趣点赞、评论和分享感兴趣的内容，实现个性化的信息获取和交流。此外，微博还提供了多种形式的内容展示，包括文字、图片、视频等，使得信息呈现更加生动、多样。这些特点都使微博成为一个重要的新媒体平台，改变人们获取信息和社交交流的方式。

子任务1.1.4　新媒体与自媒体的区别

很多人会混淆新媒体与自媒体，其实二者在定义、内容来源、形式风格、目的等方面都有着明显的区别，具体如表 1-1 所示。

表 1-1　新媒体与自媒体的区别

	新 媒 体	自 媒 体
定义	新媒体是指利用互联网和数字技术等新型媒介进行信息传播和交流的一种媒体形式，包括社交媒体、移动互联网、在线视频等	自媒体是指个人或小团队利用新媒体平台进行自我表达、创作和传播的一种方式，包括微博、微信公众号、知乎、自媒体网站等
内容来源	新媒体的内容来源广泛，可以来自官方机构、传统媒体、企业机构、个人等	自媒体的内容主要来自个人或小团队，通常以个人为中心，以个人的兴趣、经验、观点等作为内容创作基础

续表

	新 媒 体	自 媒 体
形式和风格	新媒体在形式上更加多样化和系统化，注重技术的融合和信息的大范围传播；风格上，新媒体强调信息的实时性、互动性和多媒体性	自媒体的形成更加个性化和灵活，强调个体或小团队的内容创作和传播；风格上，自媒体更注重内容的独特性和深度，以及个体或小团队的影响力
目的	新媒体的目的在于传播信息、推广品牌、提高知名度等	自媒体的目的在于表达个人的观点、分享个人的经验、吸引粉丝等

总体来说，新媒体是一种媒体形态，自媒体是一种创作者身份和行为方式。它们在一定程度上是相互关联的，但又有着明显的区别。

任务1.2   常见新媒体平台

常见的新媒体平台有社交媒体、短视频、音频、在线视频等平台，每个平台都有自己的特色和用户群体，人们可以根据自己的兴趣和需求选择适合自己的平台进行交流和获取信息。

子任务1.2.1   社交媒体平台

社交媒体平台是人们在互联网上使用各种在线社交工具来分享、交流、协作和互动的平台。这些平台可以帮助用户扩大社交圈子、与他人建立联系、分享自己的生活和职业经验、获取信息和娱乐等。

1. 社交媒体平台的特点

社交媒体平台已经成为现代社会人们获取信息、交流互动和娱乐的重要渠道。社交媒体平台具有如图 1-4 所示的几个特点。

（1）用户基数庞大：社交媒体平台的用户数量非常庞大，覆盖各个年龄段、不同职业领域和兴趣爱好等。这些用户通过社交媒体平台与他人进行互动和交流，分享自己的见解和经验。

（2）内容多样性：社交媒体平台提供了多种形式的内容，如文字、图片、视频、音频等。这些内容涵盖各种主题，如新闻、社交活动、娱乐、体育、科技等。

（3）实时性：社交媒体平台实时更新，用户可以随时关注和参与最新的讨论和事件，还可以迅速获取信息、分享自己的动态。

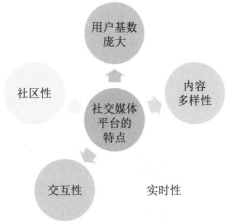

图 1-4   社交媒体平台的特点

（4）交互性：社交媒体平台具有高度的交互性，用户可以通过点赞、评论、转发等方式与其他用户互动。这种交互性可以帮助用户与他人建立联系、分享自己的经验和获取反馈。

（5）社区性：社交媒体平台将不同地区、不同背景的人聚集在一起，形成虚拟社区。这些社区可以为用户提供归属感、支持和资源。

2. 常见的社交媒体平台

社交媒体平台数不胜数，这里以国内和国外两个角度介绍常见的社交媒体平台。国内常见的社交媒体平台包括图1-5所示的微信、QQ空间、新浪微博等。

（1）微信主要侧重熟人圈的社交，其中，朋友圈、微信红包、公众号等功能已成为人们日常生活的焦点。

（2）QQ空间是一个展现个人特色的多媒体空间博客，人们在这里记录生活点滴。QQ空间的用户具有活跃度高、互动性强等特点。

（3）新浪微博是国内较大的娱乐休闲、生活、服务信息分享和交流的平台，也是媒体监控和跟踪突发消息的重要来源。

（4）百度贴吧是全球较大的中文社区，也是基于关键词的主题交流社区。

（5）豆瓣网集知识性和互动性于一体，以提供影评、书评和快速更新影音资讯而著称。

国外常见的社交媒体平台包括TikTok、YouTube等，如图1-6所示。

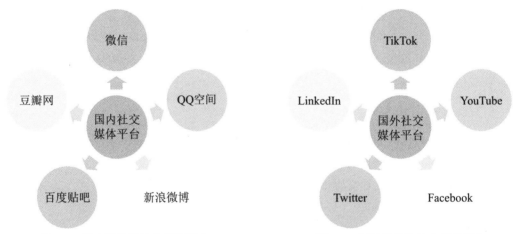

图1-5　国内常见的社交媒体平台　　　　图1-6　国外常见的社交媒体平台

（1）TikTok和YouTube属于视频类社交媒体，用户可以在此上传和分享视频内容。

（2）Facebook是全球最大的社交媒体平台之一，在这里用户可以创建个人资料、上传照片和视频，并与其他用户互动。

（3）Twitter是一种基于文本的社交媒体平台，用户可以发布短文、图片和视频等内容，也可以实时跟踪最新事件和话题。

（4）LinkedIn是一种职业社交平台，用户可以建立个人职业档案，分享个人工作经历和技能，寻找职业机会等。

这些社交媒体平台在全球范围内都有着广泛的应用和影响。

子任务1.2.2　短视频平台

短视频平台是指提供短视频分享、传播和观看的数字化平台，用户可以在这些平台创作、编辑和分享自己的短视频内容，同时也可以浏览、评论和点赞他人的作品。

1. 短视频平台的特点

短视频平台具有丰富的内容、广泛的用户群体和强大的技术支持等特点，这些特点使短视频平台在市场中具有较高的竞争力。具体有以下几个特点。

（1）短视频的时长通常为几秒到几分钟，这需要创作者将内容精练，以便观众能够快速理解。

（2）短视频平台的用户群体偏年轻化，这个群体对新鲜事物接受程度高，且对视觉冲击力强的内容有较高的兴趣。

（3）短视频平台上的内容丰富多样，如音乐、舞蹈、影视、搞笑、科技等，能够满足不同用户的需求。

（4）短视频平台的互动性较强，用户可以通过点赞、评论、转发等方式与其他用户互动，也可以通过参与挑战、直播等形式进行社交。

（5）短视频平台的创作者可以在平台上进行创作、编辑和分享个性化内容，也可以通过平台变现，例如，通过广告分成、付费观看等方式获得收益。

（6）短视频平台拥有强大的技术支持，如采用新的压缩技术提高视频质量、开发智能推荐算法以提供个性化的内容推荐等。

（7）短视频平台的商业化空间巨大，除传统的广告收益外，还可以通过电商、直播打赏、付费观看等方式盈利。

（8）短视频平台的操作简单便捷，用户可以随时随地分享自己的短视频内容，这使得短视频平台具有较高的用户黏性。

2. 常见的短视频平台

短视频平台数量众多，国内常见的短视频平台主要包括图 1-7 所示的抖音、西瓜视频等。

（1）抖音。是一款记录美好生活的短视频分享平台，通过智能推荐算法为用户创造丰富多样的玩法。

（2）快手。一款流行的短视频社交平台，用户可以创作、分享和发现各种有趣的短视频内容，记录生活点滴，传递快乐与正能量，探索无限可能。

（3）西瓜视频。字节跳动旗下的个性化推荐短视频平台，通过智能推荐算法帮助用户发现自己喜欢的视频。

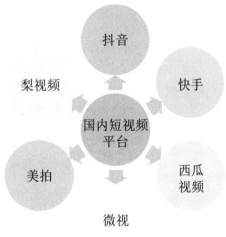

图 1-7　国内常见的短视频平台

（4）微视。腾讯短视频创作分享平台，用户可以通过 QQ 账号或微信账号登录，将拍摄制作的短视频分享给微信好友或分享到朋友圈、QQ 空间等。

（5）美拍。既可以直播，也可以制作小视频，深受年轻人喜爱。

（6）梨视频。是中国领先的信息短视频制作平台，视频大多在 30 秒到 3 分钟之间。

国外常见的短视频平台有以下几种。

（1）TikTok（之前叫 Musical.ly）。抖音国际版，是在全球范围内都非常受欢迎的短视频平台，提供各种创意滤镜和特效，让用户轻松制作高质量的短视频。

（2）Instagram。Facebook 旗下的社交应用，提供短视频功能，用户可以关注和浏览各个领域的专业人士或网红发布的短视频内容。

（3）YouTube。是全球最大的视频分享网站之一，用户可以上传、分享、观看和评论各种类型的视频内容。

（4）Snapchat。是一款以阅后即焚为特色的社交应用，用户可以制作和分享短视频、照片和文字信息等。

（5）Vine。是 Twitter 旗下的短视频分享应用，以简短和高质量的视频闻名。

总之，每个短视频平台都有其特点和定位，以及吸引不同类型用户的方式和方法。

子任务1.2.3　音频平台

音频平台是指提供音频内容分享、传播和收听功能的数字化平台，如音乐、讲座、有声读物等，用户可以在这些平台发布、收听、购买和下载各类音频内容。

1. 音频平台的特点

音频平台具有多样化的音频内容、广泛的用户群体、灵活的收听方式、较低的创作门槛、较强的交互性和较大的商业潜力等特点，这些特点使音频平台在市场中具有较高的竞争力和发展潜力。

（1）音频平台以音频内容为主要媒介，通过音频内容吸引和满足用户的需求。

（2）音频平台可以提供多样化的音频内容，如音乐、讲座、有声读物等，满足不同用户的需求。

（3）音频平台的用户群体比较广泛，有不同年龄、不同职业的群体，用户可以根据自己的需求选择不同的音频内容。

（4）音频平台的收听方式比较灵活，用户可以通过手机、计算机、平板电脑等设备随时随地收听音频内容。

（5）音频平台的创作门槛较低，用户可以自主创作和发布音频内容，这使音频平台上的内容更加丰富和多元。

（6）音频平台的互动性较强，用户可以通过评论、点赞、分享等方式与其他用户进行互动和交流。

音频平台的商业潜力较大，可以通过广告分成、付费收听、会员制度等方式实现盈利。

2. 常见的音频平台

音频平台数量众多，每个平台都有自己的特色和定位，用户可以根据自己的需求选择适合自己的平台。常见的音频平台如图1-8所示，主要包括喜马拉雅、荔枝等。

（1）喜马拉雅：中国最大的音频平台之一，提供广泛的音频内容，包括新闻、谈话节目、音乐、有声小说等。

（2）荔枝：专注于直播互动的音频社区，以情感和生活类话题为主，同时提供个人广播服务。

（3）蜻蜓FM：汇聚众多知名主播和专业创作者的音频平台，提供各种类型的音频内容，如电台节目、相声小品、情感治愈等。

图 1-8　常见的音频平台

（4）网易云音乐：集音乐播放、下载、分享和评论功能于一体的智能音乐平台，同时也拥有大量独立音乐人的作品。

（5）酷狗音乐：中国最大的音乐平台之一，提供音乐播放、下载、K歌和社交等功能。

子任务1.2.4　在线视频平台

在线视频平台是指提供视频内容上传、分享、观看和互动的互联网平台，用户可以在这些平台上观看电影、电视剧、综艺节目、直播等各类视频内容，同时用户也可以自己创作和发布视频内容，并与其他用户进行交流和互动。

1. 在线视频平台的特点

在线视频平台具有海量的视频内容、高清、流畅的视频质量、多终端支持、个性化推荐、社交功能等特点，这些特点使得在线视频平台在市场中具有较高的竞争力和广泛的应用。

（1）海量视频内容：在线视频平台提供了海量的视频内容，包括电影、电视剧、综艺节目、直播、短视频等各类视频内容，可以满足不同用户的观看需求。

（2）用户自制内容：在线视频平台鼓励用户自己创作和发布视频内容，这使得平台上的内容更加丰富和多元化，同时也能够促进用户之间的交流和互动。

（3）高清、流畅的视频质量：在线视频平台提供高清、流畅的视频质量，使用户能够享受到更好的视觉体验。

（4）多终端支持：在线视频平台支持多种设备和操作系统，用户可以通过电脑、手机、平板电脑等设备观看视频内容，同时也支持连接智能电视和机顶盒等设备。

（5）个性化推荐：在线视频平台通过人工智能算法，根据用户的观看历史、兴趣爱好等信息，为用户推荐个性化的视频内容，进而提高用户的观看体验。

（6）社交功能：在线视频平台支持用户之间的互动，用户可以通过评论、点赞、分享等方式与其他用户进行交流，增强用户之间的联系。

（7）广告和付费会员：在线视频平台通过广告分成和会员付费等方式实现盈利，用户可以通过付费成为会员，享受会员的更多优惠和特权，还能减少广告对用户的干扰。

2.常见的在线视频平台

常见的在线视频平台主要包括爱奇艺、优酷、腾讯视频等，如图1-9所示。

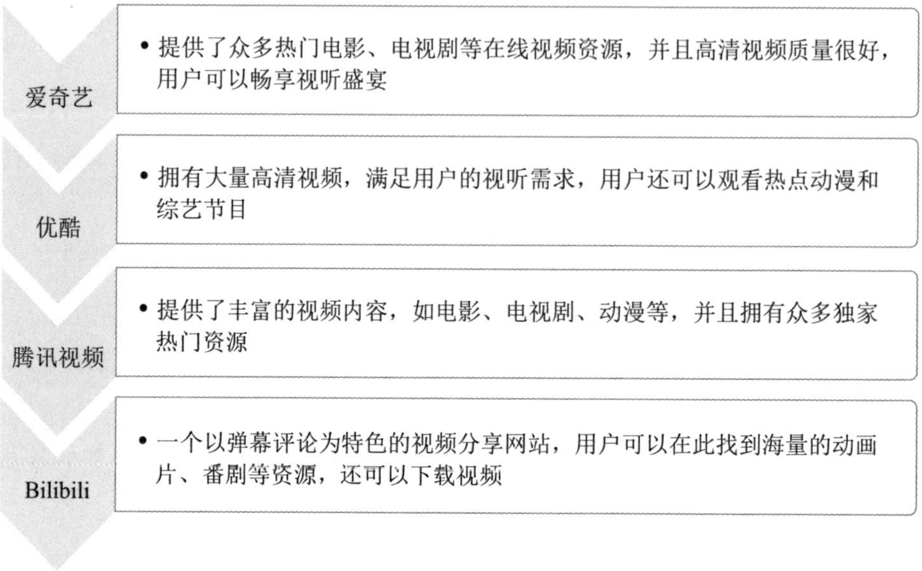

爱奇艺	• 提供了众多热门电影、电视剧等在线视频资源，并且高清视频质量很好，用户可以畅享视听盛宴
优酷	• 拥有大量高清视频，满足用户的视听需求，用户还可以观看热点动漫和综艺节目
腾讯视频	• 提供了丰富的视频内容，如电影、电视剧、动漫等，并且拥有众多独家热门资源
Bilibili	• 一个以弹幕评论为特色的视频分享网站，用户可以在此找到海量的动画片、番剧等资源，还可以下载视频

图1-9　常见的在线视频平台

以上在线视频平台都拥有各自的特点和优势，用户可以根据自己的喜好选择在线视频平台。

任务1.3　新媒体运营概述

前面认识了新媒体，接下来熟悉一下有关新媒体运营的概念、新媒体运营的专业术语，以及新媒体运营的常用思维。

子任务1.3.1　什么是新媒体运营

新媒体运营是指利用互联网和现代通信技术，运用新媒体平台和工具，在数字化的环境中对品牌、产品或服务进行宣传推广、营销推广和用户互动的过程。它是将传统媒体与互联网相结合，利用数字化、网络化等特点，实现品牌传播、用户沟通和商业运营的一种全新模式。本部分从新媒体运营的核心任务、重点、意义等方面来详细介绍新媒体运营。

1.新媒体运营的核心任务

新媒体运营的核心任务包括品牌传播、内容创作、用户互动、数据分析等。运营人员需要通过构建品牌形象和声誉、规划传播策略、创作优质内容、提供个性化用户体验等方法来实现品牌价值传递和用户参与。同时还需要通过对用户行为数据的分析和挖掘，不断优化运营策略和提升用户体验，实现用户数量增长和新媒体运营的商业效益。

2. 新媒体运营的重点

新媒体运营的重点在于与用户的互动和用户参与。在传统媒体时代，信息传播是单向的，而在新媒体时代，用户是内容的创造者和传播者，用户的参与与反馈对品牌的形象和声誉有着直接影响。因此，新媒体运营需要注重与用户的互动和沟通，建立与用户的良好关系，实现品牌与用户的深度互动和价值共创。

3. 新媒体运营的意义

新媒体运营的意义在于提升品牌的曝光度和知名度，增加品牌与用户的互动，促进用户转化和口碑传播，从而实现商业目标。通过运用互联网和现代通信技术，新媒体运营可以突破传统媒体的时空限制，实现全球范围内的传播和推广。同时，新媒体运营还可以借助大数据分析和人工智能等技术，深入了解用户需求与行为，提供精准、个性化的服务和推荐，提升用户体验感和满意度。

综上所述，新媒体运营是在数字化、网络化环境下，通过互联网和现代通信技术，利用新媒体平台和工具对品牌、产品或服务进行宣传推广、营销推广和用户互动的一种全新模式。它为品牌和用户之间的沟通和参与提供了更多的可能性，成为企业实现品牌价值和商业效益的重要手段。

子任务1.3.2　新媒体运营的专业术语

在新媒体运营过程中，会涉及很多相关术语，掌握这些专业术语有利于掌握新媒体运营的重点。表 1-2 所示为常见的新媒体运营专业术语。

表 1-2　常见的新媒体运营专业术语

术语分类	术语名称	详　　解
用户术语	种子用户	指那些能够为产品带来初期流量和口碑的用户。通常是那些对产品或服务有热情、乐于分享的人群，可以吸引更多的潜在用户
	重度用户	指那些频繁使用产品或服务的用户。他们可能是产品的核心用户，对产品的功能和体验有着深入的了解，可以为其他用户提供参考意见
	沉睡用户	指那些曾经使用过产品或服务，但现在已经停止使用的用户。对于企业来说，唤醒这些沉睡用户是一项重要任务，因为长期不活跃的用户可能会导致用户流失
	KA	Key Account，指那些对企业的经营业绩产生重要影响的客户（关键客户 / 重点客户）。这些客户通常是大型企业或机构，具有高消费频率和高客户利润率的特征
	KOL	Key Opinion Leader，指在某个领域内具有权威性的人，如行业专家、知名人士等。他们通常具有高影响力，可以影响其他用户的消费行为

术语分类	术语名称	详　解
用户术语	KOC	Key Opinion Consumer，指那些能够影响自己的朋友、粉丝等产生消费行为的消费者。他们可能是社交媒体上的意见领袖或网红，通过他们的推荐和分享可以吸引更多的潜在消费者
流量术语	PV	Page View，指页面访问量或点击量，是衡量网站或页面被访问次数的指标。用户每点击一次页面，就会被记录一次 PV
	UV	Unique Visitor，指独立访客数量，是用来衡量网站或页面的访问者数量的指标。如果一个 IP 地址的访客在一天内多次访问网站或页面，那么在 UV 的统计中，只会记录为一次访问
	RV	Repeat Visitors，重复访客，指通过互联网访问同一个网页或产品的重复触发用户数。这个指标可以用来衡量网站或页面的用户黏性
	TP	Time on Page，指页面停留时间，反映了用户花费在页面上的时间。它可以帮助了解用户对页面的兴趣度和参与度
	Ts	Time spent on the website，指用户在整个网站上的停留总时间。这个指标可以帮助了解用户对整个网站的参与度和兴趣程度
	CTR	Click-Through-Rate，点击率，指用户点击页面内容的次数与该内容向用户展示的次数之比。它是衡量广告效果和网页内容吸引力的一个重要指标
	Bounce Rate	跳出率，是指用户从当前页面跳出的比例，它反映了页面的用户体验效果
	CR	Conversion Rate，转化率，指从访问者到客户的转化率，它反映了网站或网店的营销效果
	VV	Video View，视频播放量，反映了视频内容的受欢迎程度和播放效果
	DAU	Daily Active User，日活用户数量，用来反映网站、网络游戏或应用的日常活跃用户数量，通常用于评估网站、网络游戏或应用的运营状况
	WAU	周活用户数量，用来反映网站或应用的每周活跃用户数量
	MAU	月活用户数量，用来反映网站或应用的每月活跃用户数量，通常用于评估产品的长期运营状况
内容来源术语	MCN	Multi-Channel Network，多频道网络，是一种网红经济的运作模式，主要通过培养、挖掘网红，打造 KOL 及个人 IP 品牌，并提供策划、设计、规划等服务，持续输出优质内容，从而实现商业的价值稳定变现
	UGC	User-Generated Content，用户生产内容，指用户将自己原创的内容通过互联网平台进行展示或者提供给其他用户，通常包括照片、视频、音频、文字等，例如，在优酷、抖音等视频平台上，用户可以上传自己拍摄或制作的作品

术语分类	术语名称	详　解
内容来源术语	BGC	Brand-Generated Content，品牌生产内容，这种模式以团队为核心，为受众提供与产品、品牌、生活方式相关的信息。BGC 可以帮助品牌更好地传达价值观和形象，提高品牌的知名度和美誉度
	OGC	Occupationally- Generated Content，职业生产内容，指由专业写手或外包团队等职业生产者创作的内容，通常包括新闻报道、行业分析、市场研究等，通常是由职业写手根据自身技能和经验创作而成
其他术语	用户画像	用户画像是通过对目标用户的深入了解和调查，总结出一组详细的特征和属性，包括用户的年龄、性别、职业、收入水平、兴趣爱好、行为习惯等。通过了解目标用户的画像，运营人员可以更好地理解他们的需求和偏好，从而制定出精准的营销策略，提供更有针对性的内容和产品
	人格化	人格化是将账号或品牌赋予人类特征或个性的一种策略，以更有趣、更引人入胜的方式与用户互动。通过人格化，可以将账号或品牌塑造成一个有血有肉的人物，与用户进行更亲密的交流，从而增强用户对账号或品牌的认同感和忠诚度
	调性	调性是指账号或品牌在内容、设计、语言等方面的整体风格和氛围。调性对于塑造品牌形象和吸引目标用户非常重要，它能够让用户感知到账号或品牌的独特魅力。通过保持一致的调性，账号或品牌可以在用户心中形成独特的感觉和记忆
	公域流量	公域流量就是属于公共的流量，不属于任何人的资源，属于平台的流量。企业要获取流量，就要依附于这些平台，按照平台的规则宣传推广（支付广告费或提供高质量内容）来不断获取新的流量。如淘宝、百度、抖音、小红书、今日头条等
	私域流量	私域流量是企业自己的流量，可以自由支配，不用付费，可以任意时间、任意频次，直接触达到用户的渠道，如 QQ、微信、微信公众号上粉丝等

对于一个新媒体运营人员来说，熟悉这些专业术语，不仅方便工作中的交流，还能体现其专业水平。

子任务1.3.3　新媒体运营的思维

在移动互联网时代，作为一个新媒体运营从业者，要想做好新媒体运营的相关工作，有必要了解新媒体运营思维。新媒体的常用思维主要包括流量思维、用户思维、裂变思维和大数据思维，下面详细介绍这四种思维。

1.流量思维

在移动互联网时代，无论是线下实体店铺还是线上店铺，无论是传统电商还是现在火爆的直播电商，都离不开流量思维。流量思维就是指在价值链的各个环节中都要以"流量的多少"去解决问题的一种方法。简单地讲，流量思维就是通过多种渠道获得大量用户传播的运营思维方式。流量思维的核心要点如图 1-10 所示。

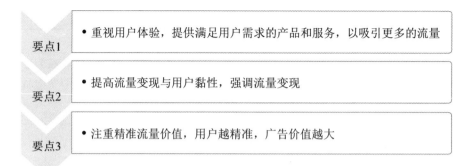

要点1	• 重视用户体验，提供满足用户需求的产品和服务，以吸引更多的流量
要点2	• 提高流量变现与用户黏性，强调流量变现
要点3	• 注重精准流量价值，用户越精准，广告价值越大

图1-10 流量思维的核心要点

流量思维是一种以用户为中心的思维方式，它强调通过多种渠道获取大量用户，并通过提供满足用户需求的产品和服务来吸引更多的流量，最终实现流量的变现和商业价值的最大化。

2. 用户思维

用户思维是站在用户角度思考、以用户为中心、为用户提供有针对性的产品和服务，树立"用户至上"的思维模式。用户思维是新媒体运营中至关重要的一种思维方式。用户思维的核心要点主要包括理解用户需求、以用户为中心等，如图1-11所示。

（1）理解用户需求：用户思维的核心。运营人员需要深入了解目标用户的需求，包括用户的痛点、喜好、习惯等。通过了解用户需求，为用户提供更精准、更有价值的产品和服务。

（2）以用户为中心：在新媒体运营中，必须始终把用户放在首位。所有的策略都应该以用户的需求为出发点，而不只是考虑自己的利益。

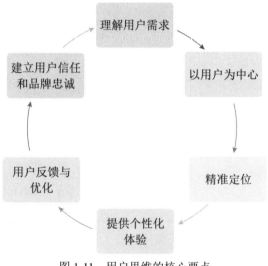

图1-11 用户思维的核心要点

（3）精准定位：对于新媒体运营来说，明确目标用户并对其进行精准定位是至关重要的。通过分析目标用户的基本属性、职业、兴趣等信息，可以更好地理解用户需求，并提供更符合用户需要的产品和服务。

（4）提供个性化体验：在了解用户需求和痛点之后，新媒体运营应该致力于提供个性化的体验。这可能涉及定制化的内容、个性化的推荐、专属的优惠等。

（5）用户反馈与优化：用户反馈是了解用户需求和优化产品或服务的重要途径。运营人员应该积极收集和分析用户的反馈，并根据反馈进行相应的优化和改进。

（6）建立用户信任和品牌忠诚：新媒体运营不仅要满足用户的需求，还要努力建立用户信任和品牌忠诚。通过提供高质量的产品和服务，建立良好的口碑，吸引更多的用户并保持用户忠诚度。

在运营过程中，不断深挖用户背后的需求，通过新媒体运营来展示产品以满足用户的这些需求，这样才能达到更好的运营效果。

3. 裂变思维

裂变思维是一种非常有效的思维方法，它通过让"一个用户带来多个用户"的思维模式，帮助企业或个人快速扩大用户群和影响力，提高品牌知名度和销售额。裂变思维的核心要点主要包括提供优质的产品和服务、设计裂变机制等，如图 1-12 所示。

（1）提供优质的产品和服务：裂变思维的核心是让用户满意并信任品牌，因此，企业或个人必须提供高质量的产品和服务，以满足用户的需求和期望。只有用户对产品和服务满意，才会愿意向他人推荐，从而带来更多的用户。

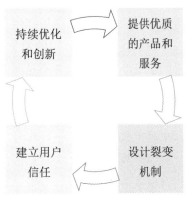

图 1-12　裂变思维的核心要点

（2）设计裂变机制：裂变思维的实施需要设计一套有效的裂变机制，包括如何让用户在使用产品或服务的过程中产生分享和邀请的动力等。如提供邀请奖励、积分兑换、分享返利等激励措施，以及简化邀请流程和操作步骤，让用户更容易邀请其他用户加入。

（3）建立用户信任：裂变思维的关键是建立用户信任。在实施裂变机制时，需要确保用户的个人信息和隐私得到保护，不能出现信息泄露和欺诈行为。同时，需要建立品牌形象，提高品牌知名度和美誉度，让用户对品牌产生信任和认可。

（4）持续优化和创新：裂变思维需要不断地优化和创新来适应市场的变化和用户的需求变化。企业或个人需要密切关注市场动态和用户反馈，及时调整裂变机制和策略，并进行不断的创新和尝试，以保持竞争优势和领先地位。

总之，裂变思维是一种具有辐射面广、转化率高、快速扩大影响力和资源价值等优点的思维方法。要成功进行裂变思维，必须注意提供优质的产品和服务、设计有效的裂变机制、建立用户信任及持续优化和创新。

4. 大数据思维

大数据思维指运用大数据分析来进行决策的一种解决问题的方法和思维模式。大数据思维是一种以数据为基础的思维方式，它需要获取大量数据、清洗和处理数据、找出有用的数据、深入分析和挖掘数据，并将结果进行可视化展示。只有运用大数据思维才能更好地帮助企业或个人做出更科学、更准确的决策。

大数据思维是一种非常重要的思维方式，它可以帮助我们更好地进行决策和解决问题。在运用大数据思维时，需要注意如图 1-13 所示的要点。

（1）数据获取：大数据思维要获取大量的数据进行更深入的分析和挖掘。数据的来源可以是不同的渠道，如社交媒体、数据库、调查等。在获取数据时需要注意数据的真实性和可靠性，避免使用不准确的数据。

（2）数据清洗：获取大量数据后，需要对其进行清洗和处理，以去除其中无用和重复信息，确保数据的准确性和有效性。在这个过程中，需要特别注意正确处理缺失和异常数据，避免对分析结果产生负面影响。

（3）找出真正有用的数据：大数据中包含的信息非常多，但并不是所有数据都有用。因此，在进行数据分析前，需要找出真正对决策有用的数据。这需要结合具体问题和目标来确定数据的筛选条件和分析数据的方法。

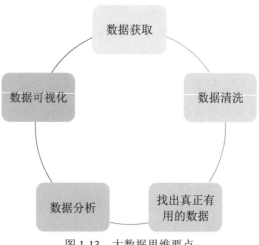

图 1-13　大数据思维要点

（4）数据分析：大数据思维的核心是对大量数据进行深入分析和挖掘。数据分析的方法有很多种，包括统计分析、数据挖掘、机器学习等。在分析数据时，需要注意数据的代表性和偏差，避免出现误判和偏见。

（5）数据可视化：数据分析后，为了让结果更加直观易懂，需要将数据以图表、图像等形式进行可视化展示，这可以帮助决策者更好地理解数据分析的结果，从而做出更准确的决策。

子任务1.3.4　新媒体运营工作流程

作为一个新媒体运营工作人员，每天的日常工作就是策划选题、撰写各类推文、查看收集各类账号发布文章的数据，然后对这些数据进行分析，找出数据背后的问题并对症下药，以便下次发布文章时避免出现同类问题。由此可见，新媒体运营工作只有遵守一定的流程，才能获取持续稳定的精准流量。新媒体运营工作流程可分为市场调研、内容创作、平台选取、数据测试、优化调整等五大阶段，如图 1-14 所示。

图 1-14　新媒体运营工作流程

1. 第一阶段：市场调研

市场调研是新媒体运营中至关重要的一环，它不仅帮助了解目标用户的需求和痛点，还可以通过竞品分析了解市场上的竞争态势和最佳实践，为新媒体运营提供参考。以下是关于市场调研阶段需要解决的问题的一些解释。

（1）用户痛点：通过用户调研，了解目标用户的需求、痛点和关注点。这些信息帮助新媒体运营人员明确产品或服务的设计方向和定位，从而提供真正有价值的产品或服务。

（2）产品卖点：基于用户痛点和需求，运营人员可以确定自己产品或服务的独特卖点。这些卖点可以是产品的特性、优势、附加值等，能够突出产品或服务的差异化，吸引目标用户并提高用户转化率。

（3）客户渠道活跃性：市场调研可以帮助运营人员了解目标客户在哪些渠道活跃，从而制定有针对性的营销策略。例如，如果目标客户主要在社交媒体上活动，那么运营人员就在社交媒体上加强推广和营销。

（4）竞品输出内容：通过竞品分析，运营人员可以了解竞品输出的内容、类型、质量和受欢迎程度。这些信息可以帮助运营人员制定相应的内容和策略，借鉴和参考竞品的成功经验，提高自己内容的质量和吸引力。

（5）阅读量和点赞数：市场调研还可以提供关于竞品内容的数据，如阅读量和点赞数。这些数据可以帮助运营人员了解竞品的受欢迎程度和影响力，从而评估出产品或服务与竞品之间的差距。

（6）转化路径：市场调研可以帮助运营人员了解目标客户的转化路径，即从接触产品或服务到最终购买所经过的步骤和环节。这些信息帮助运营人员优化产品或服务的用户体验，提高用户转化率和客户满意度。

（7）目标客户位置：市场调研还帮助运营人员了解目标客户的位置和分布情况，从而制定有针对性的营销策略和推广计划。例如，如果目标客户集中在某个城市或地区，运营人员就在该地区加强推广和营销。

只有通过深入的市场调研，才能真正了解目标用户的需求和痛点，制定有针对性的产品策略、营销策略和推广计划，提高产品或服务的品质和竞争力。

2. 第二阶段：内容创作

在内容创作阶段，运营人员需要根据市场调研的结果，规划并制作符合目标用户需求和兴趣的内容。以下是关于内容创作阶段的一些核心要点。

（1）撰写用户喜欢看的内容：内容创作要以用户为中心，紧紧围绕用户的需求和兴趣运营人员需要从目标用户的视角出发，撰写用户喜欢看、愿意看、需要看的内容。同时，还要保证内容有明确的观点，让读者在阅读时能够快速理解作者的意图和核心信息。

（2）选择适合渠道的文体样式：不同渠道的用户对内容的偏好不同，因此，运营人员要根据目标用户所在的渠道，选择适合该渠道的文体样式。例如，在社交媒体上可以使用短小精悍、生动有趣的文本样式；在博客或官方网站上，可以使用更为正式、规范的文本样式。

（3）使用热点新闻、热门事件写作爆文标题：为了吸引更多用户的关注，运营人员可以使用热点新闻、热门事件来写作爆文标题，以此吸引用户眼球，提高文章的阅读量和转发率。

（4）使用引经据典的金句紧扣主题：在内容创作中，使用引经据典的金句可以紧扣主题，加深用户的印象。这些金句可以是有趣的谚语、生动的比喻、引人入胜的故事等，能够让文章更加生动有趣。

（5）文章内容要有代入感，让读者产生共鸣：好的文章不仅要传递信息，还要让读者产生共鸣。运营人员需要在文章中使用贴近用户生活、工作的场景和例子，让读者更容易产生共鸣，提高文章的阅读体验和情感链接。

（6）通过产品故事和情怀吸引用户：在内容创作中，运营人员可以通过讲述产品的故事和传递情怀来吸引用户。这些故事和情怀可以是关于产品的发展历程、创始人的经历、用户的使用体验等，让用户更加了解产品的背景和价值，提高用户的购买意愿和忠诚度。

（7）通过蹭热点让读者持续阅读：为了吸引用户的注意，运营人员还可以通过蹭热点来撰写相关的内容。例如，在某个热门事件发生后，撰写与此相关的文章或评论，通过蹭热点来提高文章的阅读量和关注度。

（8）通过权威认证、名人背书、产品口碑、产品承诺等方式获得信任感：在内容创作中，运营人员可以使用权威认证、名人背书、产品口碑、产品承诺等方式来提高用户的信任感。这些方式包括引用权威媒体的评价、介绍文章中提到的名人背景、展示用户的好评截图等，让用户更加信任产品的品质和服务。

（9）根据产品特性、卖点分析和用户画像开展创意：运营人员根据产品的特性和卖点分析，结合目标用户的画像开展创意。这些创意包括将产品的特点融入内容中、使用有趣的图片或视频来展示产品等，让内容更加生动有趣、贴合用户需求和喜好。

在内容创作阶段，运营人员需要通过深入了解目标用户的需求和兴趣，结合渠道的特点和使用技巧，创意性地规划并制作符合用户需求的内容。只有这样，才能吸引更多用户的关注，并提高产品的知名度和影响力。

3. 第三阶段：平台选取

在新媒体运营中，选择适合的平台来投放内容是非常重要的。以下是关于如何选择投放平台的一些建议。

（1）了解平台特性：不同的新媒体平台有着不同的用户群体和特点，运营人员需要了解每个平台的特性，以便选择适合自己内容的平台。例如，小红书和微博等社交媒体平台适合发布短小精悍、有趣的内容，而微信公众号和知乎等知识分享平台则适合发布更为深入、专业的内容。

（2）根据内容类型选择平台：不同的内容类型适合在不同的平台上发布。例如，图文内容适合在微信公众号、微博、知乎等平台上发布，而短视频则适合在抖音、快手、秒拍等平台上发布。运营人员需要根据内容类型来选择合适的平台。

（3）考虑目标用户活跃的平台：运营人员需要了解目标用户所在的平台，并在这些平台上加强推广和营销。例如，如果目标用户主要是年轻人，就选择在抖音、快手、B站等年轻用户较多的平台上加强投放。

（4）节约成本和精力：在选择投放平台时，运营人员需要考虑精力和成本。如果人力和财力资源有限，可以选择一些性价比较高的平台进行投放，或者采用自媒体方式进行推广。

（5）提高投放平台的性价比：在选择投放平台时，运营人员需要综合考虑点击率、用户转化率、运营成本等因素，以提高投放平台的性价比。例如，通过优化广告创意、选用合适的关键词等方式来提高点击率和用户转化率，从而降低投放成本。

运营人员需要根据实际情况和需求来选择合适的平台，并综合考虑成本、效果和性价比等因素来提高投放效果。

4. 第四阶段：数据测试

数据测试在互联网运营工作中是非常重要的。通过数据测试能够更好地了解用户行为，优化产品或服务，并制定更有效的营销策略。以下是关于数据测试在运营工作中的一些具体应用。

（1）数据分析：通过数据分析，了解用户的行为模式、兴趣爱好和需求，从而找出产品或服务的问题和改进方向。例如，通过分析用户的使用数据，了解用户对产品的使用情况，从而找出产品的瓶颈和改进方向。

（2）数据驱动决策：在运营工作中，数据可以成为决策的重要依据。例如，通过测试不同内容在不同渠道的阅读量、点赞数、用户转化率等数据，可以制定出更有效的内容营销策略。此外，数据还可以用于优化产品或服务的定价、促销策略等。

（3）数据验证：通过数据验证来测试产品或服务的效果，找出最佳的产品或服务方案。例如，通过测试不同的广告创意、营销渠道等数据，找出最佳的广告策略和渠道。

数据测试可以贯穿到运营工作的各个阶段，包括市场调研、内容创作和渠道投放等。只有通过数据分析和测试，才能更好地了解用户需求和行为，优化产品或服务，并制定更有效的营销策略，提高产品的竞争力和市场占有率。

5. 第五阶段：优化调整

在数据测试工作完成后，需要针对测试结果进行优化调整。只有通过分析测试数据和用户调查，才能更好地了解用户的需求和行为，优化产品或服务，并制定更有效的营销策略，提高产品的竞争力和市场占有率。以下是关于如何进行优化内容和提高投放效果的一些建议。

（1）优化内容创意：对于测试效果不好的内容需要进行优化。具体来说，通过改进文章的结构、语言风格、图文搭配等方式来提高内容的可读性和吸引力。此外，还可以通过调查用户需求，了解用户喜欢的内容类型和话题，以便更好地满足用户需求。

（2）优化平台选择：针对不同平台的测试效果进行优化。如果某个平台的投放效果不佳，可以尝试寻找其他更适合内容的平台。此外，还可以通过了解不同平台的用户群体和特点，制定更加精准的投放策略，提高投放效果。

（3）产品创意与设计优化：针对产品的创意和设计进行优化。具体来说，可以通过改进产品的外观、功能、使用体验等方式来提高产品的吸引力和竞争力。此外，还可以通过了解用户对产品的反馈和意见，找出产品的不足和改进方向，并进行相应的优化。

任务1.4　新媒体运营人员的核心技能

新媒体运营是目前较为火热且有效的营销方式，对于新媒体运营的从业人员来讲，应该具备文案创意、内容创作、活动策划、用户运营、社群运营和数据分析六大核心技能，如图1-15所示。

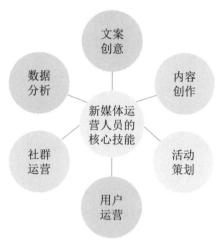

图1-15　新媒体运营人员的核心技能

子任务1.4.1　文案创意

文案既是新媒体运营人员的基本技能，也是运营人员的首要必备技能。无论是在哪种新媒体运营工具中，都离不开文案的创作。文案在销售产品的广告、商品详情页、品牌宣传的海报、活动页面以及渠道推广等方面都扮演着至关重要的角色。通过创意和精心写作的文案，运营人员可以吸引目标受众的注意力，提高品牌的知名度，促进产品的销售，从而实现运营的最终目标。

无论是销售文案还是品牌宣传文案，其主要目的都是为了引导用户进行转化，如购买产品、服务，或者对品牌进行更多的了解和关注。为了实现此目标，文案需要具有创意和吸引力，只有富有创意的文案才能吸引更多的用户点击和传阅，从而提高用户转化率。

卖点挖掘是文案创意的一个重要来源。通过深入了解产品的功能和使用效果，运营人员找出能够满足用户需求的卖点，从而为文案创作提供有力的支撑。此外，文案写作的技巧也至关重要。运营人员需要掌握吸引用户浏览文案、刺激用户购买欲望，并引导用户购买行动的技巧。这些都需要运营人员深入理解目标用户的需求和心理，同时结合产品或服务的特点和优势，进行有针对性的创作。

通过将创意和文案写作技巧结合起来，新媒体运营人员创作出有吸引力、个性化的文案创意，从而提高品牌知名度，促进产品的销售，实现运营的最终目标。

例如，小米MIX 4的文案如图1-16所示，"探索·未来全面屏"来清晰地打出该手机的特点和卖点，同时又具有吸引力和感染力。

"探索·未来全面屏"准确地表达了小米MIX 4的创新性和未来感，让人们感受到这是一款极具科技感和

图1-16　小米MIX 4的文案

引领未来趋势的手机。而且，"探索未来"强调了小米 MIX 4 在市场上的领先地位，让人们感受到购买这款手机就是站在科技的前沿，享受最新的科技成果。这个文案既有气势又有感染力，能够吸引人们的眼球并激发他们的购买欲望。

子任务1.4.2　内容创作

内容创作是新媒体运营的重要工作内容，它是指围绕产品和用户喜好创造、编辑和组织多元化的内容来吸引用户，例如，围绕产品撰写有趣的文案、公众号推文、抖音短视频、小红书笔记，以及网民喜闻乐见的潮流帖子都属于内容创作。内容创作的目的是通过内容来吸引用户阅读并认可产品，在用户心里"种草"，最终促使用户购买产品。

新媒体运营人员的内容创作技能主要包括以下几个方面。

（1）定位和规划：新媒体运营人员需要具备对内容的定位和规划能力，了解目标受众的需求和兴趣，以便创作出与之兴趣相符合的内容。

（2）文案创意和写作：文案创意和写作是内容创作的核心技能之一。新媒体运营人员通过创新的思维和技巧，创作出有吸引力和个性化的文案，同时注重语言的精练和生动，以吸引目标受众的注意力。

（3）图文设计和视频剪辑：新媒体运营人员需要掌握图文设计和视频剪辑能力，以便将创意和内容以更具有吸引力的方式呈现给目标受众。

（4）排版和呈现：新媒体运营人员需要注重内容的排版和呈现，以确保内容在社交媒体平台上的可读性和吸引力。

（5）声音和视觉表达：新媒体运营人员需要了解声音和视觉的表达方式，如音频、视频、图片等，以便将内容以更加生动和形象的方式呈现给目标受众。

（6）内容策略和布局：新媒体运营人员需要具备内容策略和布局能力，根据不同的社交媒体平台和目标受众，制定不同的内容策略和布局方案，以提高内容的传播效果。

以上这些技能对于新媒体运营人员来说是非常重要的，可以帮助新媒体运营人员更好地创作和传播内容，提高内容的吸引力和用户转化率。

例如，某达人在小红书发布一篇关于杯子的内容笔记，吸引了 6.8 万名用户点赞讨论，如图 1-17 所示。在这位博主内容火热的同时，内容中所提及的产品及店铺信息也得到了宣传，对该款杯子感兴趣的用户很大概率会进入店铺购买同款产品，新媒体运营人员由此完成营销。

图 1-17　某达人发布在小红书的内容笔记

子任务1.4.3　活动策划

活动策划是通过组织各种促销、营销活动来提高销售额、增加用户参与度、提升品牌知名度等特定目标的一种营销策略。运营人员可以根据实际营销需要，参加一些平台的日常活动或大促活动，或者策划一些个性化的活动，如秒杀活动、限时预售、限量促销等，以在短时间内提升目标数据。

活动策划不仅要求运营人员熟悉新媒体平台的各种活动规则，还要求他们具备活动创意、执行、控制和复盘等能力。具体来说，活动策划需要做好以下工作：

（1）活动创意：根据营销目标和平台特点，策划出符合用户需求的活动方案。

（2）活动执行：将创意方案付诸实践，包括活动规则制定、宣传推广、协调各方面资源、活动现场布置等。

（3）活动控制：对活动的全程把控，确保活动的顺利进行，及时解决出现的问题，并对活动效果进行评估。

（4）活动复盘：对活动的效果进行总结和评估，分析活动的成功和不足，并提出改进方案，为以后的营销活动提供参考。

总之，一个成功的活动策划需要运营人员具备全局观和策略思考能力，同时还需要具备良好的组织协调和执行能力。

例如，某鞋子直播间多款产品有新品上架活动和限时抢购活动，用户可以低于平时售价购买产品，如图1-18所示。在新媒体运营中，经常策划诸如此类的活动，能有效刺激用户的下单欲望，提升产品成交率。

图 1-18　某鞋子直播间新品上架和限时抢购活动页面

子任务1.4.4　用户运营

用户运营是指从用户角度出发，通过各种手段和策略，实现运营目标的过程。这些目标包括增加用户数量（拉新）、提高用户留存率、增强用户活跃度（促活）以及促进用户消费转化等。

1）用户运营的主要内容包括拉新、留存、促活等几方面。

（1）拉新：通过各种推广和营销手段，如广告、口碑传播、社交媒体等，吸引潜在用户，提高用户数量。

（2）留存：通过优化产品或服务，提高用户体验，增加用户满意度和忠诚度，减少用户流失。

（3）促活：通过各种活动和激励措施，如优惠券、积分、会员制度等，激发用户的活跃度和使用频率。

（4）消费转化：通过提高产品或服务的知名度、信任度和需求度，促进用户产生购买行为，提高产品或服务的销售额。

2）用户运营的主要目的是将新用户转化为老用户，并对老用户进行再营销以提高客户黏性和复购。为了实现这个目标，运营人员需要关注以下几方面。

（1）用户需求分析：深入了解用户的需求和行为，以便提供更好的产品或服务。

（2）用户分类管理：根据用户的不同特征和需求，将用户分成不同的群体，以便进行更有针对性的运营。

（3）用户活动策划：根据用户的需求和兴趣，策划各种营销活动，以提高用户的参与度和黏性。

（4）日常运营工作：包括维护社区秩序、回复用户留言、处理投诉等，以提高用户满意度和忠诚度。

总之，用户运营是新媒体运营中的重要环节，通过有效的用户运营，可以提高用户满意度、忠诚度和黏性，促进产品的销售和品牌的发展。

例如，某甜品实体店在收银处放置进群抢福利的提示，邀请用户扫码进入品牌微信群。为集中管理用户，运营人员常在群内分享抢购、秒杀等活动。图 1-19 所示为该甜品实体店的用户微信群。诸如此类的用户运营，旨在提高客户活跃度和产品或服务的成交率。

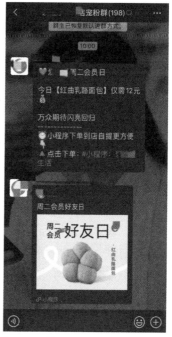

图 1-19　某甜品实体店用户微信群

子任务1.4.5　社群运营

社群运营是指通过运营社群来实现某种业务目标的过程，即通过社群形式来拉新、留存与管理客户，引导客户达成业务目标。社群运营的工作内容包括以下几方面。

（1）搭建和运营社群：运营人员需要搭建和运营不同类型的社群，包括微信群、QQ群、微博等社交媒体平台上的社群，并根据不同的业务目标和用户需求来制定社群运营策略。

（2）吸引精准用户加入：运营人员需要通过各种手段和渠道来吸引精准用户加入社群，提高社群的质量和影响力。

（3）策划线上活动：运营人员需要策划各种线上活动，包括话题讨论、问答互动、优惠券发放等，以吸引用户的参与和互动，同时也提高社群的活跃度和氛围。

（4）培养更多优质用户：运营人员需要通过各种手段和策略来培养更多优质用户，包括提高用户满意度、增加用户黏性、促进用户复购等。

（5）社群的管理和维护：运营人员需要对社群进行管理和维护，包括制定群规、回复用户留言、处理投诉等，以保持社群的良好秩序和氛围。

（6）创建激励机制来提升群成员留存率、复购率：运营人员需要创建激励机制来提高社群成员的留存率和复购率，如积分兑换、会员制度等，以增加用户的忠诚度和黏性。

因此，社群运营要求运营人员具备话题策划与沟通交流等能力，能够制定社群运营策略、策划线上活动、管理社群和维护良好的社群氛围，同时也要具备沟通交流能力，能够与用户进行有效的互动和交流，提高用户的满意度和忠诚度。

子任务1.4.6 数据分析

在新媒体运营过程中，数据分析是非常重要的一部分。运营人员需要不断地查看和分析大量的数据，以了解运营的真实状况，并进一步了解产品、用户和渠道。通过对数据的分析，可以帮助运营人员改进和优化运营策略，提高新媒体运营的效果和效益。

数据分析的基本工作流程包括以下几方面。

（1）明确目标：在进行数据分析之前，运营人员需要明确数据分析的目标。例如，了解不同平台用户群体的特征、分析内容的质量或者评估渠道广告的效果等。

（2）收集并整理数据：根据确定的目标，运营人员需要收集相关的数据并进行整理。这些数据可能是不同的来源，如新媒体平台、市场调研或者其他来源。

（3）确立数据指标并对其进行分析：在收集并整理数据之后，运营人员需要确立关键的数据指标，如用户增长速度、留存率、转化率等。再对这些数据指标进行分析，例如，通过对比不同时间段的数据指标来分析趋势，或者通过对比不同平台的数据指标来分析差异等。

（4）制作数据分析报告：在进行数据分析之后，运营人员需要将分析结果以图表或者文字的形式呈现出来，如制作数据可视化报表等。这份报告应该清晰地展示数据分析的结果和结论。

（5）制定运营决策：运营人员需要根据数据分析的结果和结论来制定相应的运营决策。例如，根据用户留存率低下的结论，制定提高用户留存率的运营策略。

总之，数据分析在新媒体运营中起着至关重要的作用。运营人员需要掌握数据分析的基本知识和技能，不断地分析和优化运营策略，以提高新媒体运营的效果和效益。

任务1.5 新媒体运营人员的职业路径

从就业方向来看，按照运营人员成长路径由低到高可分四个层级：运营专员、运营主管、运营经理、运营总监等，如图1-20所示。

（1）运营专员：新媒体运营的初级阶段，主要负责执行一些具体的运营任务，如内容策划、社交媒体发布、数据分析等。在这个阶段，运营人员通常需要掌握基本的社交媒体平台操作、内容创作技能和数据分析等能力。

图1-20 新媒体运营人员的职业发展路径

（2）运营主管：运营人员需要负责管理和指导一支运营团队，包括制定运营策略、分配任务、监控并分析数据等。除了自身的工作技能外，运营主管还需要具备团队管理、沟通和协调能力。

（3）运营经理：通常负责整个新媒体部门的运营工作，包括制定并执行整体运营策略、分析市场趋势、优化运营流程等。在这个阶段，运营经理需要具备更全面的业务知识和战略眼光，并能推动整个部门的业绩。

（4）运营总监：作为新媒体运营的最高级别，运营总监需要负责整个公司的运营战略和业务发展。他们需要关注市场的宏观趋势，制定并实施针对市场的创新性战略，并通过数据驱动的决策来提高公司业绩。运营总监需要具备全局观和领导力，能够在复杂的市场环境中做出正确的决策。

以上是新媒体运营的职业发展路径的四个层级，每个层级都有其特定的职责和技能要求。在职业发展过程中，运营人员需要不断提升自己的技能和知识，以适应不断变化的市场环境需求。

课堂实训　查找视频平台

观看视频

视频是新媒体运营中必不可少的内容。在手机端的应用市场（或 App Store）中查找视频平台，并根据介绍熟悉视频平台。这里以苹果手机为例，查看视频平台的步骤如下。

步骤 1： 打开并登录 App Store 账号，点击"搜索"按钮，进入搜索页面，如图 1-21 所示。

步骤 2： 在搜索框内输入关键字（这里以"视频"为例），点击"搜索"按钮，如图 1-22 所示。

图 1-21　进入 App Store 搜索页面

图 1-22　点击"搜索"按钮

步骤 3：弹出与搜索关键词相关的内容，如快手、腾讯视频等，如图 1-23 所示。

步骤 4：点击任意一个视频平台（以快手为例），查看平台信息，如评分、年龄、排行榜等，如图 1-24 所示。

步骤 5：下滑页面，可以查看更多平台信息，如图 1-25 所示。

图 1-23　弹出与搜索关键词相关的内容

图 1-24　查看快手平台信息

图 1-25　有关快手更多平台信息

经过查看信息，运营人员决定是否下载并安装平台以及在该平台更新内容，达到新媒体营销的目的。

课后作业

1. 列举 3 个常见的社交媒体平台及短视频平台。
2. 简要说明新媒体运营需要具备的思维。
3. 简要说明新媒体运营人员的核心技能。

项目 2　新媒体账号的创建与设置

账号定位是新媒体运营中不可或缺的重要环节。只有明确了账号的定位和目标用户群体，才能更好地制定营销策略、内容策略和品牌形象，提高新媒体运营的效果和价值。在进行新媒体运营时，应注重账号的设置和管理，以更好地发挥新媒体平台的作用。本项目从账号的重要性出发，详细讲解了新媒体账号定位的基本要点及技巧，旨在帮助用户迅速完成账号的创建与设置。

本项目学习要点：

（1）了解账号定位的重要性。

（2）熟悉账号定位的基本要点。

（3）掌握账号定位的 4 大技巧。

（4）熟悉搭建新媒体账号的步骤。

任务2.1　认识新媒体账号定位

常言道："物以类聚，人以群分"。运营者想吸引到什么领域的人群，就要做这个领域的专家或达人。而做专家或达人的第一步，就是创建一个符合人设的账号，一个有着鲜明特点的 IP 账号，能直接告知目标用户自己能为其带来什么价值，吸引目标用户关注账号，为账号变现做准备。

子任务2.1.1　账号的重要性

新媒体账号在新媒体运营中有着非常重要的作用，具体表现在如图 2-1 所示的几方面。

1. 提升品牌知名度和美誉度

新媒体账号可以帮助公司更好地将品牌信息传递给目标受众，通过发布优质的内容和互动，增强品牌的影响力和美誉度。

假设有一家名为"美味餐厅"的餐厅，希望提升自己的品牌知名度和美誉度。它可以选择在微信公众号、抖音或小红书等新媒体平台上开设账号，并通过在新媒体账号上发布有关美食制作和餐厅环境的视频、图片和文章，向目标受众展

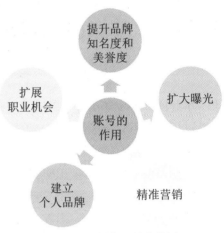

图 2-1　新媒体账号的作用

示自己的品牌形象和专业水平。例如，美味餐厅可以在微信公众号上发布精美的菜肴图片和详细的菜肴制作方法，吸引更多食客的关注。通过在抖音上发布短视频展示餐厅的环境和服务，让用户感受到美味餐厅的舒适和温馨。在小红书上，分享特色菜肴和独特的餐饮体验，吸引更多年轻用户的关注。通过这些新媒体账号的运营，美味餐厅的品牌知名度和美誉度将得到大幅提升。同时，这也将为美味餐厅带来更多的商业机会和经济收益。因此，对于想要提升品牌知名度和美誉度的公司或个人而言，拥有一个优质的新媒体账号是新媒体运营中不可或缺的一部分。

2. 扩大曝光

发布的内容可以被越来越多的用户看到，形成口碑传播效应，进而形成更大的品牌曝光度。

假设有一家名为"美妆小铺"的化妆品店，希望通过新媒体账号来扩大曝光，提高品牌知名度和美誉度。它可以在微信公众号、抖音或小红书等新媒体平台上开设账号并发布相关内容。

在美妆小铺的微信公众号上发布各种化妆品的使用心得、技巧和推荐产品，以及与美妆

相关的资讯和文章。通过这些内容的发布，美妆小铺可以吸引更多目标受众的关注，并形成口碑传播效应。在抖音和小红书上发布短视频和图片，展示美妆小铺的产品、服务和品牌形象。通过与用户的互动和分享，美妆小铺吸引更多用户的关注，并扩大品牌的曝光度。

此外，美妆小铺还可以通过与其他有影响力的新媒体账号合作，例如与美妆博主进行合作，在自己和美妆博主的账号上发布相关的内容和推荐，进一步扩大品牌的曝光度。

3. 精准营销

通过新媒体平台的用户画像和推广产品的相关特点，电商可以进行精准广告投放，提高广告点击转化率和销售额。

假设有一家名为"时尚精品"的电商平台通过新媒体账号来进行精准营销，提高销售额。它在微信公众号、抖音或小红书等新媒体平台上开设账号并发布相关内容。在时尚精品的微信公众号上，它发布各种时尚搭配、新品推荐和品牌介绍等内容，吸引目标受众的关注。通过分析用户画像，了解目标受众的兴趣和需求，进行精准广告投放，提高广告点击率和转化率。同时，时尚精品也可以在抖音和小红书上发布短视频和图片，展示产品、服务和品牌形象。通过与用户的互动和分享，时尚精品可以吸引更多用户的关注，并进行精准营销。

4. 建立个人品牌

对于个人而言，运营新媒体账号可以帮助建立个人品牌，扩大个人影响力，提高个人形象和知名度。

假设有一个名为"张老师"的培训师通过新媒体账号来扩大个人影响力和知名度，建立个人品牌。他在微信公众号、抖音或小红书等新媒体平台上开设账号并发布相关内容。在张老师的微信公众号上发布各种与培训相关的内容，如培训课程介绍、培训心得和技巧等，吸引目标受众的关注，并通过与用户的互动和沟通，建立个人品牌形象，提高个人影响力。此外，张老师也在抖音和小红书上发布短视频和图片，展示自己的专业能力和培训风格，吸引更多用户的关注。通过与其他有影响力的新媒体账号的合作，如与相关领域的专家或博主进行合作，张老师可以进一步提高个人知名度和影响力。

5. 扩展职业机会

对于求职者而言，一个有影响力和运营良好的自媒体账号可以作为个人可视化作品库，展现个人能力和专业素养，扩展个人的职业机会。

需要注意的是，新媒体账号的运营需要具备一定的基础知识和实践经验，需要不断学习、积累和提高运营技能水平。同时，新媒体账号的运营也需要根据自身的情况和目标受众进行定位和策划，不能盲目跟风或随意运营。

子任务2.1.2　账号定位的基本要点

认识到新媒体账号的重要性后，紧接着就要熟悉新媒体账号定位的基本要点，包括目标受众、核心方向、擅长领域、持续输出能力、用户画像和选择合适的平台等，如图2-2所示。

1. 目标受众

明确新媒体账号的目标受众，包括年龄、性别、地域、职业等，从而定位账号的内容和风格。

假设有一个新媒体账号的目标受众是18～35岁的年轻人，主要是大学生和年轻白领，这个目标受众群体对音乐、电影、科技、时尚、旅游等主题感兴趣，同时也希望获得一些职场经验和情感交流。

针对这个目标受众，新媒体账号可以选择发布与音乐、电影、科技、时尚、旅游等主题相关的内容，如音乐推荐、科技新产品的介绍、时尚搭配的建议、旅游攻略等。同时，也可以发布一些职场经验和情感交流方面的文章或视频，来满足这个受众群体的需求。

图 2-2　新媒体账号定位的基本要点

在确定目标受众时，可以通过市场调研、用户调研等方式来获取更多关于目标受众的信息，从而更好地定位账号的内容和风格。同时，要根据目标受众的偏好和需求的不断变化来不断地更新和调整内容，以保持与目标受众的紧密联系。

2. 核心方向

根据目标受众的需求和兴趣，确定新媒体账号的核心方向，可以是某个领域、某种兴趣爱好或者特定的主题。

假设目标受众是18～35岁的年轻人，主要是大学生和年轻白领，他们对音乐、电影、科技、时尚、旅游等主题感兴趣，同时也希望获得一些职场经验和情感交流。由此，新媒体账号的核心方向可以设定为"文化娱乐"，以音乐、电影、科技、时尚、旅游等主题为主，同时融入职场经验和情感交流的内容。

在确定核心方向时，需要深入了解目标受众的需求和兴趣，结合市场和行业趋势，选择一个能够吸引受众且具有竞争力的核心方向。同时，要注意核心方向并不是一成不变的，需要根据市场和受众的变化进行调整和优化，以保持新媒体账号的活力和吸引力。

3. 擅长领域

找到个人擅长的领域，可以是工作领域、专业方向或者个人能力等方面。根据这个领域来定位新媒体账号的内容和创作方向。

假设你是一名从事多年IT行业的人员，对计算机技术、互联网发展、数据分析等领域有较为深入的了解和实践经验，可以选择将这些领域作为擅长领域，在新媒体账号中发布与此相关的内容。

例如，发布关于新技术、新产品、行业动态等方面的文章或视频，分享你的经验和见解，还可以提供一些数据分析、计算机技巧等方面的干货内容，满足目标受众的需求。

在选择擅长领域时，需要充分发挥个人专业和经验优势，结合自己的兴趣和爱好，从而确定一个适合自己的方向。同时，要不断学习和提升自己的知识和技能，以保持在擅长领域的领先地位，并吸引更多的目标受众。

4. 持续输出能力

找到一个可以持续输出的方向，保证账号能够长期稳定地发布有质量的内容。

假设你的新媒体账号定位是"科技生活"，选择持续输出与科技、生活相关的内容。这意味着你需要不断地追踪科技行业的最新发展、趋势和产品，同时结合日常生活中的应用和体验，撰写和制作相关的文章、视频和图片等内容。

为了保持持续输出能力，首先，需要具备专业知识和良好的创作能力，能够不断地提供有质量的内容；其次，需要保持对市场和受众的敏锐洞察力，了解受众的需求和兴趣，以及行业的发展趋势；最后，需要制定合理的发布计划和内容规划，保证长期稳定地发布有质量的内容。

需要注意的是，持续输出并不意味着不断地发布新内容，而是有计划、有目的地推出与定位相关的高质量内容。同时，也要注重内容的质量，确保每篇内容都经过精心编辑和排版，以提高受众的阅读体验和忠诚度。

5. 用户画像

根据目标受众和定位来确定用户画像，包括用户的年龄、性别、地域、职业等特征，以及他们对内容的偏好和需求。

假设新媒体账号的目标受众是 18～35 岁的年轻人，主要是大学生和年轻白领，他们对音乐、电影、科技、时尚、旅游等主题感兴趣，同时也希望获得一些职场经验和情感交流。那么，用户画像如图 2-3 所示，包括年龄、性别、地域、职业、偏好等。

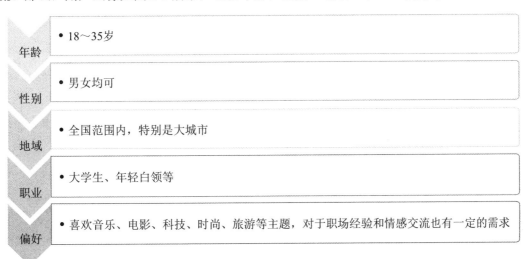

图 2-3　用户画像

在建立用户画像时，需要通过市场调研、用户调研等方式来获取更多关于目标受众的信息，从而更好地了解目标受众的需求和偏好。同时，也要注重与目标受众的互动和沟通，了解他们的反馈和建议，从而不断地优化和调整内容，提高目标受众的满意度和忠诚度。

需要注意的是，用户画像并不是一成不变的，需要根据市场和目标受众的变化进行调整和优化，以保持对目标受众的精准定位和吸引力。

6. 选择合适的平台

不同的自媒体平台有不同的特点和受众群体，选择适合自己的平台可以提高账号的针对性和曝光率。

假设新媒体账号的定位是"科技生活"，你选择在微信公众号、知乎和抖音三个平台发布内容。微信公众号可以发布文字、图片和视频等多种形式的内容，同时可以通过朋友圈和微信群进行传播，但其内容相对较多，难以获得更多的曝光；知乎则更注重知识的深度和广度，可以发布专业性的内容和回答问题等，但其流量相对较少；而抖音则以短视频为主打，通过算法推荐内容，可以获得更多的曝光和用户互动，但其内容相对简单，不利于深度思考。

因此，针对新媒体账号的定位和目标受众，你可以选择以微信公众号为主要发布平台，同时将知乎和抖音作为辅助平台，发布与科技、生活相关的短视频和回答问题等，以扩大受众范围和曝光度。

在选择合适的平台时，需要考虑不同平台的受众群体和特点，选择适合自己的平台。同时，需要了解每个平台的运营规则和算法机制，从而更好地制定内容策略和提高曝光度。

总之，新媒体账号的定位需要从多个方面进行综合考虑，以确定适合自己的方向和受众群体，从而实现账号的价值和效益。

任务2.2　新媒体账号定位的四大技巧

想要做好新媒体账号定位，需要掌握相应的技巧。虽然技巧众多，但有主次之分，其中最为重要的四大技巧包括身份角色定位、性格风格定位、内容类别定位以及表现形式定位。

子任务2.2.1　身份角色定位

每个账号都需要设置信息，如名字、头像、签名、背景图等，这些信息在一定程度上体现了一个账号的主旨和内容，也对账号的关注、互动起着重要影响。

1. 账号名称

账号名称对于账号的定位和内容是非常重要的。一个好的账号名称应该能够清晰地反映账号的主题和定位，同时又具有吸引力和独特性，能够引起人们的兴趣和好奇心。

在为账号取名时，建议使用简单易记、富有创意和个性化的名称，同时要尽量避免使用过于复杂或难以拼写的名称，以免让人感到困惑、难以记忆。

同时，账号名称也应该与其所在的平台相关联。例如，在抖音上，如果要取一个名字，这个名字应该能够和抖音平台相关联，让人们在看到账号名称时就能够想到抖音平台。

最后，账号名称不是一成不变的，可以根据账号的发展阶段和变化来适时地调整和更新。例如，如果账号从育儿领域扩展到了萌宠领域，就可以考虑将账号名称进行调整，以更好地反映这种变化。

例如，某抖音账号名字为"辰哥办公"，如图 2-4 所示。抖音账号的名称透露出其主要定位是关于职场办公技能的内容。

账号名称传达出几个关键信息：

（1）名称中的"辰哥"可能指的是这个账号的创建者或主要贡献者，表明账号可能是由一位有经验的专业人士创建的，这增加了账号的可信度。

（2）"办公"表明这个账号可能会涉及 Word、Excel、PPT 等办公内容，和职场办公技能紧密相关。

图 2-4　抖音"辰哥办公"账号首页

基于这个名字和上述分析，我们可以进一步推断这个账号可能会包括以下类型的内容：

① Word 制作技巧和指南。

② Excel 制作技巧和指南。

③ PPT 制作技巧和指南。

④ WPS 制作技巧和指南。

⑤ 职场技能提升。

⑥ 职场文化和生活。

此外，由于账号名称透露出专业性和权威性，可能会吸引那些在职场中需要使用 PPT，并且希望提升这方面技能的人群。

2. 设置头像

头像也是展示账号身份和定位的重要元素。选择一个与账号内容相关或符合品牌形象的头像，可以帮助用户更好地理解账号。同时，头像应该清晰、有吸引力且专业。

头像作为账号的视觉标识，对于账号的形象和吸引力起着至关重要的作用。一个好的头像应该能够与账号的主题和定位相符合，同时又能够吸引人们的注意力和兴趣。

图 2-5 包含了某医务人员的抖音账号头像。对于医务人员的抖音账号来说，使用一张医务人员穿着工作服的实图作为头像是一个很好的选择。这个头像不仅清晰美观，而且能够直接传达出这个账号与

图 2-5　某医务人员的抖音账号首页

医疗相关的信息。此外，实图也给人一种真实可靠的感觉，可以增强用户对该账号的信任度。

除了清晰美观和与账号内容相关联之外，头像的选择还应该考虑到与账号的定位和品牌形象相符合。例如，如果账号主要面向年轻人群，那么使用一张充满活力和青春气息的头像会更合适；如果账号主要面向专业领域的人群，那么使用一张简洁大气的头像可能会更合适。

此外，对于抖音等短视频平台来说，除了头像之外，还可以使用其他的创意方式来吸引用户的注意力和增强品牌的认知度。例如，可以使用一些特殊的滤镜或者特效来制作有趣的短视频，或者使用一些创意的字幕和标注来突出账号的主题和定位。

总之，头像作为账号的"门面"，应该与账号的主题、定位和品牌形象相符合，同时要保持清晰美观和吸引力。除此之外，还需要根据账号的平台和受众特点选择合适的创意方式来吸引用户的关注和互动。

对于一个刚创建好的抖音账号而言，设置头像可以从以下三方面考虑。

（1）美观度：头像作为账号的"门面"，应该能够吸引用户的注意力，并给人留下深刻的印象。因此，头像应该有足够的美观度和吸引力，同时，要保持清晰和简洁，避免模糊或过于复杂的图像。

（2）精准度：头像应该能够直接传达账号的主题和定位。因此，在选择头像时应该考虑账号的目标受众和定位，让头像与账号的主题和定位相符合，增强用户的认知和信任。

（3）直接度：对于抖音等短视频平台而言，头像通常会出现在用户的首页或者视频的封面中。因此，头像应该直接表达账号的内容和特点，让用户一眼就能够看出账号的主题和定位，避免让用户感到困惑或者无法理解。

除此之外，对于抖音等短视频平台而言，还可以使用一些创意方式来制作有趣的短视频或者标注文字来吸引用户的注意力和增强品牌的认知度。但是需要注意的是，创意方式应该与账号的主题和定位相符合，避免过于夸张或者脱离主题，以免对账号的形象造成负面影响。

3. 个性签名

签名可以提供关于账号的更多信息，如业务、服务或联系方式。签名应该简洁明了，同时包含关键信息，让人们可以轻松地理解你的品牌或业务。

个性签名除了能够补充账号身份角色定位之外，还具有很高的营销价值。下面是一些关于个性签名的建议。

（1）与账号定位相关：个性签名应该与账号的主题和定位相关联，能够直接传达账号的核心内容和特点。例如，如果账号是关于美食的，个性签名可以加入一些与美食相关的词汇或者烹饪技巧等内容。

（2）简短而有力：个性签名应该简短而有力，能够迅速传达账号的身份和价值。避免使用过于冗长或者难以理解的文字表述，以免让用户感到困惑或者无法产生兴趣。

（3）突出个人品牌形象：个性签名可以突出个人的品牌形象和特点，增加用户的认知和信任。例如，如果账号是关于健身的，个性签名可以加入一些与健身相关的词汇或者健身计划介绍等内容。

（4）与目标受众相符合：个性签名应该与目标受众相符合，能够吸引目标受众的关注和兴趣。例如，如果账号的目标受众是年轻人，个性签名可以更加活泼和时尚，符合年轻人的兴趣和喜好。

（5）包含联系方式：如果允许的话，个性签名中可以包含联系方式，如微信号、电话号码等，便于与用户快速联系。但要注意平台政策的规定，不要违反相关规定。

总之，个性签名是账号身份角色定位和营销价值的重要组成部分，应该从上述几方面考虑并设计出合适的个性签名，以便吸引更多用户的关注和互动。

例如，定位为美食达人的账号使用"美好的生活离不开美食、每天一道家常菜"，这样的个性签名可以吸引到喜欢烹饪美食的用户，如图 2-6所示。这个签名明确表达了该账号能为用户带来的价值，即提供新的菜谱和烹饪技巧，帮助用户提高烹饪技能和享受美食。

图 2-6　某美食达人的个性签名

同样，定位为健身达人的账号使用"健身达人某某某，获得某某奖项。关注我，每天晚上定时直播带操，一起塑造小蛮腰"，这样的个性签名可以吸引到喜欢健身的用户。这个签名不仅突出了账号主人的个人品牌形象和专业能力，还明确表达了该账号提供的服务和价值，即提供健身指导并帮助用户塑造理想身材。

通过在个性签名中明确表达账号的价值和特点，可以增加目标受众对账号的认知和信任，并提高关注度和互动性。同时，个性签名还可以作为账号与其他用户或相关人员进行交流和合作的桥梁，提高账号的影响力和带货转化能力。

4. 背景图设计

背景图是抖音账号主页的头图，是一个体现账号身份角色定位的重点位置，很多达人都会设计出较有吸引力的背景图，其目的就是更好地展示账号特点。

背景图可以提供关于账号内容的更多信息，也可以帮助营造品牌氛围。选择一个与账号内容或品牌形象相符的背景图，可以增强品牌的认知度和吸引力。

背景图能够为账号增加视觉效果，提高辨识度，同时还可以通过添加有趣的话术或利益点内容来吸引更多用户的关注。以下是一些关于背景图设计的建议。

（1）与头像相呼应：背景图的颜色和风格应该与头像相呼应，保持整体的一致性和协调性，增强账号的辨识度和专业性。

（2）突出利益点：在背景图中加入突出利益点的内容，如"你身边的房产专家，关注我私信咨询购房问题"等，可以吸引到对利益点感兴趣的用户，提高关注和互动率。

（3）人设介绍：在背景图中加入人设介绍，如"某某某，房产专家，拥有丰富经验"等，可以让用户更好地了解账号主人的专业背景和特点，增加信任和关注。

（4）活动通知：在背景图中加入活动通知，如"关注我们参与抽奖赢取奖品"等，可以吸引对活动感兴趣的用户参与，提高用户互动和转化。

（5）创意设计：在背景图中加入个性化的创意设计，如情感达人的情感文字、旗袍体验店的店铺地址等，可以增强账号的辨识度和吸引力，吸引到更多用户的关注。

例如，图2-7所示的"办公表格"背景图写道："关注我从0-1做个办公高手"，让有办公需求的用户在需求驱动下，主动关注账号并获得相关技巧和知识。

背景图设计是账号视觉形象的重要部分，应该综合考虑账号的定位、目标受众和品牌形象等因素，设计出符合账号身份、有吸引力和辨识度的背景图，以吸引更多用户的关注和互动。

图2-7 "办公表格"的背景图

子任务2.2.2 性格风格定位

账号的性格风格定位可以根据账号主人的自身性格特点、目标受众的喜好以及账号的主题和定位来决定。性格风格定位包括如图2-8所示的两种。

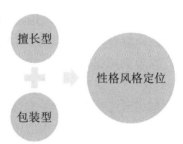

图2-8 账号的性格风格定位

1. 擅长型的性格风格

对于天生就有鲜明性格特点的人，可以直接在短视频中放大这些特点。例如，如果账号主人天生就给人一种温柔可人的感觉，就可以在视频中扮演一个知心姐姐的角色，为用户提供安慰和建议。如果账号主人有一种懂事可爱的性格，就可以在视频中扮演一个邻家妹妹的角色，为用户带来快乐和轻松的感觉。

2. 包装型的性格风格

即使账号主人没有天生的鲜明性格，也可以通过"包装"来创造一个具有吸引力和辨识度的角色形象。这种包装可以包括很多方面，如服装、语言、道具、背景音乐等，以便更好地吸引目标受众的关注并增强账号的辨识度。

对于需要带货营销的账号，通过包装来给粉丝留下良好的印象是非常重要的。例如，售卖母婴商品的账号，可以通过将自己包装成育儿专家的形象来增加粉丝对自己所推荐商品的信任度和接受度。这种专家形象可以通过提供有价值的信息、回答粉丝的问题、分享经验等方式来建立。

此外，根据目标受众的喜好来包装自己也是非常关键的。不同的目标受众有着不同的喜好和需求，账号主人需要了解目标受众的需求和兴趣，以便通过包装来呈现一个能够引起与目标受众共鸣的角色形象。

综上所述，通过合理的包装，可以增强账号的辨识度和吸引力，同时也可以提高账号主人的专业性和信誉度，从而更好地实现带货营销的目标。

创建一个账号并塑造一个具有鲜明性格风格的人物形象可以按照以下步骤进行。

（1）确定目标受众：首先需要确定目标受众，了解目标受众的兴趣、需求和喜好。这将有助于确定所要呈现的性格风格类型，如幽默、专业、可爱等。

（2）选择合适的角色：根据目标受众的喜好和需求，选择一个合适的角色。这个角色应该具有吸引力和辨识度，同时能够引起目标受众的共鸣。

（3）设计角色形象：设计角色的形象，包括服装、发型、语言、动作等。这些细节应该与角色的性格风格相符合。例如，如果角色是幽默的，可以选择一些轻松、有趣的服装和发型。

（4）制作相关道具：根据角色的性格风格，制作一些相关的道具。例如，如果角色是专业的，可以准备一些专业的书籍、工具或设备等，这些道具可以增加角色的可信度和辨识度。

（5）选择合适的场景：选择一些与角色性格风格相符合的场景。例如，如果角色是专业的，可以选择一些专业的场所作为视频拍摄的背景，如办公室、实验室等。

（6）策划相关情节：根据角色的性格风格和目标受众的需求，策划一些有趣的情节。这些情节应该能够展现角色的特点，同时也要吸引目标受众的关注。

（7）拍摄和制作视频：根据策划的情节，拍摄视频并制作相关内容。在视频中，要突出角色的特点和性格风格，同时也要注意视频的质量和效果。

（8）与用户互动：通过社交媒体等渠道与用户进行互动，了解用户的反馈和建议，以便不断改进和优化账号。

无论是擅长型还是包装型，账号的性格风格定位都应该与账号的主题和定位相符合，这样才能更好地吸引目标受众的关注。同时，账号主人应该在视频中保持一致的性格特点，以便让用户更好地记住和认识他们。此外，账号主人还可以通过参与社交媒体互动、与粉丝建立联系等方式来进一步增强账号的性格定位和辨识度。

总之，创建一个账号并塑造一个具有鲜明性格风格的人物形象需要注重细节，并从多方面入手：通过确定目标受众、选择合适的角色、设计角色形象、制作相关道具、选择合适的场景、策划相关情节、拍摄和制作视频以及与用户互动等方式，可以增强用户对账号的记忆和关注度。

子任务2.2.3　内容类别定位

新体内容类别定位是指选择一种适合自己且具有独特性的内容类别，以便在社交媒体或内容平台上吸引目标受众的关注。以下是关于选择内容类别的一些建议。

（1）了解目标受众：首先需要了解目标受众的兴趣、需求和喜好，以便选择适合他们的内容类别。例如，如果目标受众是年轻人，可以选择一些时尚、美食、旅游等与年轻人兴趣相关的内容类别。

（2）选择热门内容类别：选择一些热门的、关注度高的内容类别可以吸引更多的用户。如搞笑、美食、旅游、美妆等，都是比较热门的内容类别。

（3）不要太过杂乱：选择一个具体的内容类别可以更好地定位账号，提高账号的辨识度和关注度。当然，也可以选择一些稍微宽泛的内容类别，但不要太过杂乱，以免无法吸引目标受众。

（4）考虑后续发展：在选择内容类别时，也需要考虑后续的发展方向和商业合作机会。例如，如果选择美妆类别，可以考虑与化妆品品牌进行合作，通过广告植入或推广来获得收益。

（5）创造独特性：虽然选择热门内容类别可以吸引更多用户，但也需要考虑如何在这个类别中脱颖而出。也可以选择一些独特、有个性的内容，或者在某个方面特别突出，从而吸引目标受众的关注。

总之，在选择内容类别时，需要综合考虑目标受众、热门内容类别、后续发展、独特性等因素，以选择一个适合自己的内容类别，并努力创造出独特的价值。根据整理发现，受欢迎短视频内容主要包括如图 2-9 所示的 6 种。

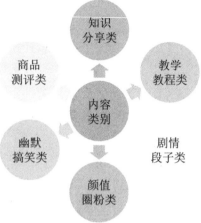

图 2-9　短视频内容类别定位

1. 知识分享类

教育知识短视频是以教育内容为主题的短视频形式，旨在通过简洁明了的方式传授知识点、解析问题、分享学习经验等，为观众提供有益的学习资源。这种类型的短视频具有以下特点和优势。

（1）知识传递效果好：教育知识短视频以清晰、简洁的方式传达知识点，易于被观众理解和接受。通过图文并茂、动画解说、例子说明等手段，能够帮助观众更好地理解和记忆知识内容。

（2）提供多样化的学习资源：教育知识短视频可以覆盖不同学科和领域的知识点，提供多样化的学习资源，观众可以根据自己的学习需求，在短时间内获取到丰富的知识内容。

（3）引发学习兴趣和潜力：通过生动有趣的方式呈现教育知识，能够引发观众的学习兴趣，激发学习的潜力。观众更容易保持专注并对知识内容保持兴趣，从而提高学习效果。

（4）方便灵活的学习方式：教育知识短视频可以随时随地通过移动设备观看，观众可以根据自己的时间和地点选择学习，提供了方便灵活的学习方式。无论是在上下班途中、空闲时间还是家里休闲时刻，观众都可以通过观看短视频来进行有效学习。

（5）推广深度学习：教育知识短视频通常会提供一定的学习深度，能够更好地帮助观众理解和消化知识点。通过多次观看和反复学习，观众可以逐渐建立起对某个知识领域的深入理解。

教育知识短视频通过使用简洁明了的方式传授知识，为观众提供有益的学习资源，从而提高学习效果、引发学习兴趣，并提供方便灵活的学习方式。这种形式的短视频在教育领域具有广阔的应用前景。

例如，某摄影知识教学类账号，该账号的内容以实用的摄影教学为主，吸引了大量用户关注。目前该账号拥有 800 多万粉丝，如图 2-10 所示。该知识类账号的视频点赞、评论数也较为可观。

2. 教学教程类

教学教程类视频通常包括各种类型的学习内容，如学术课程、技能培训、讲座等。如图 2-11 所示为一些常见的教学教程类视频类型。

（1）学术课程：这些视频通常涵盖各种学科，包括数学、科学、历史、文学等。有些是高中或大学课程的录像，有些则是由专业教师或学者创建的课程。

（2）技能培训：这些视频专注于特定的技能或技术，例如编程、绘画、烹饪、语言学习等，通常由经验丰富的专业人士或专家制作，以帮助学习者掌握新的技能或提高现有的技能。如图 2-12 所示，某手工教程账号，已经积累了 800 多万粉丝。

图 2-10　某摄影知识分享类账号

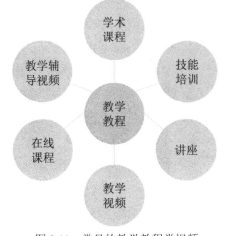

图 2-11　常见的教学教程类视频

图 2-12　某手工教程账号

（3）讲座：这些视频通常是在一次性的讲座或研讨会中录制下来的，有时候也叫"公开课"，可以涵盖各种主题，包括科学、历史、哲学、文化等主题。

（4）教学视频：这些视频通常是由教师制作，用于课堂教学，可以是预先录制的，也可以是实时录制的。这些视频通常覆盖特定的主题或课程。

（5）在线课程：这些视频是专门为在线学习设计的，通常包括实时互动元素，如实时聊天、虚拟教室等。这些课程的目标是使学习更加灵活和方便。

（6）教学辅导视频：这些视频通常是为学生在家自学而制作的，可以涵盖各种主题，如解决特定的问题、解释复杂的概念，或者介绍新的课程。

制作教学教程类视频的目标是帮助学习者更好地理解和掌握特定的概念或技能。好的教学视频应该具有清晰的结构，适当使用视觉辅助工具，如图、表、动画等，以增强学习效果。此外，针对不同的学习风格和需求，制作者们也应该尝试使用不同的教学方法和技巧。

3. 剧情段子类

剧情段子类视频是一种以娱乐和情感吸引观众的视频类型。它们通常以叙事性的段子或故事为基础，具有丰富的情节和情感元素。图 2-13 所示是一些常见的剧情段子类视频的类型。

（1）情景喜剧：这些视频通常以日常生活的各种情境为基础，通过幽默和搞笑的方式展现人物间的互动和冲突。这些视频往往具有鲜明的角色和独特的幽默感。

（2）微电影：这些视频比传统的电影时间短得多，通常在几分钟到几十分钟之间。微电影往往有一个主题或故事，可以展示各种情节和人物。

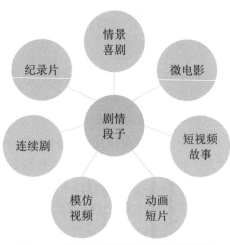

图 2-13　常见的剧情段子类视频的类型

（3）短视频故事：这些视频通常以一个简短的故事为基础，通过视觉和音频效果来吸引观众。这些视频通常在数分钟到数小时之间，可以包含各种情感和情节。

（4）动画短片：这些视频使用动画技术来呈现故事或段子，可以涵盖各种主题和风格，儿童动画、实验动画均属于动画短片。

（5）模仿视频：这些视频通常模仿或恶搞流行的电影、电视剧或网络视频，使用类似的情节、对话和角色来创造出新奇的版本。

（6）连续剧：这些视频通常由一系列相关视频组成，每个视频都展示一个情节或事件。连续剧视频通常以一个主题或故事线索为基础，吸引观众继续观看系列中的下一个视频。

（7）纪录片：这些视频通常是关于一个特定主题或事件的详细记录，通常以真实的事件和人物为基础，有时会包含访谈和现场拍摄。例如，纪录片《河西走廊》截至作者写此部分内容的时间更新至第 6 集，共获得 349.4 万次播放，如图 2-14 所示。

制作剧情段子类视频需要创意、情感和故事的有机结合，以吸引观众的注意并激发情感反应。成功的剧情段子类视频通常具有吸引人的角色、精彩的情节和引人入胜的故事。

4. 颜值圈粉类

颜值圈粉类视频是指以展示个人魅力、吸引观众关注为目的，主要通过表演、才艺、外貌等元素来吸引观众的视频。这类视频通常以年轻、时尚、美貌的个体为

图 2-14　纪录片《河西走廊》页面

主要对象，强调个性和风格，通过展示自己的魅力和才艺来吸引粉丝关注。如图 2-15 所示，为常见的颜值圈粉类视频类型。

（1）美妆教程视频：这类视频主要以美妆、护肤为主，通常由年轻、美貌的时尚博主发布。他们会教观众如何画适合自己的妆容，如何选择适合自己的护肤品，甚至如何进行微整形等。

（2）时尚穿搭视频：这类视频主要以展示时尚、潮流的服装搭配为主，通常由时尚博主、模特等发布。他们会展示自己的服装搭配，分享自己的穿搭技巧，甚至会教观众如何进行服装搭配等。

（3）音乐视频：这类视频主要以音乐、歌唱为主，通常由歌手、音乐人等发布。他们通常会演唱自己的歌曲，或者翻唱一些经典的歌曲，同时也会分享自己的音乐创作过程等。

（4）运动健身视频：这类视频主要以运动、健身为主，通常由健身教练、运动员等发布。他们通常会展示自己的运动技巧，分享自己的健身经验，甚至会教观众如何进行运动健身等。

例如，抖音平台上的某美妆账号，主要输出美妆相关的干货内容，目前，该账号已积累了 2000 多万粉丝关注，其账号主页如图 2-16 所示。

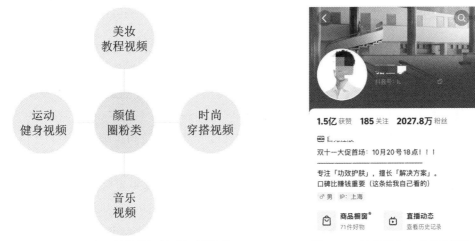

图 2-15　常见的颜值圈粉类视频类型　　　图 2-16　抖音平台上某美妆账号主页

颜值圈粉类视频通常以年轻、时尚、美貌的个体为主要对象，强调个性和风格。这类视频通常需要观众对特定对象进行认同和追捧，因此这类视频需要吸引观众的关注和喜爱，同时，也需要不断创新和改进，以吸引更多的观众关注和追捧。

5.幽默搞笑类

搞笑短视频以幽默搞笑的元素为主题，通过制造笑点和喜剧效果来引起观众的欢笑。这种类型的短视频具有以下特点和优势。

（1）娱乐性强：搞笑短视频注重娱乐性，通过幽默的剧情、搞笑的对白、滑稽的表演等方式，能够引起观众的欢笑。观众可以通过观看搞笑短视频来放松心情，缓解压力。

（2）快速吸引注意力：搞笑短视频通常采用快速切换和紧凑的剪辑方式，能够迅速吸引观众的注意力。短时间内集中呈现笑点，让观众很快进入快乐的氛围。

（3）社交分享效果好：搞笑短视频通常具有较高的分享价值，观众会将有趣的视频分享给他人。这种社交分享能够扩散视频内容，增加观众和粉丝的互动。

（4）构建个人形象：创作制作搞笑短视频的个人或团队，可以通过逗乐观众赢得关注，积累粉丝，形成个人或品牌形象，并引发商业机会，如代言、演出、品牌合作等。

（5）跨平台传播：搞笑短视频适应不同的短视频平台和社交媒体平台，可以通过分享、点赞、评论等互动方式在不同平台上进行传播。观众可以通过多个平台观看和分享搞笑短视频，进一步扩大影响力。

总体来说，搞笑短视频以幽默搞笑的元素为主题，通过制造笑点和喜剧效果来引起观众的欢笑。这种形式的短视频具有很高的娱乐性和社交分享效果，能够吸引观众的注意力，并构建个人形象或品牌形象，进而带来商业机会。

例如，某搞笑抖音账号一直走搞笑路线，目前已收获 900 多万粉丝，如图 2-17 所示。

打造幽默搞笑的短视频内容，可以运用各种创意技巧和方法对一些比较经典的内容和场景进行视频编辑和加工；也可以对生活中一些常见的场景和片段直接进行恶搞的拍摄和编辑，从而打造出幽默、有趣，能使人发笑的短视频内容。

6. 商品测评类

商品测评类视频是指对特定商品进行测试、评估和推荐的视频。这类视频通常以消费类（如电子产品、化妆品、食品等消费品）为主，通过展示商品的外观、性能、使用体验等方面的测评结果，帮助观众选择适合自己的商品。图 2-18 所示为常见的商品测评视频类型。

图 2-17　某搞笑抖音账号　　　　图 2-18　常见的商品测评视频类型

（1）电子产品测评：这类视频主要对手机、平板电脑、笔记本电脑、相机等电子产品进行测试和评估。评测者通常会从外观、屏幕、性能、系统、电池续航等方面进行测评，为观众提供参考建议。

（2）化妆品测评：这类视频主要对各类化妆品进行测试和评估，包括护肤品、彩妆、香水等。评测者通常会从成分、质地、效果等方面进行测评，为观众推荐适合的产品。

（3）食品测评：这类视频主要对各类食品进行测试和评估，包括零食、饮料、保健品等。评测者通常会从口感、营养成分等方面进行测评，为观众推荐健康、美味的食品。

（4）家居用品测评：这类视频主要对各类家居用品进行测试和评估，包括家具、家电、家装建材等。评测者通常会从设计、材质、实用性等方面进行测评，为观众推荐舒适、实用的家居用品。

例如，抖音某红酒测评类账号创始人本身就是红酒专家，以行业专家的形象打造，更具有权威性和说服力，也因此赢得了 350 多万粉丝的信任，如图 2-19 所示。

商品测评类视频需要保证测评的公正性、客观性和准确性。在测评过程中，需要尽量避免个人偏见和利益冲突，同时也需要对测评结果进行合理的分析和解释。此外，还需要关注观众的需求和市场动态，为观众提供实用、及时的测评信息。

图 2-19　抖音某红酒测评类账号

为了制作出受欢迎的短视频，可以结合以上类型，创作出有自己特色的作品，保持高质量的内容和良好的用户体验是吸引和留住受众的关键。当然，内容类别除了上述 6 种，还有咨询解答类、影评剧评类、萌宠萌宝类……运营者可结合账号定位及自己所长来选择合适的内容类别。

子任务2.2.4　表现形式定位

运营者想拍好视频作品，还需要进一步了解短视频的表现形式，因为不同风格的视频作品，其表现形式也有所差异。针对目前视频的拍法以及用户的心理，可将短视频的表现形式概括为表 2-1 所示的 5 种，运营者可以如法炮制，在前人的经验总结中探寻属于自己的短视频道路。

表 2-1　常见的短视频表现形式

表现形式名称	简　　　介
图文形式	图文形式，指将图片和文字结合展示，把想表达的内容放在图片中，加上配乐即可，是一种最为简单的表现形式
讲解形式	讲解形式，主要是通过分点讲解的方式进行知识科普、细节描写、产品解读等，常见于知识分享类、教学教程类等短视频内容中
采访形式	采访形式，可以用作很多场景化的采访，例如，常见的街头采访，喜欢把一些有趣的段子植入被采访人的口述当中，引得用户们纷纷点赞、转发
剧情形式	剧情形式，指有情节、有条理，能完整表现一个故事的视频内容。如常见的喜剧剧情、职场剧情、男女剧情等短视频内容
Vlog 形式	Vlog 形式，全称"video blog"或"video log"，指视频博客、视频网络日志，是博客的一种。Vlog 视频一般由真人出镜，记录创作者自己的所见所闻、日常生活，这类短视频能够拉近用户和创作者之间的心理距离

任务2.3　搭建新媒体账号的步骤

搭建新媒体账号的步骤可以总结为：明确目标受众和定位，选择合适的平台并完善账号资料，发布高质量内容并积极互动，制定营销策略并使用管理工具来提高效率。搭建新媒体账号步骤的具体内容如下。

（1）明确定位：确定新媒体账号的目标受众，包括年龄、性别、地域、职业等信息，以及账号的主题方向和内容类型。

（2）注册账号：选择合适的新媒体平台，如微信公众号、微博、抖音等，并根据平台要求注册账号。

（3）完善资料：完善账号详细资料，包括填写企业的详细信息、上传企业的LOGO和相关图片、设置账号的头像和封面等。

（4）发布内容：根据受众需求和平台特点，制定内容计划并发布高质量、原创性的内容，如文字、图片、视频等多种形式。

（5）积极互动：通过评论、私信等方式与受众互动，及时回应受众的问题和接受受众反馈，增强受众的信任和忠诚度。

（6）建立用户画像：根据目标受众和定位来确定用户画像，包括用户的年龄、性别、地域、职业等特征，以及他们对内容的偏好和需求。

（7）制定营销策略：根据用户画像和平台特点，制定合适的营销策略，如优惠券、满减活动等，吸引更多受众关注并提高转化率。

（8）合理使用工具：使用如Hootsuite、Sprout Social等工具，可以更好地管理新媒体账号，提高工作效率和效果。

总之，搭建新媒体账号需要认真分析目标受众和平台特点，制定合适的定位和内容策略，积极互动和营销推广，从而提高账号的关注度和用户转化率。

课堂实训　用手机号完成小红书账号的创建

观看视频

小红书是一个社交媒体平台，用户可以通过发布笔记、分享生活、参与话题讨论等方式与其他用户互动，并发现更多有趣的内容。同时，小红书也提供了许多实用的功能，如搜索、推荐、购物等，为用户提供更好的体验和服务。为了使用小红书平台的各种功能和服务，需要先创建一个小红书账号，具体的操作步骤如下。

步骤1： 打开小红书App，系统自动弹出"个人信息保护提示"，点击"同意"按钮，如图2-20所示。

步骤2： 系统自动跳转微信登录页面，因为是使用手机号创建账号，故这里点击"其他登录方式"按钮，如图2-21所示。

图 2-20　小红书点击"同意"按钮

图 2-21　点击"其他登录方式"按钮

步骤 3：选择登录方式，这里点击手机图案，如图 2-22 所示。

步骤 4：进入手机号登录页面，输入手机号，勾选"我已阅读并同意……"，点击"验证并登录"按钮，如图 2-23 所示。

图 2-22　点击手机图案

图 2-23　点击"验证并登录"按钮

步骤 5：系统跳转新页面，"选择你的性别"，点击"下一步"按钮，如图 2-24 所示。

步骤 6：系统跳转新页面，"选择你的年龄"，点击"下一步"按钮，如图 2-25 所示。

步骤 7：系统跳转新页面，"选择你的兴趣"，点击"开始探索小红书"按钮，如图 2-26 所示。

步骤 8：系统跳转新页面，点击"我"按钮，即可看到已经注册好的账号信息，如图 2-27 所示。

图 2-24　选择你的性别

图 2-25　选择你的年龄

图 2-26　选择你的兴趣

图 2-27　已经注册好的账号信息

如需要对账号进行其他设置，点击"编辑资料"，即可进行上传头像、编辑账号昵称等操作。

课后作业

1. 简要阐述账号定位的基本要点。

2. 简要说明身份定位所含的要点。

3. 举例说明内容类别有哪些。

项目3　内容运营

　　内容运营是新媒体运营的基础和核心，它不仅包括产品本身的内容呈现，还包括品牌曝光和用户互动等多方面。优质的内容可以吸引和留住用户，提高用户参与度和忠诚度，为商家带来更多的流量和收益。故掌握内容运营的相关知识，如内容运营的含义、目的、基本形式、核心要素等是非常必要的。

　　本项目学习要点：

　　（1）了解内容运营的含义和目的。

　　（2）了解内容运营的基本形式。

　　（3）掌握内容运营的核心要素。

　　（4）掌握内容运营的方法与步骤。

　　（5）掌握爆款文案的写作技巧。

任务3.1 内容运营的含义和目的

无论采取哪种营销方式，内容都至关重要。好的内容更能激发用户的兴趣及购买欲望，而差的内容，即使费心费力产出，最终效果也很一般。因此，好的内容是需要运营的。那么，什么是内容运营呢？内容运营又有哪些模式和表现形式呢？

子任务3.1.1 什么是内容运营

内容运营是指通过各种新媒体渠道，如微信公众号、博客、视频平台等，将企业的信息、产品或服务以文字、图片、视频等形式展现给目标用户，并激发用户的参与、分享和传播，以实现企业的营销和品牌目标。内容运营中的内容有内容形式和内容渠道两层含义。

1. 内容形式

第一层含义是内容形式，也就是用户通过手机或电脑在网络上所看到的具体内容，包括文章、海报、视频或音频等形式。对于运营人员来说，需要关注内容的品质和形式，以便吸引目标用户的注意力并激发其兴趣。

2. 内容渠道

第二层含义是内容渠道，也就是用户浏览互联网内容时所选择的平台或应用。在现代社会，人们对于获取信息的渠道有着多种选择，如微信公众号、微博、门户网站、应用等。运营人员需要根据目标用户的浏览习惯和喜好，将内容发布在相应的渠道中，以便让更多的用户能够看到并参与到相关的话题或活动中。

内容运营的核心在于创造高质量、有价值的内容，这些内容能够吸引目标用户，并激发其兴趣和需求，进而促使目标用户采取购买行动。同时，这些内容也需要能够适应不同的媒体平台和形式，如文字、图片、视频等，以满足不同用户的需求和习惯。

此外，内容运营还需要注重内容的分发和推广，通过精准地定位和推送，提高内容触达目标用户的精准度和效率。同时，内容运营也需要关注用户反馈和数据指标，根据用户的行为和反馈不断优化内容策略，以实现最佳的营销效果。

总之，随着新媒体的不断发展和演变，内容运营的角色和重要性也在不断变化。但无论如何，内容运营始终是新媒体营销中不可或缺的一环，它能够为企业的营销和品牌建设提供强大的支持和推动力。

子任务3.1.2 内容运营的目的

内容运营的目的在于提供高质量、有趣和与目标受众息息相关的内容，吸引和保持用户的关注，提高用户黏性和转化率，从而实现商业价值。内容运营的目的主要包括图3-1所示的几方面。

1. 提升品牌知名度

通过制作和发布高质量、有趣和与目标受众息息相关的内容，吸引更多的用户关注和认可，从而提高品牌知名度。

为了实现这个目的，内容运营人员需要深入了解目标受众的需求和行为，制定出合适的内容策略。具体来说，可以通过以下几种方式来提升品牌知名度。

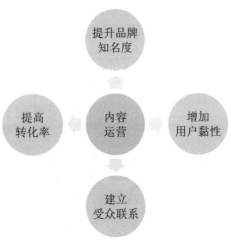

图 3-1　内容运营的目的

（1）创造优质内容：创造高质量、有趣和与目标受众息息相关的内容，可以吸引更多的用户关注和阅读。同时，优质的内容也可以提高用户的参与度和黏性，从而促进品牌传播。

（2）增加社交媒体曝光率：通过在社交媒体上发布和推广内容，可以增加品牌的曝光率和知名度。例如，在微博、抖音等平台上发布内容，可以吸引更多的用户关注和讨论，从而促进品牌传播。

（3）提高搜索引擎排名：通过优化搜索引擎排名，可以让更多的用户在搜索引擎上找到品牌的相关信息。例如，在百度、360 等搜索引擎上购买关键词广告，可以增加品牌的曝光率和知名度。

（4）开展合作与赞助活动：与其他品牌或机构开展合作或赞助活动，例如，赞助一场演唱会或体育比赛等，可以增加品牌的曝光率和知名度，同时也可以扩大品牌的影响力。

2. 增加用户黏性

通过不断优化和改进内容策略，提高内容的可用性和适应性，增加用户的黏性和忠诚度，进而促进用户转化和消费。

为了实现这个目的，内容运营人员需要深入了解目标受众的需求和行为，制定出合适的内容策略。具体来说，可以通过以下几种方式来增加用户黏性。

（1）提供有价值的内容：提供高质量、有趣和与目标受众息息相关的内容，可以吸引更多的用户关注和阅读，同时也可以提高用户的参与度和黏性。例如，发布实用的教程、有趣的段子和精美的图片等。

（2）定制化的推荐：通过数据分析和用户行为分析，为每个用户提供定制化的内容和推荐，进而增加用户的黏性和忠诚度。例如，根据用户的浏览历史和购买记录，推荐相关联的产品或文章等。

（3）增加互动性：通过举办线上活动、开放平台接口和提供工具包等方式，增加用户与品牌的互动，促进用户转化和消费。例如，开展线上问答、投票和抽奖等活动。

（4）提高用户体验：优化内容的呈现方式、互动设计和用户体验，可以提高用户的满意度和忠诚度，从而增加用户的黏性。例如，改善网站的响应速度、界面设计和操作流程等。

总之，内容运营人员通过不断优化和改进内容策略，提高内容的可用性和适应性，可以增加用户的黏性和忠诚度，进而促进用户转化和消费。同时，内容运营人员也可以提供有价值的内容、定制化的推荐、增加与用户的互动性和提高用户体验等方式来实现这个目的。

3. 建立受众联系

通过内容运营，与目标受众建立紧密联系，为目标受众提供有价值的信息和娱乐内容，提高用户的参与度和互动性，从而促进品牌传播和业务增长。

为了实现这个目的，内容运营人员需要深入了解目标受众的需求和行为，制定出合适的内容策略。具体来说，可以通过以下几种方式来建立受众联系。

（1）提供有价值的信息：提供与目标受众相关的有价值的信息，可以吸引更多的用户关注和阅读，同时也可以提高用户的参与度和互动性。例如，发布行业分析报告、市场分析报告和有趣的数据等。

（2）创造娱乐内容：创造有趣、有吸引力的娱乐内容，可以吸引更多的用户关注和参与，同时也可以促进品牌的传播和认可。例如，制作搞笑视频、精美图片和流行的表情包等。

（3）开放平台接口：开放平台接口和提供工具包，可以让用户更加方便地参与到品牌中来，同时也可以促进用户的转化和消费。如提供在线客服、在线教育和在线购物等功能。

（4）建立社交媒体网络：通过建立社交媒体网络，可以让用户更方便地与品牌进行互动和交流，同时也可以扩大品牌的影响力。例如，在微博、微信、抖音等平台上建立官方账号和用户群体开展线上互动和线下活动等。

总之，通过提供有价值的信息、创造娱乐内容、开放平台接口和建立社交媒体网络等方式，促使内容运营人员与目标受众建立紧密联系，提高用户的参与度和互动性，从而促进品牌传播和业务增长。

4. 提高转化率

通过内容运营，让更多的用户了解企业的情况以及产品和服务的优势，提高用户对企业的信任度和满意度，最终提高用户的转化率。

为了实现这个目的，内容运营人员需要深入了解目标受众的需求和行为，制定出合适的内容策略。具体来说，可以通过以下几种方式来提高用户转化率。

（1）展示企业的优势：通过内容展示企业的实力、专业性和成功案例等，可以增强用户对企业的信任度和满意度，从而促进用户转化率的提高。例如，发布企业获得行业奖项、专业认证或者成功案例等内容。

（2）呈现产品或服务的特色：通过内容呈现产品或服务的特色和优势，可以让更多的用户了解产品或服务的特点和优势，从而提高用户的转化率。例如，发布产品评测报告、使用教程和客户反馈等内容。

（3）营造品牌氛围：通过内容营造独特的品牌氛围，可以让用户感受到品牌的个性和魅力，从而增强用户对品牌的忠诚度和满意度，最终提高用户的转化率。例如，发布品牌宣传视频、用具有代表性的品牌形象和品牌故事等内容。

（4）优化购买流程：通过优化购买流程，可以让用户更方便地购买产品或服务，从而提高用户转化率。例如，提供快捷的支付方式、优化购物车界面和添加促销活动等内容。

总之，内容运营人员通过展示企业的优势、呈现产品或服务的特色、营造品牌氛围和优化购买流程等方式，可以让更多的用户了解企业的情况以及产品和服务的优势，提高用户对企业的信任度和满意度，最终提高用户的转化率。

任务3.2　内容运营的基本形式

内容运营的表现形式很多，如软文、直播、视频、音频等。这里重点介绍以图文为主的软文营销，以视频讲解为主的视频营销以及实时互动的直播营销等。新媒体运营人员应该熟悉这些内容运营形式的要点，并能结合产品特点，找到更为适用的内容运营形式。

子任务3.2.1　软文形式

软文营销是一种非常有效的营销手段，相对于硬性广告而言，软文通常由专业人员撰写，通过看似不相关的文章或笔记来引入产品或品牌，从而让受众在不知不觉中了解产品并对产品产生兴趣。常见的电商软文营销渠道如微信公众号、知乎问答以及小红书社区等，通过这些渠道，可以吸引目标受众的注意力，从而提高品牌知名度和用户转化率。

在撰写软文时，专业人员需要深入了解目标受众的需求和行为，并制定出合适的内容策略。通常，他们会根据目标受众的兴趣和偏好来选择适当的文章标题和内容，以吸引受众的注意力。例如，对于微信公众号等社交媒体渠道，可以通过情感营销方式来引起受众的共鸣，从而达到推广产品或品牌的效果。

总之，软文营销是一种非常有效的电商营销手段，通过深入了解目标受众的需求和行为，制定出合适的内容策略，选择合适的营销渠道，从而提高品牌知名度和用户转化率。

例如，某小红书账号的一篇软文，以"挖到两个，赢麻了"等较为吸人眼球的关键词吸引用户购买软文中提及的收纳筐，整篇软文简单直接，却获得了8000多个赞以及7000多次收藏，如图3-2所示。

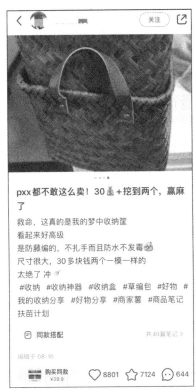

图 3-2　某小红书账号的一篇软文

该篇小红书软文以第一人称，描述了自己对收纳筐的喜爱，突出了收纳筐的样式高级、价格低，最后还附有产品的购买链接，为用户提供了方便快捷的购买渠道，让受众可以立即购买同款产品。这就是软文营销的一个重要目的，即通过提供购买链接来提高用户转化率，促进产品的销售。

子任务3.2.2　直播形式

直播是一种非常受欢迎的内容运营的表现形式，它能够让观众与主播进行实时交流和互动。直播作为内容运营的一种表现形式，具有如图 3-3 所示的特点。

图 3-3　直播形式的特点

（1）互动性：直播是一种实时互动的表现形式，观众可以在直播过程中与主播进行交流和互动，这有助于增强观众的参与感和用户黏性。

（2）直观性：直播通过视频形式展示产品或服务，让观众更加直观地了解产品的特点和使用效果，与传统的图片和文字描述相比，使产品更加生动和真实。

（3）社交性：直播是一种社交形式，通过直播平台，观众可以与其他观众、主播进行交流和互动，从而增强用户黏性和归属感。

（4）多样性：直播的形式多样，可以包括秀场直播、游戏直播、电商直播、泛娱乐直播等，从而满足不同观众的需求和口味。

（5）实时性：直播是实时进行的，观众可以看到主播的最新动态和实时发生的事情，这使得直播更具有吸引力和新闻性。

（6）个性化：直播可以展示主播的个性和特点，主播可以根据自己的风格和喜好来选择直播的内容和形式，从而吸引到与自己兴趣爱好相投的观众。

直播作为一种内容运营的表现形式，具有互动性、直观性、社交性、多样性、实时性和个性化的特点，这些特点使直播在内容运营中成为一种非常有效的营销手段。

直播购物已经成为一种非常流行的购物方式，许多消费者通过观看直播来了解和购买产品。这种方式的优点在于，消费者可以在购买前更直观地了解产品的特点和效果，同时也能够享受更优惠的价格和更便捷的购物体验。

以淘宝直播为例，直播页面设计合理，使得用户可以方便查看和购买商品。淘宝直播的分类涵盖了多个方面，比如"时髦穿搭""一起变美"等，满足了不同用户的需求和口味，如图 3-4 所示。此外，淘宝直播还支持多种互动功能，如点赞、评论、分享等，这些功能增加了用户的参与感和互动性，同时也能够帮助主播本人扩大自身名气和增加收益。

对于企业而言，使用直播作为营销手段可以有效地提高产品的知名度和销售量。直播过程中，除了展示主播画面和互动页面外，企业还可以直接在直播间上架产品，以方便消费者购买。这种做法可以大大缩短消费者从了解到购买产品的决策过程，提高用户转化率。

　　以某糖果的抖音直播间为例，如图 3-5 所示。当消费者对主播提及的产品感兴趣时，可以直接点击产品，跳转到产品详情页，如图 3-6 所示，消费者可以选择是否立即购买。这种互动方式设计得十分人性化，考虑到了消费者的购物习惯和需求，能够在保证用户体验的同时，提高产品的销售量。

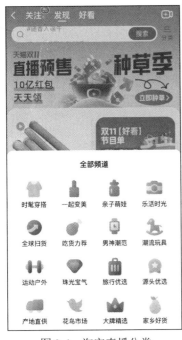

图 3-4　淘宝直播分类

图 3-5　某糖果的抖音直播间

图 3-6　产品详情页

子任务3.2.3　视频形式

　　视频形式是指通过制作和发布视频内容来实现运营目标的一种形式。视频内容包括但不限于以下几种形式。

　　（1）短视频：短视频是一种内容运营形式，通常在数秒到数分钟之间，可以通过各种社交媒体平台分享，如抖音、快手、B 站等。短视频的制作成本较低，并且可以快速吸引观众的注意力。

　　（2）微电影：微电影是一种较长的视频内容形式，通常在数分钟到数十分钟之间，可以讲述一个完整的故事或呈现一系列有趣的内容。微电影需要更高的制作成本，但可以提供更丰富的故事情节和内容细节。

　　（3）直播视频：直播视频是一种实时录制和发布的内容形式，通常在数小时以内，可以通过各种直播平台分享、传播，如抖音直播、B 站直播等。直播视频可以与观众实时互动，还可以根据观众反馈及时调整内容和形式。

　　视频形式的内容营销有着诸多优点，如吸引力强、易于分享等，具体优点如图 3-7 所示。

吸引力强	• 视频内容可以呈现丰富的情节和视觉效果，快速吸引观众的注意力
易于分享	• 视频内容可以通过各种社交媒体平台分享，扩大传播范围
内容丰富	• 视频内容可以呈现更多内容细节和故事情节，使观众更好地了解和认识产品或品牌

图 3-7　视频形式内容的优点

视频形式在内容运营中具有重要的作用和价值，通过与产品的完美结合可以让观众在观看视频的过程中产生购买需求，提高产品的销售量。同时，电商平台中的短视频功能也能够为观众提供更加全面的产品信息，帮助观众更好地了解和认识产品。短视频的制作成本相对较低，传播效果也比较好，成为不少品牌和商家推广产品的首选方式。

总体来说，视频是内容运营中一种非常有效的形式，可以通过各种视频形式来吸引观众的注意力，提高品牌知名度和影响力，促进产品销售等。

例如，某抖音账号的视频中挂有产品链接，如图 3-8 所示。观看该视频的用户如果对产品感兴趣，可点击链接进入产品详情页，用户决定是否下单购买产品或以哪种方式购买，如图 3-9 所示。

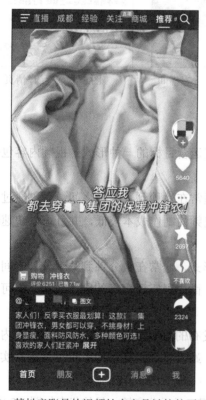

图 3-8　某抖音账号的视频挂有产品链接的页面截图

图 3-9　点击链接进入产品详情页

任务3.3　内容运营的核心要素

无论企业采用哪种内容运营方式，都应注重粉丝的点赞量及用户转化率等数据。而这些好数据，需要引人入胜的标题及优质内容、图片做支撑。特别是高质量内容，是吸引与转化用户的"核心"。因此，新媒体运营人员应掌握好各种内容运营方式的核心要素，创作更多优质内容。新媒体内容运营的核心要点包括：标题、内容和图片。精心设计标题，注重内容的质量和吸引力，并配合适当的图片来提高内容的吸引力和阅读体验。

子任务3.3.1　标题

新媒体内容标题的作用在于吸引用户注意力、筛选用户、趋势行动，同时也影响着内容的传播和可见性。因此，写一个好的标题是内容运营中非常重要的一步，它能够吸引用户的注意力并激发他们的兴趣。

1. 吸引用户注意力

文案标题是传达信息、吸引用户注意力的重要手段和工具。大多数用户在阅读过标题后，便会根据兴趣来决定是否继续阅读正文内容，甚至有的用户只浏览广告标题，不看正文内容。用户是否阅读文案内容，往往取决于标题是否能够引起用户的注意与兴趣，因此，一个标题的好坏直接关系到这篇文案的成败。例如，某公众号的软文标题为"这才是国产审美！"，不由得让人好奇国产审美是什么，从而点击阅读原文，故该篇软文阅读量达到了 9.5 万，如图 3-10 所示。

这才是国产审美！
阅读 9.5 万　赞 445

图 3-10　某公众号的软文标题

2. 筛选用户

文案标题通常能够言简意赅地表达文案的核心内容，用户在接触标题的一瞬间就可以分辨出文案内容是否与自己相关，从而决定是否继续阅读后面的内容，这个过程就是筛选用户的过程。

每一篇文案都有相应的目标受众，文案的标题要能够引起目标受众的阅读欲望，迅速唤起他们的共鸣，得到观点、态度上的认可。筛选用户最简单的方法就是当标题写好以后，作者站在受众的角度上去感受，如果自己看到这个标题会不会有阅读的欲望；也可以将文案标题发给身边的朋友，看看他们在看到这个标题后有没有阅读的欲望。

另外，文案标题除了筛选出合适的用户外，还可以剔除那些不适合该文案的目标用户。例如，某新媒体文案标题的目标用户为经常熬夜的用户，那么该文案在标题设计上也要贴合此类用户的特征，如图 3-11 所示。这样一来，经常熬夜的用户看到标题后会有阅读的欲望，而其他非目标用户则不会去阅读该文案。

3.驱使行动

大多数营销文案的标题都为号召式标题，具有较强的号召力，能够驱使用户快速做出购买决定。用户能够从号召式标题感受到文字所散发出的强大号召力，促使他们做出相应的行动。例如，小红书平台某条种草文案的标题"只要 29.9 的加厚毛毯上线啦！姐妹们闭眼入！"具有很强的号召力，当用户看到这个标题就会产生一种想要购买这款商品的冲动，如图 3-12 所示。

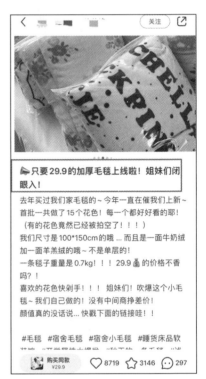

图 3-11 符合熬夜用户的某新媒体文案标题　　图 3-12 某条具有很强感召力的种草文案的标题

既然标题有着如此重要的作用，那么在撰写时是否有技巧呢？答案是肯定的。在写标题时，应注意突出主题、简短明了、激发好奇心等。

（1）突出主题：标题应该直接表达内容的主题或核心信息。例如，如果文章是关于提高写作能力的内容，标题可以命名为"提高写作能力的五个秘诀"。

（2）简短明了：标题应该简短明了，避免使用过长的句子或者不必要的词汇，能够让标题在几秒内传达核心信息。例如，如果文章是关于瑜伽的好处，标题可以命名为"瑜伽：身心健康的关键"。

（3）激发好奇心：使用疑问句或者引人入胜的词语来激发用户的好奇心。例如，如果文章是关于自己如何制作毛线花束，标题可以命名为"你会简单的毛线制作出市场上买不到的精美花束吗？"。

（4）使用关键词：根据目标用户的需求和搜索引擎的算法，使用关键词来提高标题的可见性和搜索性。例如，如果文章是关于旅游的建议，标题可以命名为"旅游必去：五个最佳旅游目的地"。

以下是一些标题示例：

（1）如何提高写作能力：五个简单实用的技巧。

（2）瑜伽入门指南：七个步骤开始你的瑜伽之旅。

（3）探索全球最佳旅游胜地：五个不可错过的目的地。

（4）如何在社交媒体上推广你的品牌：五种高效营销策略。

子任务3.3.2 内容

无论采取哪种新媒体内容运营形式，最终的目的都是吸引消费者的注意力并激发他们的购买欲望。好的内容能够更好地实现这个目标，而差的内容则可能会浪费资源，无法达到预期的目标。

1. 新媒体内容的作用

新媒体内容运营中内容的作用主要表现在传递信息、建立信任、提高用户参与感等多个方面，具体如图 3-13 所示。

（1）传递信息：新媒体内容运营中最基本的作用是传递信息，通过文字、图片、视频等方式，将企业或个人的信息、产品特点、品牌价值等内容展示给目标受众，帮助其更好地了解和认识企业或产品，从而增加品牌或产品的知名度和目标受众对品牌或产品的认可度。

（2）建立信任：新媒体内容运营的内容需要客观、真实、有价值，这有助于建立起受众对品牌或产品的信任和好感。通过提供有用的信息和

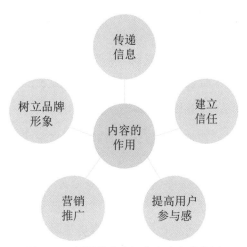

图 3-13　新媒体内容运营中内容的作用

专业的咨询服务，帮助受众解决问题，进一步拉近与受众的距离，提高受众购买决策的可靠性。

（3）提高用户参与感：新媒体内容运营的内容不仅需要传递信息，还要能够引发受众的共鸣。通过与受众互动，如回复评论、点赞等，让受众感受到品牌方的温暖和人情味，提高用户黏性和忠诚度。

（4）营销推广：新媒体内容运营的内容还可以作为营销推广的重要手段。通过制定有吸引力的营销策略，运用新媒体渠道和资源进行推广传播，如软文、广告等，进一步提高品牌或产品的曝光度和销售量。

（5）树立品牌形象：新媒体内容运营的内容对于树立品牌形象也至关重要。通过传递积极向上、专业可靠的品牌信息来树立品牌形象、提升品牌价值，从而吸引更多目标受众的关注和认可。

2.策划新媒体内容时的注意事项

既然新媒体内容有着重要作用，那么在策划新媒体内容时，需要注意以下几方面。

（1）了解目标受众：需要了解目标受众的需求、行为模式、痛点和兴趣点，以便制作出更符合他们需求的内容。

（2）制定内容策略：根据目标受众的需求和营销目标来制定内容策略，包括内容类型、内容主题、发布频率、发布时间等。同时需要考虑如何将内容与品牌形象和价值相结合。

（3）创作优质内容：创作有吸引力的内容是内容运营的核心，需要运营人员注重内容的创意、实用性和价值，同时注重内容的表达方式和呈现效果。可以从热点话题、行业趋势、有趣的故事等方面入手。

（4）保持与受众的互动：发布内容后，需要与受众进行积极的互动和沟通，如回复评论、回答问题、组织活动等，以提高受众的参与度和忠诚度。

（5）数据分析与优化：需要对内容运营的效果进行数据分析，如点击率、曝光量、转化率等指标，根据数据分析结果来优化内容和运营策略，以达到更好的效果。

同时，需要注意一些细节问题，如标题的吸引力、内容的简洁明了、图片的质量等，这些都会影响受众的阅读体验和购买决策。在创作新媒体内容时，还需要注重整体效果和细节处理，才能更好地吸引消费者的注意力并激发他们的购买欲望。

3.新媒体内容策划的常用技巧

在策划新媒体内容时，也有一些常用技巧，如迎合消费者的好奇心理、抓住消费者痛点、结合热点话题等。

1）迎合消费者的好奇心理

通过制造好奇心、挖掘幕后故事、利用疑问式标题、提供知识性内容、创造稀缺感等方法，可以让新媒体内容更加吸引消费者的注意力并激发他们的购买欲望。新媒体内容策划技巧中，迎合消费者的好奇心理是一个重要的方面。以下是几点建议。

（1）制造好奇心：通过创造新奇、独特的内容，引发消费者的好奇心。例如，可以采用有趣的故事情节、创新的观点或者意想不到的转折来吸引目标受众的注意力。

（2）挖掘幕后故事：人们通常会对幕后故事感兴趣，因此可以利用这一心理，讲述一些关于产品或品牌的幕后故事，这不仅可以增加消费者对品牌的亲切感，还可以刺激他们的好奇心。

（3）利用疑问式标题：疑问式标题往往能够引发人们的思考，进而激发他们的好奇心。例如，"这个产品真的有传说中的那么好吗？"或者"你是否知道这个品牌背后的故事？"等。

（4）提供知识性内容：人们往往对具有知识性的内容感兴趣，因此可以提供一些与品牌或产品相关的知识性内容。例如，可以分享一些行业趋势、使用技巧或者小贴士等。

（5）创造稀缺感：稀缺感能够激发人们的好奇心和购买欲。例如，可以限量发售某些产品或者推出一些特别版产品，让消费者产生强烈的购买欲望。

2）抓住消费者痛点

抓住消费者的痛点需要深入了解目标受众，了解他们的需求和痛点。通过戳中情感痛点、直击生活痛点、提供权威解决方案、利用故事打动人心等方法，可以让新媒体内容更加吸引消费者的注意力并激发他们的购买欲望。

（1）深入了解消费者：通过市场调研、数据分析等方式，深入了解目标受众的需求、兴趣和痛点，以便制作出更符合他们需求的内容。

（2）戳中情感痛点：人类的情感是共通的，而情感上的痛点更能够产生强烈的共鸣。通过戳中情感痛点，可以让消费者产生强烈的情感共鸣，从而激发他们的购买欲望。

（3）直击生活痛点：人们生活中存在很多痛点，例如清洁难题、减肥不易、工作压力等。通过针对这些痛点创作内容，可以提供实用的解决方案，从而吸引消费者的关注。

（4）提供权威解决方案：人们往往信任权威，因此可以提供一些权威的解决方案，例如专家建议、实验报告等。这些内容可以让消费者感受到品牌的可信度，从而增加他们的购买信心。

（5）利用故事打动人心：故事是最能打动人心的一种形式。通过讲述一些真实、感人的故事，可以让消费者产生共鸣和情感共振，进而增加他们的购买意愿。

3）结合热点话题

热点话题是引起大众关注的有效方式之一。通过将内容与当前热点话题相结合，可以增加内容的曝光率和传播效果。通过关注时事热点、利用节假日热点、借力名人热点、追踪行业热点和创造热点话题等方法，可以让新媒体内容更紧密地结合热点话题，从而获得更多的关注和传播。

（1）关注时事热点：关注当前的新闻热点、社会热点或娱乐圈热点等，并结合自己的品牌或产品，创作一些与之相关的话题内容。例如，针对当前某个社会事件，可以创作一些与之相关的观点文章或者评论，吸引目标受众的关注。

（2）利用节假日热点：节假日是人们关注的热点之一，可以利用节假日或者重要纪念日等来创作一些与节日相关的内容。例如，可以在国庆节期间创作一些爱国主题的内容，或者在情人节期间创作一些爱情主题的内容。

（3）借力名人热点：名人效应往往能够带来大量的关注度。可以利用名人的热点事件或言论来结合自己的品牌或产品，吸引目标受众的关注，例如邀请名人代言、参与活动等。

（4）追踪行业热点：关注自己所在行业的热点，例如新兴技术、热门产品等，可以结合自己的经验或者专业知识来创作一些相关内容，吸引目标受众的关注。

（5）创造热点话题：除了借助外部热点话题，还可以自己创造一些热点话题。例如，通过发起一些有争议性、有讨论性的话题来吸引受众的关注和参与，同时也可以通过搜索引擎优化来提高内容的排名和曝光率。

4）制造冲突

有冲突的内容往往能够引起消费者的热议和讨论，从而推动内容传播范围更广。通过制造有冲突的议题、从不同的角度阐述事实、利用对比手法、引发消费者的质疑和利用情感渲染等方法，可以让新媒体内容更加具有争议性和话题性，从而推动内容传播范围更广。

（1）制造有冲突的议题：通过制造一些具有争议性、敏感性的话题来引发消费者之间的讨论和争议。例如，提出一些与当前社会热点、时事政治、伦理道德等相关的话题，引发消费者发表自己的观点和看法。

（2）从不同的角度阐述事实：在创作内容时，可以从不同的角度来阐述事实，从而引发消费者之间的讨论和争议。例如，为内容提供不同的观点、意见或者解读，让消费者对同一件事情有不同的看法。

（3）利用对比手法：通过对比不同品牌、产品或者观点之间的差异，引发消费者之间的讨论和争议。例如，将两个不同品牌的产品进行对比，让消费者对它们之间的优劣进行讨论。

（4）引发消费者的质疑：通过创作一些能够引发消费者质疑的内容，从而刺激消费者之间的讨论和争议。例如，提出一些挑战传统观念的观点或者事实，让消费者对一些习以为常的事情产生怀疑。

（5）利用情感渲染：通过情感渲染来引发消费者之间的共鸣和争议。例如，创作一些情感饱满、情绪激昂的内容，让消费者感受到强烈的情感共鸣，从而参与讨论和分享。

5）情感营销

情感营销是一种非常有效的营销策略，通过在文案中注入情感或情怀，可以引发消费者的共鸣，促使他们做出更多的互动行为，如点赞、收藏和购买产品等。情感营销需要寻找与目标受众的共同点，利用真实情感、传递正能量、利用节日或特殊事件和通过视觉冲击等方法，让消费者产生共鸣并激发出他们的积极情绪和购买欲望。

（1）寻找共同点：寻找与目标受众的共同点，如兴趣爱好、价值观、生活方式等，然后通过这些共同点来表达情感或情怀，这样可以让消费者感觉更亲近，从而更容易与文案内容产生共鸣。

（2）利用真实情感：利用真实的情感或故事来表达某种情怀或价值观。例如，分享一些关于亲情、友情、爱情的真实故事，让消费者感受到真实的情感和价值。

（3）传递正能量：正能量可以激发人们的积极情绪，让他们感到更乐观、自信和积极。因此，可以通过传递正能量来表达某种积极的情感或情怀。如鼓励消费者追求梦想、积极面对生活等。

（4）利用节日或特殊事件：利用节日或特殊事件来表达某种情感或情怀也是一种好的方法。例如，可以在情人节期间推出一些表达爱情的产品或服务，或者在母亲节期间推出一些感恩母亲的产品或服务。

（5）通过视觉冲击：通过一些具有冲击力的图片、视频等来表达某种情感或情怀，例如，展示一些受到压迫或不公正待遇的人，从而激发消费者的同情心和正义感。

6）搭建使用场景

通过内容搭建产品的使用情景，可以让消费者产生对产品的联想和需求。以下是在新媒体内容中搭建产品的使用情景的一些建议：

（1）创作故事情节：通过创作一些故事情节，可以让消费者更容易对产品产生联想和需求。例如，创作一些关于产品使用场景的故事，或者让消费者扮演一些角色来体验产品的故事。

（2）利用图片和视频：图片和视频都可以直观地展示产品的使用情景。可以制作一些精美的图片或视频，展示产品在不同的场景中如何使用，以及使用后的效果。

（3）描述使用体验：通过描述产品的使用体验，可以让消费者产生对产品的直观感受。例如，分享一些关于产品使用体验的文章、评价或者报告等，让消费者了解产品的特点和体验效果。

（4）提供解决方案：通过提供一些问题的解决方案，可以让消费者感受到产品的实用性和价值。例如，分享一些关于如何解决特定问题的产品使用技巧、方法或者建议等。

（5）利用用户评价：用户评价是搭建产品使用情景的方式之一。可以收集一些积极的用户评价，展示产品的优点和效果，以及用户如何正确使用产品并从中受益。

总之，通过创作故事情节、利用图片和视频、描述使用体验、提供解决方案和利用用户评价等方法，可以让新媒体内容更好地搭建产品的使用情景，从而激发消费者的购买欲望并提高产品的销售量。

子任务3.3.3 图片

无论是采用哪种新媒体内容运营形式，都涉及图片，如软文的插图、直播封面图以及短视频封面图等。

例如，打开淘宝直播"潮流玩具"页面，可看到与之相关直播间的封面图、标题、产品等信息，如图3-14所示。其中，封面图所占位置最大，也是最能影响粉丝是否点击进入直播间的因素。

在新媒体内容运营中，图片的作用主要表现在以下几方面。

（1）增加视觉效果：相对于纯文字的内容，图片更容易吸引读者的注意力。在新媒体内容运营时，可以通过添加与内容相关的图片来提升读者的阅读体验，同时使内容更加生动有趣。

（2）提高内容的可读性：图片可以作为文字信息的补充说明，帮助读者更好地理解内容。例如，对于一些复杂的概念或技术，通过添加相应的图片可以更容易理解。

（3）传达情感和态度：图片可以传递情感和态

图3-14 淘宝直播"潮流玩具"页面

度，影响读者的情感和价值观。例如，使用一些温暖、感人、积极情感的图片可以给读者带来正能量，增加对品牌的信任和好感。

（4）增加互动性：在新媒体的内容中，可以通过添加图片来增加与读者之间的互动。例如，使用一些有趣的图片或与读者互动的图片可以吸引读者的注意力，增加用户参与度和黏性。

（5）提高传播效果：好的图片可以成为新媒体内容的亮点，吸引更多的读者转发和分享。例如，一些具有创意、有趣、热点相关的图片可以在社交媒体上迅速传播，吸引更多用户的关注和流量。

综上所述，新媒体内容运营中图片的作用非常重要，适合的图片可以提高内容的品质和传播效果。新媒体运营人员可以通过选择适合的图片、优化图片的排版和增加与用户互动等方式来充分发挥图片的作用。

图片在直播、音频等内容中同样起到决定性作用，可以增加消费者的点击率和用户转化率。对于直播间封面图的策划需要注意的几个方面：突出主题、使用高清晰度图片、添加吸引人的标签和文字、营造紧迫感和增加互动元素等，以增加观众的点击率和用户转化率，提高直播间的吸引力和直播效果。

（1）突出主题：直播间的封面图是吸引观众眼球的第一步，因此需要突出主题，让观众能够快速了解直播的主题和内容。例如，如果直播间是介绍美食制作，封面图是一张美食图片，或者与美食相关的图片，吸引观众进入直播间。

（2）使用高清晰度图片：高清晰度的图片可以让观众感受到直播间的品质和格调。例如，如果直播间是介绍产品，使用高清晰度的产品图片，让观众能够直观清晰地看到产品的细节和特点。

（3）添加吸引人的标签和文字：在封面图中添加吸引人的标签和文字可以帮助观众快速了解直播间的主题和亮点。例如，如果直播间是介绍旅游景点，在封面图中添加旅游景点的名称和关键词，提高观众的点击率。

（4）营造紧迫感：在封面图中添加一些紧迫感的元素可以让观众感受到直播间的产品珍贵和稀缺。例如，添加倒计时或者限量销售的标签，让观众感到直播间的时间是有限的，增加其点击率。

（5）增加互动元素：在封面图中添加一些互动元素可以让观众与直播间进行互动和交流。例如，添加一些问题或者投票的标签，让观众在进入直播间之前就能够参与互动，增加其参与度和黏性。

任务3.4 内容运营的方法与步骤

内容作为营销成功的关键因素之一，应通过系统性的规划和执行来最大程度地提高其影响力。内容运营特定的方法和步骤包括进行用户画像，以深入了解目标受众，确定与受众需求相契合的内容，然后进行内容的生产、组织和包装，以使其更具吸引力。最后将内容发布出去，并密切关注所产生的数据，对数据监控与分析以便对内容和策略进行优化和调整，如图 3-15 所示。

（1）用户画像：需要对目标受众进行深入了解，包括他们的需求、兴趣、喜好和行为模式等。通过创建用户画像，能够更精准地确定内容的方向和类型，以满足目标受众的需求。

（2）内容策划与制作：根据用户画像和营销目标，确定需要生产的内容类型和内容主题；然后，组织专业团队或外部合作伙伴进行内容的制作，并确保内容的质量和价值。

图 3-15　内容运营的方法与步骤

（3）内容包装：将制作好的内容进行精心的包装和设计，以吸引目标受众的注意力，包括选择合适的图片、设计引人入胜的标题和排版等，以提高内容的可读性和吸引力。

（4）内容落地与发布：将策划和包装好的内容通过多种渠道进行发布，包括社交媒体、网站、电子邮件等。同时，需要关注内容的传播效果和反馈意见，针对不同情况进行调整和优化。

（5）数据监控与分析：为了更好地了解内容的效果和价值，需要对其数据进行监控和分析。例如，关注内容的阅读量、分享量、评论和反馈等数据，以便了解受众对内容的兴趣和态度，从而调整内容和策略，以提高内容发布的效果。

总之，为了达到良好的营销效果，必须重视内容的策划和执行，并持续优化和改进。通过深入了解目标受众、精心策划和制作内容、合理包装和发布以及数据监控与分析等步骤，才能实现高效的营销内容传播。

子任务3.4.1　做好用户画像，确定内容定位

在创建账号前需要全面了解目标用户，以便能够吸引更多精准用户的关注。如果用户画像数据不够清晰，可以参考同类热门账号的粉丝画像，这类粉丝画像可以提供一些有用的信息，例如，目标受众的兴趣爱好、年龄、性别等。通过研究这些数据，可以更好地了解目标受众的需求和喜好，从而确定更符合目标受众喜好的内容方向和账号特征。

此外，还可以通过其他渠道了解目标用户的信息，如微信、论坛、博客等。这些渠道可以提供更多目标受众的信息，如他们关注的热点话题、行为习惯等。

例如，通过飞瓜数据抖音版的"受众画像"板块，可查看抖音达人账号的粉丝画像，包括粉丝的基本信息、消费倾向和兴趣分布，如图 3-16 所示。

图 3-16　某抖音达人账号的粉丝画像

新媒体运营人员通过深入了解目标粉丝群体的信息，为账号设置更多符合粉丝喜好的元素，从而吸引更多精准用户。在策划视频内容和选择带货时，也需要充分考虑目标用户的喜好，以增加账号的粉丝量。例如，一个健身类账号可以从如图 3-17 所示的六个维度来定位。

图 3-17　健身账号的六个维度

（1）讲故事：通过讲述与健身相关的故事，吸引用户的注意力。例如，分享健身者的经验、感悟，以及健身过程中的挑战和收获等故事，这些故事可以激发用户对健身的兴趣和热情，同时还增加账号的吸引力和可信度。

（2）说产品：介绍健身器材、营养品等相关产品，并给出专业的评价和建议。这些内容可以帮助用户更好地了解和选择适合自己的健身产品，同时也能增加账号的专业性和用户对账号的信任度。

（3）谈特色：介绍一些独特的健身方法、技巧和经验等，如特殊饮食、健身计划等。这些内容可以突出账号的专业性和独特性，同时也能吸引更多精准用户的关注。

（4）晒过程：通过分享自己的健身过程，如照片和视频等，来展示健身的效果和过程。这些内容可以让用户更好地了解健身的流程和效果，同时也能激励和鼓舞更多人加入健身的行列。

（5）教知识：传授健身知识、技巧和注意事项等，如正确的健身姿势、合理的健身计划等。这些内容可以让用户更好地了解健身的原理和方法，同时也能增加账号的专业性和权威性。

（6）搞活动：组织一些线上或线下的健身活动，如挑战、比赛、团体课程等。这些活动可以吸引更多用户的参与和关注，同时也能增加账号的互动性和活跃度。

以"讲故事"为例，可以围绕自己作为一名教练，如何健身来展开：如"我之前是一个身高 160cm，体重 75kg 的胖子，想通过每天慢跑 10km 来达到减重。整个慢跑过程艰辛而难以坚持，差点就放弃了，但最后还是咬牙坚持下来了。经过 3 个月的时间，成功减了 10kg，从'土肥圆'成功逆袭为'白瘦美'。"

再比如从"说产品"入手，可以对健身课程体系进行合理设计，比如，从难度上，设计初级、中级、高级三个课程；从人群上，设计出适合特殊体型、老人、小孩、男人、女人等不同人群的课程。

子任务3.4.2　生产、组织和包装内容

为了确保直播内容的质量和可行性，对内容的组织和包装至关重要。如图 3-18 所示，是一些关于组织和包装直播内容的有效方法。

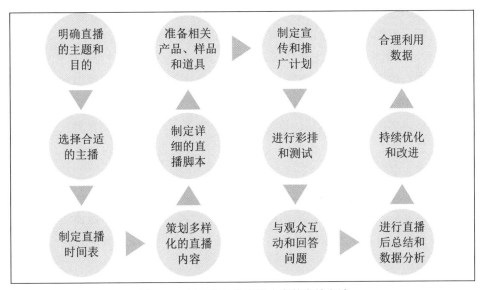

图 3-18　组织和包装直播内容的有效方法

（1）明确直播的主题和目的：需要明确直播的主题和目的，以便选择正确的产品和制定恰当的直播脚本。例如，如果主题是"春季化妆品大赏"，那么就会选择与春季化妆品相关的产品进行展示和介绍。

（2）选择合适的主播：主播是直播的关键因素之一，选择具有吸引力和个人风格的主播能够增加观众的黏性；选择具有相关经验和表达能力的主播，能够有效地展示产品特点和吸引观众。

（3）制定直播时间表：根据目标受众的时间和观看习惯，制定合理的直播时间表。例如，如果目标受众是上班族，可以选择在工作日的晚上进行直播，以便吸引更多的观众。

（4）策划多样化的直播内容：为保持观众的持续关注，策划多样化的直播内容至关重要，如产品介绍、用户互动、问答环节、优惠活动等。

（5）制定详细的直播脚本：根据策划的直播内容，制定详细的脚本，包括每个环节的时间、形式和互动方式等，这有助于掌控直播进程并提供有趣的互动。

（6）准备相关产品、样品和道具：根据直播脚本，提前准备所需的产品、样品和道

具。这将有助于在直播中更好地展示产品特点和使用方法。

（7）制订宣传和推广计划：在直播前制订宣传和推广计划，通过社交媒体、广告投放、KOL合作等方式吸引更多的观众。

（8）进行彩排和测试：在直播前进行彩排和测试，确保直播过程的顺利进行。同时，检查直播设备和网络连接，确保在直播过程中不出现技术问题。

（9）与观众互动和回答问题：在直播过程中，积极与观众互动，回答他们的问题，这将增加观众的参与度和忠诚度。

（10）进行直播后总结和数据分析：在直播结束后，对直播进行总结和数据分析，评估直播的效果和观众反馈。这将有助于发现直播的不足之处并在后续直播时进行改进。

（11）持续优化和改进：根据总结和数据分析的结果，对直播内容和策略进行持续优化和改进，包括调整脚本、改进宣传策略、提高主播素质等。

（12）合理利用数据：通过数据分析和监控工具，对直播数据进行分析和优化。例如，可以通过分析观众的观看时长、互动率等数据来评估直播效果，并据此调整后续的直播内容和策略。

通过对上述内容的组织和包装，策划一场具有吸引力和可行性的直播。请记住，持续优化内容和创新内容是关键，以保持观众的持续关注并实现成功的内容运营。

子任务3.4.3　内容的落地

在策划好内容后，接下来就是将内容落地的重要步骤，这需要新媒体运营人员在直播前的准备阶段到执行阶段都要做好细节操作。以下是一个母婴行业案例的详细讲解。

1. 准备阶段

为了便于大家理解准备阶段各项准备工作的具体内容，下面对各项准备工作进行详细讲解，包括以下内容。

（1）确定直播主题：在确定直播的主题时，需要选择与自己店铺或品牌相关的话题或活动名称，以便更好地吸引目标受众。例如，可以在直播中介绍某一类商品，或者进行某种商品的促销活动，以此来吸引消费者的关注。

（2）确定直播时间、地点：在确定直播的时间和地点时，需要考虑受众的观看习惯和方便程度。例如，选择在工作日的晚上进行直播，以便上班族能够观看。此外，还需要将直播的地点选在安静、稳定、可靠的地方，以确保直播的质量和稳定性。

（3）销售任务测算：在确定本场直播的销售任务时，需要根据店铺粉丝数量及购买力等因素进行预估。可以将销售任务拆解成不同的小任务，并分别下达给不同的店员执行。

（4）分工：在准备阶段，需要明确活动负责人、主播、其他工作人员的分工。例如，指定执行负责人负责直播活动的整体规划、执行和协调；主播负责直播内容的策划、演示和推广；其他工作人员则负责协助主播完成直播工作，如客服、运营人员等。

（5）促销政策：在制定促销政策时，需要根据店铺或品牌的实际情况和目标受众的需求来制定。如买赠活动、套餐优惠、抽奖活动等促销政策，以吸引消费者的关注和购买欲望。

（6）选品：在确定本场直播的商品时，需要根据目标受众的需求和购买习惯来选择。例如，选择一些热销商品、新品或者库存量较大的商品进行直播销售。同时，还需要根据不同的商品类型和促销政策来确定商品的展示顺序和方式。另外，需要确定本场直播的引流产品、利润产品、爆款产品，并配合优惠活动和互动环节，对产品介绍进行排序。

（7）粉丝盘点及触达：在准备阶段，需要确认所有私域粉丝的数量，并对其进行活动预热。可以将促销时间、促销产品、活动力度及规则等信息通过私域触达给粉丝，如微信公众号、短信、电话等方式告知粉丝活动详情。

（8）销售目标分解：在准备阶段，需要召开动员大会，将销售目标分解成不同的任务量，并分配给每个店员执行。同时，需要制定相应的激励政策，以激励店员完成各自销售任务。

（9）物料准备：在准备阶段，需要进行线上物料和线下物料的准备。线上物料指活动海报、促销海报、品牌及主播宣传海报等；线下物料指直播间背景、台签、灯光、麦克风、演示道具及样品等。需要确保物料的质量和数量，以满足宣传和直播的需要。

（10）直播流程确定：在准备阶段，需要确定直播的整体流程和活动策划方案。可以根据前期的准备工作来确定直播流程安排和互动玩法等，如红包、抽奖、裂变方式、推广红包数量等。同时需要进行直播流程的演练，以确保直播的顺利进行。

2. 执行阶段

执行阶段是整个直播过程中最为关键的环节，以下是各项工作详解。

（1）开场：在开场阶段，主播需要进行开场白，介绍自己的身份和直播内容，预计需要 10～15 分钟。这个阶段需要让观众了解今天的直播主题和将要进行的活动，同时通过热场工作来吸引观众的注意力。

（2）正式直播：在正式直播阶段，主播需要开始正式介绍本场直播的主题和活动内容。同时，也要说明促销活动和优惠力度等信息，吸引观众的购买欲望。这个阶段需要花费一定的时间来详细介绍活动和产品。

（3）产品介绍及展示：在这个阶段，主播需要介绍直播销售的产品。在介绍产品的同时，也要根据实际情况将产品分阶段上架，以便让观众了解产品的详情。同时，主播需要进行产品演示和操作，让观众更好地了解产品的使用方法和效果。

（4）录单：在开播 10 分钟后，主播需要将已经成交的订单录入系统，并向观众播报已经购买的人数，营造出一种购买氛围。

（5）互动：在直播过程中，主播需要进行各种互动环节来吸引观众的参与。如抽奖互动、红包互动、提醒观众关注和转发等互动环节。这些互动环节可以让观众更加深入地参与到直播中来，提高观众的参与度和黏性。

（6）活动说明：在直播过程中，主播需要多次说明优惠力度和活动力度等信息，以便让观众更好地了解活动详情并促使他们下单购买。

（7）催促下单：在直播即将结束时，主播需要宣告活动截止时间，并催促还未下单的粉丝尽快下单。同时，工作人员需要配合烘托抢购气氛，如倒计时等手段来营造紧张感。

（8）最后抽奖：在直播结束前，进行最后一次抽奖，并提及本场直播共抽奖次数以及送出礼品的价值等，为本次直播画上完美的句号。

（9）直播预告：在直播结束时，主播需要对下次直播进行预告和亮点介绍，以便吸引观众的关注和期待下一次直播。同时也可以鼓励观众提前预约下次直播，提高流量沉淀效果。

（10）直播结束：在直播结束时，主播需要宣告本场直播已经结束，并对大家的支持和观看表示感谢。同时也要提醒观众下次直播的时间和主题，以便让他们保持对下一次直播的关注度。

以上是一个从直播前的准备阶段到执行阶段细节操作的详细讲解。对于新媒体运营人员来说，掌握这些内容能够帮助他们快速提高内容落地的能力。

子任务3.4.4　关注数据，以监控内容

要监测直播内容的效果，除了通过关注直播过程中的实时数据，还可以从图3-19所示的几方面来分析和评估。

（1）产品数据：产品点击率、加购数和点赞数等数据可以反映观众对直播内容的兴趣和参与度，同时也可以反映直播内容的质量和效果。这些数据对于新媒体运营人员来说非常重要，可以帮助运营人员了解直播内容的效果，发现问题并改进，以实现更好的营销效果和业务目标。

（2）互动数据：除了点赞数和加购数，还有评论、转发等互动行为也是衡量直播内容效果的

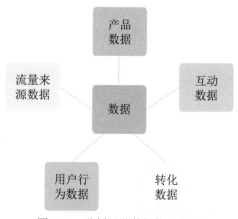

图 3-19　分析评估数据的几方面

重要指标。如果对直播内容感兴趣，他们就会在直播过程中积极留言评论，或者通过分享直播来增加互动量。

（3）转化数据：转化数据包括点击转化率、购买转化率、加购转化率等，这些数据可以直接反映直播内容对销售的贡献。如果这些数据良好，说明直播内容与产品介绍、促销活动等配合得当，成功引起了观众的购买欲望。

（4）用户行为数据：通过分析用户在直播过程中的行为，如用户在直播页面的停留时间、访问深度等，可以了解用户对直播内容的兴趣程度和满意度。如果大多数用户在直播页面停留时间较长，且深入访问多个页面，那么说明直播内容得到了用户的认可。

（5）流量来源数据：通过分析流量来源数据，可以了解通过不同渠道进入直播间的用户数量和占比。例如，通过社交媒体、搜索引擎等不同渠道进入直播间的用户数量和占比，可以帮助运营人员评估不同渠道宣传的效果，以便更好地制定和优化宣传策略。

通过对以上数据的综合分析和比较，可以更全面地了解直播内容的效果，发现存在的问题并制定相应的改进措施。同时，通过对不同直播内容的测试和优化，还可以不断提高直播质量，吸引更多观众并促进销售转化。

任务3.5　爆款文案的写作技巧

新媒体文案的写作不同于普通文章的写作，它的内容比普通文章更加精练和符合网络流行文化的趋势。在写作新媒体文案时，必须遵守主体清晰、有价值、说大白话以及从用户痛点出发，才能写出既有价值，又利于网络传播的文案。

子任务3.5.1　文案主体清晰

新媒体文案主体清晰是指文案能有效地传达信息，满足用户的需求，并引导用户采取行动。以下是一些提高新媒体文案主体清晰度的方法。

（1）明确目标受众：在撰写文案之前，要明确目标受众的人群特征、兴趣爱好和需求，以便针对他们的关注点进行创作。例如，如果目标受众是年轻人，使用更加活泼、时尚的语言和风格；如果目标受众是专业人士，则使用更加专业、严谨的语言和风格。

（2）找准信息点：文案需要传达的信息点应该明确、精练，而且要按照用户关注的顺序进行排列。例如，如果要介绍一款手机，首先突出手机的性能和特点，其次介绍手机的外观和设计，最后介绍它的价格和购买方式。

（3）运用简单明了的语言：用简单易懂的语言表达，避免使用生僻词汇或过于华丽的辞藻，让用户能够快速理解文案的内容。例如，在介绍一款智能家居产品时，可以用"一键控制，轻松享受"来概括它的主要特点，让用户一目了然。

（4）段落划分合理：文案的段落要划分合理，每个段落的主题都要围绕一个中心点，方便用户阅读和理解。例如，如果要介绍一款旅游产品，可以将文案分为三个段落：第一个段落介绍旅游目的地和旅游主题，第二个段落介绍旅游线路和行程安排，第三个段落介绍旅游产品的价格和优惠政策。

（5）使用标题和概要：在文案的开头使用吸引人的标题和概要，能够吸引用户的注意力，引导他们继续阅读下去。例如，如果介绍一款健康食品，可以使用"健康饮食新选择，低卡路里高营养"作为标题，用标题来概括产品的特点和优势。

（6）图表和图片辅助：适当使用图表和图片能够直观地传达信息，帮助用户更好地理解文案内容。例如，如果介绍一款手机的应用程序，可以使用图表来表示不同的应用程序类别，使用图片来展示应用程序的界面和功能。

（7）突出核心信息：在文案的结尾部分，要再次强调核心信息，加深用户的印象。例如，如果推广一款购物 App，可以在文案结尾部分加上"立即下载，享受便捷购物体验"，突出文案的核心信息并引导用户下载。

（8）考虑多种渠道：在撰写文案时，要考虑其发布渠道（如微信公众号、微博、抖音等），有针对性地进行创作，以适应不同渠道的特点。例如，微信公众号注重深度阅读和思考，微博注重短小精悍和时效性，抖音注重视频创意和视觉效果。

（9）A/B测试：对于一些重要的文案，可以通过A/B测试来比较不同版本的效果，以便更好地了解哪种表达方式更符合目标受众的喜好。例如，设计两个不同版本的促销海报，测试哪个版本的点击率和转化率更高。

总之，需要从多方面考虑提高新媒体文案的主体清晰度，以确保文案能够有效地传达信息并引导用户行动。

子任务3.5.2　文案内容必须有价值

有价值的文案能够让目标用户认识到产品或服务的重要性，并产生强烈的购买欲望。作为文案写作者，需要在文案中通过各种方式来塑造产品或服务的价值，以吸引目标用户的注意力。以下是一些在文案中塑造产品价值的方法。

1. 强调产品特点

在文案中详细介绍产品的特点，让用户了解到该产品与众不同的地方。例如，某智能手表的淘宝商品详情页文案，就强调其运行速度快、支持下载安装热门App等产品特点，吸引用户购买该款智能手表，如图3-20所示。

2. 解决问题

在文案中突出产品能够解决的问题，这些问题可能是用户面临的实际问题。例如，某洗发水详情页文案，强调产生多种头皮问题的罪魁祸首是头皮真菌，该款产品正好可以从源头杀菌，从源头解决头皮问题，如图3-21所示。

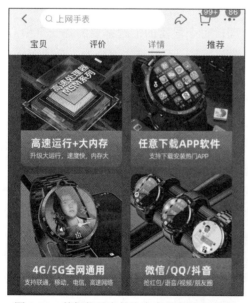

图3-20　某智能手表的淘宝商品详情页文案

图3-21　某洗发水详情页文案

3. 强调品质

在文案中强调产品的品质和制造工艺，让用户感受到产品的品质的可靠性。例如，某私人定制旗袍的详情页，重在强调其采用的材料、设计、加工工艺等都是一流的，如图 3-22 所示。

图 3-22　某私人定制旗袍的详情页文案

4. 提供证据

在文案中提供一些实际数据、用户评价、案例等证据，来证明产品的价值。例如，某款美容产品的详情页文案，提供了一些用户的使用前后的对比照片和使用心得等来证明产品的有效性，如图 3-23 所示。

5. 塑造品牌形象

在文案中塑造品牌形象，让用户感受到品牌的信誉和可靠性。例如，某知名品牌的化妆品详情页文案，强调其与知名抗老美容专家的合作，从而塑造自身品牌有实力的形象，如图 3-24 所示。

除了以上这些方法，还可以通过与竞品对比、突出产品背后的故事等方式来塑造产品价值。无论如何，作为文案写作者，需要深入了解目标用户的需求和心理，让用户在看过

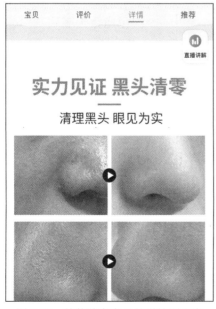

图 3-23　某款美容产品的详情页文案

图 3-24　某知名品牌的化妆品详情页文案

文案之后能够真正感受到产品或服务带来的价值和好处。只有这样，才能让用户心甘情愿地购买产品或服务。

子任务3.5.3　文案写作要"说大白话"

什么是"说大白话"？简单地说，就是写出来的文案要让人看得懂。不管是产品介绍的文案，还是活动推广的文案，都要能告诉用户产品的功能特点是什么、活动的内容是什么。为了更好地在撰写文案时"说大白话"，可以参考以下这些技巧和原则。

（1）用日常语言：避免使用过于专业或者过于晦涩难懂的词汇。尽量使用简单、直接的日常语言，让大多数人都能够理解文案内容。

（2）明确产品或服务的核心特点：在介绍产品或服务时，要明确其核心特点或优势。这样，读者可以一目了然地了解产品或服务的主要优点。

（3）以用户为中心：从用户的需求和视角出发，针对性地提供信息。

（4）简明扼要：避免冗长的描述或过于强调无关紧要的细节。文案应该简明扼要，直接表达主要信息。

（5）使用故事或例子：用故事或例子可以让文案更吸引人，更容易让人理解。例如，如果介绍一款新的智能手机，可以描述一个日常使用场景，让用户了解手机的功能和优势。

（6）引导读者行动：不仅是为了让读者了解产品或服务，更重要的是引导他们行动。所以在文案中，可以包含一些行动召唤（Call to Action），如"现在购买""立即注册"等。

（7）诚实透明：不要对产品或服务夸大或虚假宣传，要诚实透明地进行介绍。这样，读者才会信任品牌或产品。

（8）使用视觉元素：有时候，一幅图或者一个图表可以比长篇的文字更有效地传达信息。所以，在可能的情况下，尽量使用视觉元素来辅助传达信息。

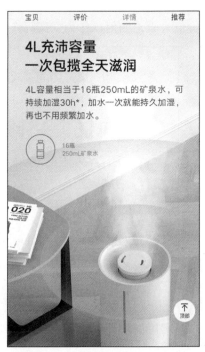

例如，小米手机的市场份额和销售量一直处于领先地位，这也侧面说明了小米文案的吸引力和有效性。而且用户对小米手机的评价和反馈也普遍较好，如在社交媒体上点赞、评论或者分享小米手机的优点。这些用户反馈不仅可以证明小米手机的质量和性能，也可以反映出小米文案的宣传效果。小米的文案之所以好，就是做到"说大白话"，让用户一听就懂，直抵人心。

例如，在介绍小米某款加湿器时，用"4L 容量相当于 16 瓶 250ml 的矿泉水，可持续加湿 30h，加水一次就能持久加湿，再也不用频繁加水"来说明产品的容量，让人一看就对 4L 容量有清晰的概念，如图 3-25 所示。

由此可见，"说大白话"的文案，能让用户一听就懂、直抵人心，所以在实际撰写文案时，也要注意这一点。

图 3-25　小米某款加湿器介绍文案

子任务3.5.4　文案要从用户的痛点出发

用户痛点是指用户未被满足的刚性需求，是用户在日常生活中遇到的或困难或麻烦或琐碎的各种阻碍。这些阻碍可能包括对现状的不满意、对理想生活的渴望以及缺乏安全感、信任感等问题。

痛点是新媒体文案写作中最为关注的核心要素之一，需要深入了解用户的需求、兴趣和遇到的问题，找到能够引起用户共鸣的痛点，并在文案中针对这些痛点进行阐述并提供解决方案。通过了解用户痛点，文案可以更精准地表达产品或服务的特点和优势，提高用户对产品或服务的信任和认可，并最终引导用户采取行动。下面是一些具体的建议。

（1）了解用户需求和痛点：在撰写新媒体文案时，首先要了解目标用户的需求和痛点，包括用户关注的产品功能、品质、价格、使用体验等方面。通过与用户沟通、调研和数据分析等方式，深入了解用户的需求和痛点，并在文案中针对性地解决痛点问题。

（2）用用户语言描述痛点：在文案中要用用户语言描述用户遇到的痛点和问题，避免使用过于晦涩难懂的词汇或行业术语。用简单明了的语言让用户明白产品或服务能够解决什么问题，并突出产品或服务的优势。

（3）提供解决方案：新媒体文案不仅是让用户知道产品或服务的特点和优势，更重要的是让用户了解产品或服务如何解决他们的痛点和问题。在文案中要突出产品或服务的特点和优势，并说明这些特点是如何解决用户的痛点和问题的。

（4）利用社交媒体互动：利用社交媒体平台与用户进行互动，了解他们对产品或服务的看法和建议，通过评论、私信等方式与用户进行交流，收集反馈意见，不断优化文案内容。

（5）创造情感链接：在新媒体文案中创造情感链接，让用户感受到品牌或产品传递的温度和情感。通过温馨、感人的故事或语言，让用户与品牌或产品产生共鸣和情感共振，提高用户对产品或服务的信任和认可。

总之，新媒体文案要从用户的痛点出发，深入了解用户的需求和遇到的问题，用简单明了的语言描述痛点并突出产品或服务的优势和特点，同时利用社交媒体与用户互动并创造情感链接，最终引导用户采取行动。

如果对一个产品的目标用户痛点不清晰，可以先查看同类产品的"问大家"板块，找到痛点。以婴儿辅食勺为例，在查看同类产品的"问大家"时，可以看到很多用户关心"勺子的味道重不重"、"感温勺有用吗"以及"勺子会发黄吗"等问题，如图3-26所示。

图3-26　某婴儿辅食勺的"问大家"板块

所以，在写这类产品文案时，就可以将这些用户痛点融入其中，举证说明勺子采用何种材料，无任何异味，久用不发黄，是婴儿吃辅食的必备安全品。

子任务3.5.5　撰写带货文案的技巧

带货文案是指通过文案来宣传和推广某个产品或服务，进而激发用户的购买欲望和购买行为。带货文案通常需要在社交媒体、广告、销售页面等渠道发布，以吸引目标用户并提高产品的销售量。在写文案时，应注意图3-27所示的技巧。

标题简洁明了

针对目标用户

突出产品或服务的优势

使用视觉元素

提供明确的购买信息

诚实透明

引导用户行动

图 3-27　撰写带货文案的技巧

1. 标题简洁明了

标题需要能够吸引用户的注意力，并激发他们的兴趣。可以采用疑问句式、突出利益点和品牌名等方式来设计标题。

例如，如果在卖一款新型的智能音箱，标题可以是："新一代智能音箱：让你的生活更智能"，这个标题简洁明了地表达了产品的主要特点——智能，同时也激发了用户的好奇心，想了解更多关于这款音箱的信息。

2. 针对目标用户

在撰写文案前，需要明确目标用户，包括他们的年龄、性别、职业、兴趣等。了解目标用户的需求和痛点，能够更好地撰写有针对性的文案。

假设为一家电商网站的家居用品撰写文案，需要考虑目标用户是谁，家庭主妇、新婚夫妇、还是装修公司？可以根据这些用户的需求和兴趣来撰写针对性的文案。例如，针对家庭主妇，强调产品的实用性和便利性；针对新婚夫妇，强调产品的美观性和品质；针对装修公司，强调产品的质量和性价比。

3. 突出产品或服务的优势

在文案的正文中，需要突出产品或服务的优势和特点，包括性能、品质、价格、使用体验等。同时，也需要针对目标用户的需求进行阐述，以引起用户的共鸣。可以采用故事或例子等方式来使文案更吸引人。

假设你正在为一家新兴公司的智能家居系统撰写文案，你可以通过故事或例子来突出产品的优势。例如，你可以写："你是否曾经忘记关灯或者空调，浪费了大量的能源？我们的智能家居系统可以让你随时随地控制家中的设备，节省能源的同时还能让你享受更舒适的生活。"通过这个例子，突出了智能家居系统的优势——便利性和节能性。

4. 使用视觉元素

在文案中添加一些视觉元素，如图片、图表等，能够更好地展示产品或服务的特点和优势，吸引用户的注意力。

例如，如果你在卖一款新的智能手机，可以在文案中添加一些图片或视频来展示手机的功能和外观。例如，展示手机的一些独特功能，如高像素的摄像头、大屏幕、快速处理器等，这样能让用户更直观地了解手机的特点和优势。

5. 提供明确的购买信息

在文案的结尾，需要提供明确的购买信息，包括购买链接、价格、优惠活动等。同时，也需要说明购买的好处和价值，以激发用户的购买欲望。

例如，如果你在卖一款新的游戏机，可以在文案的结尾提供明确的购买信息。你可以写："现在购买我们的游戏机，即可享受优惠活动！立即访问我们的网站或者点击下面的链接进行购买。"这样用户就能直接了解到购买的信息和优惠活动了。

6. 诚实透明

在撰写卖货文案时，需要诚实透明地介绍产品或服务的特点和优势，避免夸大或虚假宣传。诚实透明的文案能够建立用户对产品或服务的信任和认可。

例如，如果你在卖一款新的跑步鞋，可以诚实地告诉用户这双鞋的优点和缺点。你可以写："这双鞋可以提供出色的支撑和舒适度，但是不适合长时间在硬地上跑步。"这样的诚实透明的文案能够赢得用户的信任和认可。

7. 引导用户行动

文案不仅是为了让用户了解产品或服务，更重要的是引导他们行动。所以在文案中可以包含一些行动召唤（Call to Action），比如"现在购买""立即注册"等。

如果你在卖一款新的健身器材，可以在文案中包含一些行动召唤。例如，你可以写："现在购买我们的健身器材，即可享受优惠活动！立即点击下面的链接进行购买。"或者"现在加入我们的健身俱乐部，即可享受专业的健身指导和计划！"通过这样的行动召唤，可以引导用户采取行动，提高销售转化率。

撰写一篇好的带货文案需要结合产品或服务的特点和目标用户的需求，通过标题、开头和正文来吸引用户的注意力，并激发他们的购买欲望。同时，需要诚实透明地介绍产品或服务的特点和优势，以建立用户的信任和用户对产品或服务认可的基础。最终目的是通过文案来提高产品的知名度和曝光率，促进产品或服务销售量的增加。

观看视频

课堂实训1 撰写一条保温杯的短视频带货文案

（视频开始，镜头展示：一位年轻人在忙碌的早晨，从包里拿出一只时尚的保温杯，倒出一杯热咖啡，喝下去，表情惬意。）

旁白（轻快的音乐）："在快节奏的都市生活中，一杯热饮可以瞬间唤醒你的身体，让你的一天充满活力。而这款时尚保温杯，就是你的全天候能量补给站。"

（镜头切换，展示：保温杯的外观和设计特点。）

旁白："看看这设计，简洁而时尚。无论你是去上班还是去运动，它都可以随时陪伴你。轻巧便携，不占地方，可以轻松放入口袋或背包里。"

（镜头展示：保温杯的密封性能和保温效果。）

旁白："独特的真空隔热设计，可以保持饮品温度长达24小时。早上倒进去的咖啡，到了明天还是热乎乎的。有了它，你随时都能享受到温度刚刚好的饮品。"

（镜头转向使用保温杯的场景：如上班、运动、旅行等。）

旁白："无论你是在忙碌的工作中，还是在进行户外运动，甚至是旅行，这款保温杯都是你不可或缺的伙伴。"

（镜头展示：保温杯的多种颜色选择。）

旁白："我们有多种颜色供你选择，总有一款会适合你的个性。快来挑一个吧，让它成为你全天候的好伙伴。"

（视频结尾，显示：购买信息和品牌标志。）

旁白："这款时尚、实用、便携的保温杯正在热卖中。赶快行动吧，让它成为你的生活好帮手！品牌，为你提供更优质的生活体验。"

（视频结束，显示：品牌标志和购买网址。）

旁白："品牌，让生活更精彩。立即登录我们的官方网站或前往各大电商平台，购买这款保温杯，享受科技带来的舒适生活。"

观看视频

课堂实训2 撰写并发布一篇婴儿服饰的小红书种草文案

小红书种草文案通常需要突出产品特点，如材质、设计、功能等，让读者更好地了解产品的优势和特点。同时，小红书种草文案还需要注重情感共鸣，如分享个人经历、表达情感等方式，让读者对产品产生共鸣和情感上的认同。为了引导用户行动，往往还会推荐购买方式，如官方网站、电商平台等渠道购买，让读者能够更方便地购买到产品。这里以婴儿服饰为例，撰写并发布一篇小红书种草文案步骤如下。

步骤1： 打开并登录小红书账号，点击"＋"按钮，如图3-28所示。

步骤2： 选择文案图片，点击"下一步"按钮，如图3-29所示。

步骤3： 查看已上传的图片，点击"下一步"按钮，如图3-30所示。

步骤4： 进入发布笔记页面，填写标题，如图3-31所示。

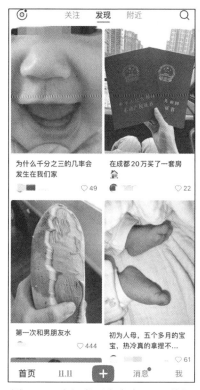

图 3-28　小红书平台点击"+"按钮

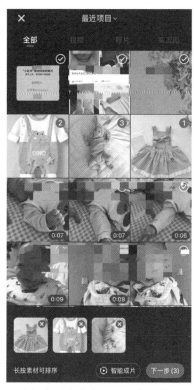

图 3-29　小红书平台点击"下一步"按钮上传图片

图 3-30　小红书平台点击"下一步"按钮查看图片

图 3-31　小红书平台发布笔记页面填写标题

这里的小红书标题"软萌可爱！这些婴儿衣服好看又好穿！买买买"准确地描述了婴儿衣服的特点，同时使用了感叹和呼吁行动的语气。

（1）"软萌可爱"：这个形容词准确地传达了婴儿衣服的主要特点：柔软、可爱，让人感到温馨和舒适。这种描述很容易吸引那些喜欢可爱、温馨风格的家长。

（2）"这些婴儿衣服好看又好穿"：这个表述清晰地表明了文案的内容，即推荐一些既好看又好穿的婴儿衣服。这种明确的描述能够吸引正在寻找这方面信息的家长。

（3）"买买买"：这个呼吁行动的表述，一方面暗示着这些衣服非常值得购买，另一方面也调动了读者的购物欲望。这种呼吁行动的方式能够有效地引导读者采取购买行动。

步骤5：填写正文内容，如图3-32所示。

正文内容为：

😍难以抗拒的婴儿衣服！我作为新手宝妈，最近买了很多可爱的婴儿衣服，感觉自己的少女心都被激发出来了！😍

① 第一件小裙子，精致的蕾丝花边和清新的颜色，让宝宝穿上之后显得更加可爱。而且质量很好，完全不输给大牌。

② 第二件小恐龙连体衣，超级萌！宝宝穿着它一定可以成为最受欢迎的小朋友。而且材质舒适，适合宝宝贴身穿。

③ 第三件小兔子套装，超级柔软舒适。而且设计可爱，让人忍不住想给宝宝穿上。

全部都是🍑店，价格实惠，私我要🉐

正文通过展示可爱的婴儿衣服和分享购买经验来吸引读者的注意力。这段正文有如下特点。

（1）内容重点突出：通过列出每款衣服的名称和特点，使得内容更加有条理，且重点突出。这种列出清单的方式非常适合读者快速了解每款衣服的特点和优势。

（2）配图精美：在文中附上了每款衣服的照片，这些照片质量高、色彩鲜艳，能够有效地吸引读者的注意力。同时，这些照片也展示了衣服的细节和品质，增加了文案的可信度。

（3）穿着体验分享：分享了衣服的穿着体验，这可以让读者了解这些衣服的舒适度和质量。这种分享体验的方式能够增加文案的真实性和可信度。

（4）价格实惠：正文提到这些衣服的价格实惠，这可以吸引那些预算有限的读者。这种价格信息能够让读者更好地了解这些衣服的性价比。

（5）呼吁行动：在文末呼吁读者私信作者获取购买链接，这可以有效地引导读者采取购买行动。这种呼吁行动的方式能够增加文案的转化率。

步骤6：点击"#"号，添加话题，如图3-33所示。

步骤7：添加位置信息，点击"发布笔记"按钮，如图3-34所示。

步骤8：文案发布成功，可查看具体文案，如图3-35所示。

图 3-32 小红书平台发布笔记页面填写正文内容

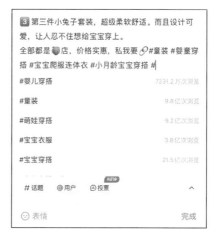

图 3-33 小红书平台点击"#"添加话题

图 3-34 小红书平台点击"发布笔记"按钮

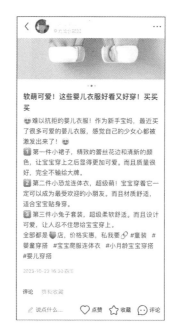

图 3-35 小红书平台发布成功的具体文案

课后作业

1. 简要阐述内容运营的基本形式。

2. 简要阐述内容运营核心的要素。

3. 举例说明如何体现文案内容有价值。

项目 4　用户运营

用户运营对新媒体营销具有重要的意义，它可以帮助企业提升品牌认知度和影响力、增加用户黏性和忠诚度、促进口碑传播和用户推荐、优化产品和服务及实现精准营销和个性化推荐等目标。要做好用户运营，必须先认识用户运营，掌握拉新用户、用户留存、激活用户、用户转化等相关知识。

本项目学习要点：

（1）了解用户运营的含义、作用、内容、体系。

（2）掌握拉新用户的方法。

（3）掌握用户留存的方法。

（4）掌握激活用户的方法。

（5）掌握用户转化的方法。

任务4.1 认识用户运营

用户运营在新媒体运营中有着重要意义，通过用户运营，有助于企业获得更多的业务和市场份额，提高收入和利润，建立良好的口碑和品牌形象，并优化运营成本和提高效率。读者应该了解用户运营的含义，认识用户运营的主要作用、主要内容。

子任务4.1.1 用户运营的含义

用户运营是指通过与新老用户的互动和沟通，提高用户对产品或品牌的认可度和忠诚度，从而提升销售额和用户价值的一种营销策略。具体来说，用户运营包括如图4-1所示的四方面。

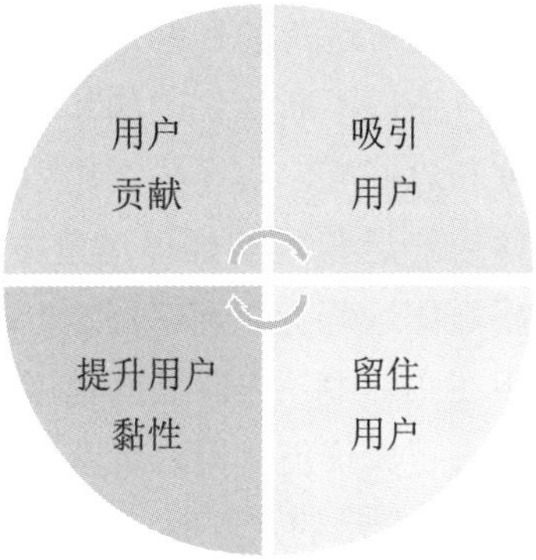

（1）吸引用户：通过各种手段吸引潜在用户，提高用户对产品或品牌的认知度并引起用户的兴趣。

（2）留住用户：通过优化产品或提供优质服务，提高用户满意度，延长用户的使用周期，并保持用户活跃度。

图 4-1　用户运营的四方面

（3）提升用户黏性：通过增加用户参与度、提高用户互动性等方式，使用户对产品或品牌产生黏性，提高用户忠诚度和复购率。

（4）用户贡献：通过引导用户参与产品或品牌的推广、评价、反馈等活动，发挥用户的积极作用，提高用户对产品或品牌的贡献度和价值。

新媒体用户运营则是指通过现代化移动互联网手段，通过利用新兴媒体平台，如抖音、快手、微信、微博、贴吧等，进行产品宣传、推广、营销的一系列运营手段。主要是通过策划品牌相关的优质、高度传播性的内容和线上活动，向客户广泛或者精准推送消息，提高参与度，提高知名度，从而充分利用粉丝经济，达到相应营销目的。用户运营和新媒体用户运营在运营方向、运营手段、运营目标等方面存在一定区别，具体如表 4-1 所示。

表 4-1　用户运营和新媒体用户运营的区别

区别名称	用户运营	新媒体用户运营
运营方向	用户运营是以用户为中心，根据用户的需求设置运营活动与规则，制定运营战略与目标，严格控制实施过程与结果	新媒体用户运营是通过现代化移动互联网手段，利用新兴媒体平台如微信、微博、贴吧等，进行产品宣传、推广、产品营销的一系列运营手段
运营手段	用户运营更注重与用户的互动和沟通，以及用户增长、分层运营、社群与活动运营、用户调查与研究等方面	新媒体用户运营主要通过策划品牌相关的优质、高度传播性的内容和线上活动，向客户广泛或者精准推送消息，提高参与度，提高知名度，达到相应营销目的

续表

区 别 名 称	用 户 运 营	新媒体用户运营
运营目标	用户运营更注重达到预期所设置的运营目标与任务，如销售额的提升、用户活跃度的保持等	新媒体用户运营的主要目标是提高品牌知名度、增强用户互动性、提高用户转化率和创造口碑营销

由此可见，新媒体用户运营更注重利用新媒体平台进行营销，而用户运营则更注重整体的用户运营策略。

子任务4.1.2　用户运营的主要作用

用户运营的目的是实现用户增长和销售提升，通过不断优化产品和服务，提高用户满意度和忠诚度，实现长期稳定的商业价值。新媒体用户运营是新媒体运营中必备的运营内容，新媒体运营者必须掌握这一技能，并能将其应用在实际中，在降低营销成本的同时，为企业带来更大价值。用户运营的主要作用表现在如图4-2所示的八方面。

（1）提高用户满意度：用户运营的目的是通过与用户的互动，扩大用户群体，提升用户体验和满意度。当用户在享受到愉快的购物、服务体验时，能积极转化成品牌忠诚度和口碑。

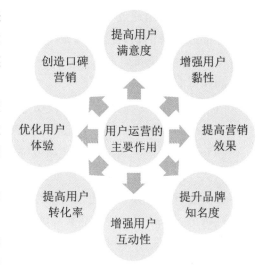

图4-2　用户运营的主要作用

（2）增强用户黏性：用户运营是企业与用户保持沟通和联系的重要手段，能够使用户感觉到被关注和看重。通过持续性的关怀和服务，增强用户对企业的信任和忠诚，从而增强用户黏性。

（3）提高营销效果：用户运营是企业进行营销的重要一环，通过与用户进行互动，加强用户和品牌之间的情感联系，提高用户对品牌的认知和信任度，从而推动营销效果的提升。

（4）提升品牌知名度：通过新媒体平台，企业可以将品牌和产品推广给更广泛的用户群体，从而提高品牌知名度和曝光率。

（5）增强用户互动性：新媒体平台可以让企业与用户进行更紧密的互动，增强用户参与感和黏性，提高用户满意度和忠诚度。

（6）提高用户转化率：通过新媒体平台的精准营销和个性化服务，企业可以更好地满足用户需求，提高用户转化率和购买率。

（7）优化用户体验：新媒体平台可以帮助企业及时了解用户反馈，改进产品和服务，优化用户体验，提高用户满意度和忠诚度。

（8）创造口碑营销：新媒体平台上的用户评价和分享可以帮助企业实现口碑营销，扩大品牌影响力和用户群体。

子任务4.1.3 用户运营的主要内容

用户运营的主要内容是以用户为中心，遵循用户的需求，以用户行为数据为基础、用户激励与奖励为手段，不断提升用户体验，促进用户行为转化，延长用户生命周期价值。具体而言，用户运营的主要内容包括如表 4-2 所示的几方面。

表 4-2 用户运营的主要内容

名 称	具 体 内 容
提升用户体验	通过优化产品或服务的设计及使用，提高用户满意度和忠诚度，包括交互设计、功能优化、界面设计等方面的改进
增加用户数量	通过各种营销手段和技术手段来吸引潜在用户，包括市场调研、定位、推广渠道等方面的拓展
提升转化率	通过优化产品或服务的转化率，提高销售收入，包括优化流程、提高服务质量、增强营销效果等方面的改进
降低跳出率	通过降低用户离开产品的比率，提高用户黏性和忠诚度
减少流失率	降低用户流失率，也有助于提高用户黏性和忠诚度
促进付费推广	通过付费广告或其他营销活动来促进产品的销售和推广，包括搜索引擎优化、社交媒体推广、广告投放等方面的拓展
优化产品体验	通过不断优化产品或服务的使用体验，有助于交互设计、功能优化、界面设计等方面的改进
增强效应	通过口碑营销、推荐奖励等方式来增强产品的吸引力和口碑，包括社区建设、用户互动、推荐奖励等方面的推进
维护客户关系	通过建立良好的客户关系，提供及时的售前咨询和售后服务，提高用户满意度和忠诚度

用户运营的主要内容是通过不断优化产品和服务，吸引潜在用户并提高其转化率，同时维护老用户的忠诚度和满意度，以实现产品的长期稳定发展。

子任务4.1.4 搭建完整的用户运营体系

一套完整的用户运营体系可以帮助运营人员更好地管理用户，提高用户的黏性、活跃度和消费，促进业务的可持续发展。如图 4-3 所示，基础体系、成长体系和激励体系是用户运营体系的重要组成部分。

1. 基础体系

建立用户基础体系是用户运营体系的第一步，建立用户基础体系需要运营人员深入了解用户的需求和行为，对用户进行详细的分

图 4-3 用户运营体系

类和管理，同时提供优质的客户服务，以便更好地满足用户的需求并提高用户的满意度和忠诚度。建立用户基础体系的关键步骤如图4-4所示，主要包括明确用户需求、建立用户画像等。

（1）明确用户需求：首先需要明确用户的需求，包括用户使用产品或服务的目的、习惯、偏好等，这些信息可以通过市场调研、用户调研和数据分析等方式获取。

（2）建立用户画像：根据用户需求和调研数据，建立详细的用户画像，包括用户的年龄、性别、地域、职业等特征，以及用户使用产品或服务的行为和习惯等。

（3）定义用户分类：根据用户的不同特征和需求，将用户分为不同的类别，以便更好地管理和运营。

（4）建立用户关系管理：针对不同的用户类别，建立不同的用户关系管理策略，包括用户信息管理、用户沟通渠道管理、用户反馈处理等。

（5）提供客户服务：为了提高用户的满意度和忠诚度，需要提供优质的客户服务，包括及时响应用户的问题和需求、解决用户在使用产品或服务过程中遇到的问题等。

2. 成长体系

成长体系包括用户激活、用户留存、用户转化等方面。通过设计合理的用户流程和激励机制，提高用户的激活率和留存率，进而促进用户转化和消费。此外，成长体系还包括会员体系、积分体系等，以增加用户的忠诚度和黏性。

建立用户成长体系需要运营人员深入了解用户的需求和行为，设计合理的成长路径和学习平台，同时提供必要的引导和激励，帮助用户在使用产品或服务的过程中不断成长和提高。建立用户成长体系是用户运营体系中非常重要的一环，其关键步骤如图4-5所示。

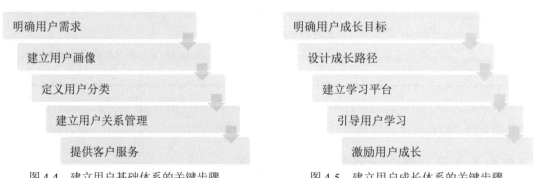

图4-4 建立用户基础体系的关键步骤　　　图4-5 建立用户成长体系的关键步骤

（1）明确用户成长目标：首先需要明确用户成长的目标，包括希望用户在使用产品或服务的过程中达到什么样的技能水平、获取什么样的认证等。

（2）设计成长路径：基于目标和用户分析，可以设计一个或多个成长路径，包括不同层次的用户需要学习的课程和服务，同时需要确保这些路径具有明确的目标和里程碑。

（3）建立学习平台：为了帮助用户更好地学习和成长，需要建立一个学习平台，包括学习资源、学习工具、学习社区等，以提供更好的学习体验。

（4）引导用户学习：通过各种手段引导用户进行学习，包括提供个性化的学习计划、推荐相关的学习资源、提供学习奖励等，以激发用户的学习兴趣和动力。

（5）激励用户成长：通过积分、徽章、等级制度等激励体系，鼓励用户在学习和成长的过程中取得更好的成绩和认证，同时也可以通过该体系来收集用户的反馈和建议，不断优化成长体系的效果。

3. 激励体系

激励体系包括用户奖励、用户活动、用户推荐等方面。通过设计合理的奖励机制和活动方案，激励用户参与和推荐，提高用户的活跃度和黏性，增加用户对品牌的认同感，提升品牌口碑。

建立用户激励体系需要运营人员根据产品特性和用户需求，设计合理的激励手段和规则，建立有效的反馈机制，同时引导用户积极参与，最后持续优化激励体系，实现提高用户价值和提升产品价值的目标。图 4-6 所示为建立用户激励体系的关键步骤。

图 4-6　建立用户激励体系的关键步骤

（1）明确激励目标：首先需要明确激励的目标，包括提高用户的活跃度、增强用户的品牌认可度和忠诚度、促进用户转化和消费等。

（2）设计激励手段：基于目标，可以设计不同的激励手段，包括提供积分、优惠券、红包等物质奖励，以及提供徽章、等级、头衔等特殊身份标识，以激励用户参与并提高其活跃度。

（3）制定激励规则：为了确保激励手段能够公平合理地实施，需要制定相应的规则，包括获取积分或奖励的条件、兑换规则、限制规则等，避免出现作弊和不合理现象。

（4）建立反馈机制：为了使用户了解自己在使用产品或服务过程中所获得的成就和奖励，需要建立反馈机制，包括积分排行榜、等级进度条、徽章展示等，以激励用户持续参与并保持活跃。

（5）引导用户参与：通过各种手段引导用户参与激励体系，包括在产品界面上添加相应的入口、提供个性化的推荐、奖励用户参与活动等，以提高用户的参与率和黏性。

（6）持续优化激励体系：为了使激励体系更加有效合理，需要不断收集分析用户反馈和使用的数据，根据实际情况调整和完善激励体系，包括调整规则、优化反馈机制、提供更加个性化的奖励等。

除上述三种体系外，用户运营体系还包括用户反馈与优化、运营策略制定、渠道管理等方面的内容。这些内容相互作用，共同构成了完整的用户运营体系。同时，运营人员需要根据具体情况不断调整和完善各体系的内容，以实现最佳的用户运营效果。

任务4.2　拉新用户

拉新用户是指吸引新的用户来使用产品或服务，增加用户数量和活跃度，提高产品的知名度和市场占有率。拉新用户是用户运营中的一个重要环节，是提高产品价值和销量的关键手段之一。拉新用户的方法有很多种，常见的为直播拉新、短视频拉新和公众号拉新等。拉新用户的重点在于关注用户需求和行为，不断优化产品和服务，提升用户体验和口碑，同时合理利用营销手段来吸引新用户。

子任务4.2.1　直播拉新

直播拉新是指通过直播平台吸引新的用户关注和加入，增加平台的用户数量和活跃度，提高产品的知名度和市场占有率。新东方旗下的直播带货平台"东方甄选"就利用直播成功地拉新用户，并且取得了显著的效果，其成功的经验和策略对其他企业或主播在直播领域的发展具有一定的借鉴意义。

东方甄选从 2021 年 12 月 28 日首播至作者写作本部分内容时，在抖音平台已经拥有超过 3000 万粉丝，并且已推出数十款自营产品，总销量高达 1000 多万单，东方甄选账号主页如图 4-7 所示。相关平台数据显示，东方甄选已经连续多月处于抖音带货榜冠军位置。此外，东方甄选还开设了多个直播账号，如"东方甄选美丽生活""东方甄选自营产品"等，这些账号的粉丝量也均超过 100 万。

那么，直播拉新应该如何做呢？可以参考如下七方面。

图 4-7　"东方甄选"账号主页

1. 确定目标与主题

首先，要明确直播的目标和主题。这可以帮助主播和运营人员更好地准备直播内容，吸引目标用户群体并提高转化率。比如，本次直播的目标是向观众介绍并推销一款新产品，那么主题就可以围绕这款产品的特点、使用方法、购买方式等进行策划，让观众能够快速了解并产生购买欲望。

2. 做好开播前的准备

需要提前准备好直播所需的设备，如摄像机、麦克风、灯光、背景等，对直播的环境和场景进行布置，确保直播的质量和效果。同时，也要准备好脚本，包括开场白、产品介绍、互动环节等，让整个直播流程更加顺畅。

3. 与观众互动

在直播过程中，要积极与观众进行互动，回答观众的问题，引导观众参与直播的互动环节，提高观众的参与度和活跃度。比如，可以通过抽奖、答题等方式来吸引观众参与，增加直播的互动性和趣味性。

4. 引入热门话题

除了围绕自己的产品进行直播以外，还可以结合当前的热门话题和时事热点进行直播，吸引更多的观众，提高直播的曝光率和关注度。比如，在新冠疫情期间，可以结合疫情和防疫措施等热门话题进行直播，吸引更多的观众参与。

5. 合理利用工具

可以使用工具或软件来提高直播的质量和效果，如使用高清晰度的摄像头和音频设备来提高直播的画质和音质，使用第三方软件来增加直播的互动性和趣味性。还可以使用一些聊天工具来实时与观众交流，增加观众的参与感。

6. 持续优化直播内容

直播内容要保持新颖、有趣、实用，要不断优化和改进直播内容，以吸引更多的观众并提高转化率。比如，可以通过对观众反馈的分析来不断调整和优化直播内容和方式，提高观众的满意度和忠诚度。

7. 定期更新

要定期更新直播内容，以保持观众的兴趣和关注度。可以通过发布短视频、制作海报等方式来宣传直播内容和吸引观众。东方甄选坚持定期直播，保持了与观众的互动和黏性，同时通过直播展示了自身的人格魅力。定期直播也使得观众可以持续关注和购买商品，提高了用户忠诚度和购买频率。

要想做好直播拉新，需要关注以上七方面，不断提高直播的质量和效果。同时，需要注重细节和用户体验，不断优化和改进直播策略，以吸引更多的观众并提高转化率。

子任务4.2.2　短视频拉新

短视频拉新是指通过短视频平台吸引新的用户关注和加入，增加平台的用户数量和活跃度，提高产品的知名度和市场占有率。三只松鼠是一个知名的零食品牌，该品牌在短视频平台上开设了官方账号，并通过短视频进行拉新。三只松鼠抖音账号的定位非常明确，主要面向年轻人和家庭用户。在账号的内容上，主要发布与食品相关的短视频，包括各种零食、饮品、烹饪视频等，同时也会发布一些与健康、美食、文化等相关的话题和活动。截至作者写作本部分内容时，三只松鼠在抖音平台已积累了 500 多万粉丝，如图 4-8 所示。

三只松鼠之所以能通过短视频拉新，离不开以下三点。

1. 平台热点

抓住时机蹭热点，尤其是平台官方推出的热点话题。如果内容出彩，很容易获得平台的大力扶持。例如，很多短视频账号默默无闻，但是某一期的短视频成功蹭上热点，打造成爆款，成功圈住很多粉丝。

三只松鼠在短视频内容上紧跟热点话题，结合品牌特点进行创作。例如，在某个热门话题出现时，三只松鼠会迅速制作相关的短视频内容，与观众进行互动。此外，三只松鼠还会在短视频中发起一些有趣的活动或挑战，吸引

图 4-8 "三只松鼠"账号主页

用户参与并分享到社交媒体上。这种高频互动的方式增加了用户对品牌的黏性，也提高了品牌的曝光度。

2. 优化内容

制作优质的短视频内容。内容做得好，才能吸引粉丝关注。例如抖音的 7 秒概论和敏感词，了解这些后做起来更快更准。

三只松鼠抖音账号的内容非常优质，注重画面和剪辑，每个视频看起来都非常精美。同时，内容也具有趣味性和互动性，如通过制作一些有趣的短片、挑战和互动游戏等，吸引用户参与和分享。此外，短视频内容也注重品质和实用性，为用户提供实用的食品选择和购买建议。

3. 合作推广

通过短视频大 V 或 KOL 的推荐，将用户引流至自己的账号；或短视频运营者拥有多个账号，通过粉丝多的大号将粉丝引流至新的账号中。例如，在短视频大 V 的账号主页面上，会显现出其转发评论其他短视频创作者的信息，能有效地为被转发的短视频账号获得更多的曝光量，圈得更多的用户。

三只松鼠抖音账号还会与其他品牌和网红进行合作推广。例如，与一些知名品牌进行联名营销，推出一些特别的食品或活动。此外，也会与一些网红进行合作，推出一些有趣的短视频内容。

通过以上策略，三只松鼠成功地利用短视频拉新，并取得了显著效果，在短时间内吸引了大量的新用户关注和购买。同时，通过数据分析和用户反馈，三只松鼠还在不断优化短视频的内容和营销策略，进一步提高拉新效果和用户满意度。

子任务4.2.3　公众号拉新

公众号拉新是指通过各种方式吸引新的粉丝关注公众号，增加公众号的用户数量和活跃度，提高公众号的知名度和市场占有率。公众号拉新的常用方法如图4-9所示，主要包括内容拉新、活动拉新等。

（1）内容拉新：通过精心策划和撰写高质量的原创内容，吸引粉丝关注并注册。

（2）活动拉新：通过举办各种有趣、有吸引力的活动，如抽奖、答题、集赞等，吸引粉丝参与并分享到自己的社交圈，提高公众号的曝光度和关注度。

（3）渠道拉新：通过与其他公众号、App、网站等渠道的合作，互相推广和分享，增加公众号的粉丝数量，提高关注度。

（4）社交媒体拉新：通过微博、微信、抖音等社交媒体平台的推广和运营，吸引更多的粉丝关注公众号。

例如，"壹心理"作为一个心理学公众号，成功利用心理学知识、有趣文章、实用建议等吸引了大量新用户的关注和订阅，其账号主页如图4-10所示。

图 4-9　公众号拉新的常用方法

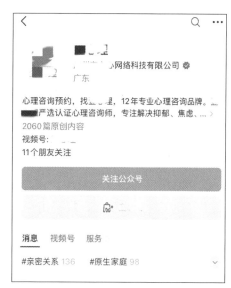

图 4-10　"壹心理"公众号主页

"壹心理"曾成功策划并落地了一个公众号拉新活动，活动具体细节如下。

（1）活动名称：壹心理"解忧杂货店"线上活动。

（2）目标：通过线上活动吸引新用户关注和订阅公众号，同时增加平台注册用户并提升其活跃度。

（3）前期宣传：通过社交媒体、相关合作渠道和个人朋友圈等途径宣传活动信息，吸引潜在用户的关注。同时，发布一些预告文章，介绍活动的背景和目的，激发用户的好奇心和参与意愿。

（4）活动内容：在活动中，壹心理邀请了多位心理学领域的专家和学者，以"解忧杂货店"为主题，为用户提供免费的心理学建议和心理咨询服务。同时，还设置了一些有趣的互动环节，如心理测试、心理小知识等，增加活动的趣味性和互动性。

（5）优惠福利：在活动期间，向参与活动的用户提供一定的福利，如限时优惠购买课程、赠送小礼品等，提高用户的参与度和购买意愿。同时，还设置了抽奖环节，使用户有机会获得丰厚的奖品。

（6）社群互动：建立活动期间的交流群，使用户可以继续交流和分享，增加用户的黏性和活跃度。同时，可以通过社群运营挖掘一些潜在用户，提升公众号的曝光度和关注度。

该活动吸引了数万用户参与，其中很多是新人用户。通过活动后期的跟踪和数据分析，发现在参与活动的用户中有很大一部分是新人用户，并且在活动后的一段时间内他们陆续关注和订阅了公众号。此外，通过社群运营的推广，公众号的曝光度也得到了进一步提升。

任务4.3　用户留存

用户留存指的是用户在特定时间段内继续使用或购买产品或服务的能力，是衡量用户对产品或服务的忠诚度的指标。它反映了用户在某一时间段内是否继续选择使用同一品牌或产品，是用户满意度和忠诚度的重要表现。留存的好坏通常用留存率表示，通过计算在一定时间内继续使用产品或服务的用户比例来衡量。

子任务4.3.1　建立用户信息档案库

建立用户信息档案库对用户留存具有重要的意义。通过收集、整理和分析客户信息，可以更好地了解用户需求，提高用户满意度和忠诚度，优化销售策略，建立更好的用户关系。建立用户信息档案库的步骤如下。

（1）确定收集信息的目的和范围：明确收集用户信息的目的，需要收集哪些方面的信息，如个人基础资料、消费行为、偏好、反馈等，以及需要收集哪些阶段的信息，如不同时间段的基础资料、交易、反馈等。

（2）制定收集信息的标准和流程：制定收集信息的标准和流程，以确保信息的规范性和准确性。例如，对于个人基础资料，可以规定必填项和选填项；对于交易信息，可以规定交易时间、金额、商品种类等信息的填写要求。

（3）设计信息收集表单和问卷：根据收集的信息内容和目的，设计相应的信息收集表单和问卷，表单和问卷的设计应该简洁明了，易于填写。

（4）选择合适的收集方式：根据实际情况选择合适的收集方式，如线上填写表单、线下纸质填写、电话调查、面对面访谈等。

（5）实施信息收集：按照制定的流程和标准，实施信息收集，并对收集到的信息进行初步筛选和处理，如去重、过滤无效信息等。

（6）整理和分析信息：将收集到的信息进行分类、整理和分析，提取有价值的信息。例如，通过对交易信息的分析可以得出用户的购买习惯和偏好，有助于更好地了解用户需求。

（7）建立用户档案库：将整理好的信息建立用户档案库，可以采用数据库或者 Excel 表格等方式进行存储和管理，以便后续查询和使用。

（8）更新和维护信息：及时更新和维护用户档案库的信息，保持信息的准确性和完整性。例如，在用户基础资料发生变化时及时更新，在用户反馈或投诉时及时跟进处理等。

（9）信息安全保护：确保用户信息安全，防止用户信息泄露和滥用。例如，制定信息安全制度、加强数据加密和保护措施等。

建立用户信息档案库需要有一定的计划性和规范性，遵循一定的流程和标准，同时需要不断更新和维护信息，确保信息的准确性和完整性。

各个平台的卖家可在后台查看用户数据。以淘宝为例，打开卖家中心的"用户运营平台"，即可查看与用户相关的数据，如成交用户、未成交用户、询单用户的交易额、交易笔数、最近交易时间等。

新媒体运营者在获得用户信息后，可在相应平台建立用户信息档案，如淘宝平台可在"用户管理"下的"用户分群"将店内所有用户进行分类整理。在建立用户信息档案库时，重点整理如图 4-11 所示的用户最近消费时间、消费频率、消费金额、平均消费额等数据。

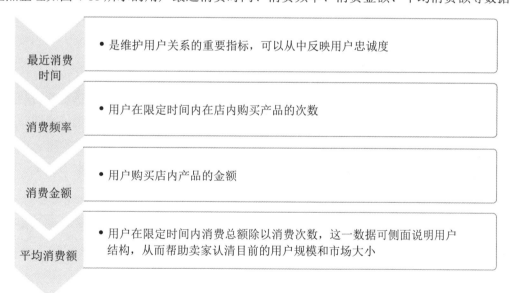

图 4-11　用户信息档案库的重点数据

新媒体运营者也可单独将用户信息整理在 Excel 表格里，便于今后分析、查阅。

子任务4.3.2　用户分级

用户分级是一种将用户按照其付费能力、活跃度、忠诚度等因素进行分级的行为。对企业而言，用户分级既能更好地为用户提供服务：如对不同级别的用户，企业会提供不同的服务、优惠活动等，以满足用户需求；还能更有效地进行用户维护：如通过用户等级的划分，企业可以更精准地了解用户需求，针对不同级别的用户进行不同的沟通维护。

新媒体运营者可以根据用户的不同特征来提供不同的服务，对不同等级的用户，可以采取不同的服务策略。常见用户分级包括如图4-12所示的三种类型。

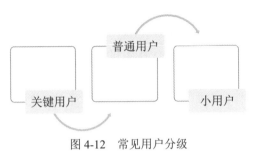

图4-12　常见用户分级

1.关键用户

关键用户是企业或产品的核心用户，具有高活跃度和高消费能力，对产品或服务的使用频率高，并且是产品或服务的主要收入来源。针对这类用户，新媒体运营者应该提供最优质的服务和产品体验，如优先体验新功能、个性化的定制服务等，并且要保持与他们的紧密联系，及时回应用户反馈和投诉，以提高用户的满意度和忠诚度。

2.普通用户

普通用户是相对于关键用户而言的，使用产品或服务的频率和消费金额相对较低，但仍然对产品或服务有一定的认可和满意度。针对这类用户，新媒体运营者可以通过提供标准化的服务和体验来满足他们的基本需求，如稳定的物流和售后服务等。同时，也可以通过定期的互动和反馈来提高用户的参与度和忠诚度，如定期的优惠活动和互动话题等。

3.小用户

小用户是相对于关键用户和普通用户而言的，使用产品或服务的频率和消费金额更低，可能处于潜在的转化阶段。针对这类用户，新媒体运营者可以通过提供基础的产品或服务来满足他们的基本需求，如免费试用和基础咨询服务等。同时也可以通过定期的营销活动和优惠券等手段吸引他们的注意力和兴趣，提高他们的使用频率和消费金额。

综上所述，针对不同等级的用户，新媒体运营者应该根据实际情况和业务需求，提供个性化的服务和策略，以提高用户满意度和忠诚度，从而实现长期的用户价值和业务发展。

子任务4.3.3　个性化服务

个性化服务可以满足消费者独特的个人需求和偏好，让消费者感受到独一无二的体验，从而提高他们的满意度和忠诚度。例如，在电商领域，可以通过如图4-13所示的4种方式来提供个性化服务。

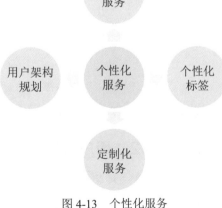

图4-13　个性化服务

1.VIP会员服务

为消费者提供VIP会员服务，针对不同等级的会员提供不同的优惠和特权。例如，高级会员可以享受更多的折扣、优先购买新产品的特权等。这样可以激励消费者成为 VIP 会员，并提高他们的购买频率和消费金额。

2. 个性化标签

根据消费者的兴趣和偏好，为他们提供个性化的标签和推荐。例如，在电商平台上，根据消费者的购买历史和浏览记录，推荐相似的商品或服务。这样可以提高消费者找到自己喜欢商品的速度，并增加他们的购买意愿。

3. 定制化服务

为消费者提供定制化的服务和产品，根据他们的需求和偏好，定制独一无二的产品和服务。例如，定制化的服装、鞋子等，使消费者感受到自己的独特性，提高他们的满意度和忠诚度。

4. 用户架构规划

通过大数据分析和人工智能技术，构建用户架构规划，了解消费者的行为和偏好，为他们提供更精准的个性化服务和推荐。例如，利用人工智能技术对用户的购买历史和浏览记录进行分析，发现消费者的购买习惯和偏好，为他们提供更精准的推荐。

子任务4.3.4　用福利吸引用户

想让老用户多次下单，必须先抓住老用户的消费心理并想办法迎合。常见的福利活动包括积分兑礼、签到有礼等。

1. 积分兑礼

积分兑礼活动是一种常见的客户忠诚度计划，它允许消费者通过积累积分来兑换礼品或优惠。这种活动可以激励消费者增加购买量，提高品牌忠诚度和客户满意度。在一个积分兑礼活动中，消费者可以在购买商品或参与活动时获得积分。当积分达到一定数量时，消费者可以选择兑换礼品或优惠。这些礼品可以是品牌产品、代金券、折扣券、免费服务等。

例如，某母婴旗舰店推出积分兑礼活动，如图 4-14 所示，消费者可用积分兑换吃、穿、用、玩等类目的产品。获得积分的方式也较为广泛，如购买产品、签到等。

2. 签到有礼

签到有礼是一种简单有效的增加用户活跃度和忠诚度的方式。用户每天登录平台完成签到，就可以获得一些小奖励，如积分、优惠券等。这种方式可以提醒用户持续关注平台，并增加用户的使用频率。

例如，某官方旗舰店推出签到有礼活动，如图 4-15 所示。消费者连续 7 天、14 天、20 天签到，可以领取相应的专享券或亲子互动球、马克笔等礼品。

图 4-14　积分兑礼活动页面

图 4-15　签到有礼活动页面

3. 晒单返现

用户在购买商品后，可以将商品图片和购买体验发布在平台上，分享给其他用户。这种行为可以增加用户的参与度和互动性，同时晒单返现的方式会鼓励用户购买更多的商品。例如，某商品晒单返现活动页面如图 4-16 所示。

图 4-16　晒单返现活动页面

4. 秒杀活动

秒杀活动是一种限时促销活动，用户需要在规定的时间内快速下单并支付才能以较低的价格购买商品。这种活动可以刺激用户的购买欲望，提高用户的购买决策速度，从而增加用户的复购率。例如，某店铺的两款大米都设置了秒杀活动，消费者可以用低于平时售价的价格购买商品，由此吸引更多用户下单，如图 4-17 所示。

5. 老用户专享

为老用户提供专享的优惠和福利，如更优惠的价格、更多的积分、更丰富的优惠券等。这种方式可以让老用户感受到特殊的待遇和关注，增加他们的忠诚度和复购意愿。例如，某淘宝旗舰店推出会员卡活动，消费满一定金额的用户可以领取相应的卡。图 4-18 所示为累计消费 2500 元可享受的黑卡会员福利，包括黑金育儿师、黑卡专享券等。

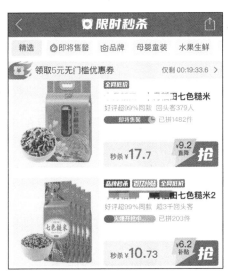

图 4-17　秒杀活动　　　　　　　　　　　图 4-18　黑卡会员福利

以上这些活动都可以根据具体的业务需求和目标受众进行灵活组合和调整，以达到提高老用户的复购率和忠诚度的目的。需要注意的是，活动的设计要考虑到用户的需求和心理，同时也要合理规划和执行，避免对用户和平台带来不必要的负面影响。

任务4.4　激活用户

激活用户是指让用户充分体验产品的核心功能，从而成为产品的忠实用户。如果用户没有至少使用一次核心功能，那么产品并没有真正留住用户，也没有实现用户增长。为了激活用户，需要让用户在一段时间内完成一定次数的关键行为，这个一定次数被称为魔法数字。不同产品的关键行为不同，需要根据特定产品指定用户激活时间周期。激活用户是数据驱动的用户增长运营工作中的重要一环，它关乎着产品是否能够真正留住用户并让用户为产品贡献价值。

激活用户是为了提升用户体验和产品价值，从而提高产品的使用率和影响力。对企业而言，激活用户是至关重要的，因为只有活跃和忠诚的用户才能为产品带来长期的价值。激活用户的主要原因如图 4-19 所示。

图 4-19 激活用户的主要原因

（1）提升用户活跃度和用户黏性：通过激活用户，可以让更多的用户了解产品的核心功能，并持续使用这些功能，从而提高产品的用户活跃度和用户黏性。

（2）提高用户留存率：激活用户后，用户会更加信任和依赖产品，从而建立用户的归属感和忠诚度，提高用户留存率。

（3）促进用户转化：对付费产品而言，激活用户可以促进更多的用户转化为付费用户，从而增加产品的收益。

（4）优化用户体验：激活用户可以优化新用户体验，引导新用户快速发现并体验产品的价值，使用户愿意一直使用产品。

（5）增加市场份额：通过激活更多的用户，可以扩大产品的市场份额，提高产品的知名度和影响力。

那么，新媒体运营人员应该如何来激活用户呢？激活用户的方法有很多，以下是一些常见的激活用户的方法和策略。

1. 产品优化更新

产品优化更新是一种激活用户的有效方法。定期向用户推送新功能、新内容或新服务，如增加新的互动社交功能、优化原有功能的性能、修复已知问题等，可以提高用户对产品的满意度和体验。同时，可以根据用户反馈和需求进行针对性的优化更新，以满足用户的需求和期望，进而促进用户的使用并提升其活跃度。

2. 活动促销

活动促销是一种常见的激活用户的方式。通过举办各种促销活动，如限时折扣、满减优惠、赠品等，可以吸引用户参与并刺激他们产生消费冲动。这些活动包括节假日促销、周年庆促销、新品发布等，可以根据产品的特点和品牌形象进行策划和执行。同时，可以通过活动促销来增加用户的参与度和黏性，进而提高品牌知名度和用户留存率。

3. 特色服务

提供特色服务可以吸引更多的用户并激活他们的使用。例如，提供专属的客户服务、快速响应、定制化服务等，可以让用户感受到产品的专业性和价值性，进而增加他们的信任感和依赖感。同时，可以通过这些特色服务来增加用户的留存率和使用率，进而提高产品的收益和市场份额。

4. 大力度的优惠条件

提供大力度的优惠条件可以吸引更多的用户并激活他们的使用。例如，提供大额优惠券、打折促销、免费试用等，可以让用户感受到产品的吸引力和价值性，进而增加他们的使用率和留存率。同时，可以通过这些优惠条件来增加用户的转化率和收益，进而提高产品的收益和市场份额。

总之，激活用户的方法有很多，商家可以根据自身情况和产品特点选择合适的方法。通过不断优化用户体验和增加用户的参与度，可以提高产品的使用率并扩大产品的影响力，进而促进品牌的发展和收益的提高。

任务4.5　用户转化

在互联网行业中，用户转化通常指的是用户从普通浏览者转化为活跃用户、付费用户或其他更高层次的状态。例如，对电商网站而言，用户转化意味着用户从浏览商品转变为购买商品；对社交网站而言，用户转化意味着用户从关注者转变为内容贡献者或社群成员。

用户转化是一个关键指标，它可以帮助企业评估其产品或服务的吸引力和价值，并了解用户的需求和行为。通过对用户转化进行分析，企业可以发现其产品或服务中存在的问题和不足，并进行改进和优化，提高用户满意度和忠诚度。

需要注意的是，用户转化是一个复杂的过程，可能受到多种因素的影响，如用户体验、用户需求、市场竞争、品牌形象等。因此，要实现有效的用户转化，需要对用户和市场进行深入分析，并根据实际情况制定合适的策略和计划。

子任务4.5.1　抓住用户想获得免费利益的倾向

在互联网中，很多用户都有"占便宜"的心理，希望通过一些手段获得免费或低成本的利益。因此，一些提供免费试用、免费课程、免费样品等免费利益的平台或应用往往能够吸引大量用户，从而实现用户转化。

例如，很多在线教育平台会提供免费试听课程的机会，让用户先行体验课程内容和教师素质，再决定是否付费购买；一些电商平台会提供免费试用装，让用户先行体验产品效果和品质，再决定是否购买正装产品，如图 4-20 所示为天猫平台推出的"U 先试用"，含多款试用产品；一些游戏平台会提供免费试玩游戏的机会，甚至提供免费奖励和虚拟物品，以吸引用户进行付费购买等。

这些提供免费利益的平台或应用往往能够让用户更容易地接受产品或服务，进而实现用户转化。同时，这些免费利益也能够提高用户对产品或服务的信任度和忠诚度，促进用户留存和口碑传播。

需要注意的是，提供免费利益虽然可以吸引用户并实现用户转化，但也需要付出一定的成本和风险。因此，在进行用户转化时，需要对目标用户进行精准定位，制定合适的免费策略，并考虑成本和收益的平衡。

图 4-20　天猫平台"U 先试用"

子任务4.5.2　利用用户追求个性化的消费特点

现代社会的用户越来越注重个性化、独特性的消费体验，希望购买到符合自己需求和品位的个性化产品或服务。因此，一些能够提供个性化定制、专属服务的产品或服务往往能够得到用户的青睐，从而实现用户转化。

目前，很多电商平台都提供个性化定制服务，用户可以根据自己的需求和喜好，定制专属的商品，如定制的 T 恤、水杯、手机壳等。这些个性化定制的产品能够满足用户的独特需求和品位，提升用户的使用体验和忠诚度，进而实现用户转化。

例如，某主营数码产品的淘宝店铺推出定制手机壳的产品，用户可自由设计手机壳，获得个性化的产品，该链接截至目前销售数量已超过 9万件，如图 4-21 所示。

另外，一些品牌也会通过打造专属的个性化服务，来吸引用户并实现用户转化。例如，一些运动品牌会根据用户的运动偏好和身体状况，提供专属的运动计划和装备建议，让用户感受到品牌的专属服务和专业性，进而提高用户的购买率和忠诚度。

利用用户追求个性化的消费特点进行用户转

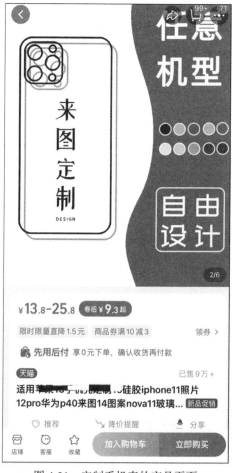

图 4-21　定制手机壳的产品页面

化需要深入了解目标用户的需求和品位，提供真正的个性化服务和产品，同时需要保证产品或服务的质量和价值，以提高用户的信任度和满意度。

子任务4.5.3　抓住用户追求便捷的心理

现代社会的用户越来越注重产品或服务的便捷性，希望通过简单、快速的方式获得所需的产品或服务，避免烦琐重复的操作。因此，一些能够提供便捷服务的产品或服务能够得到用户的青睐，从而实现用户转化。

目前，很多电商平台提供一键购买、快速支付等服务，让用户可以快速完成购买和支付过程，避免烦琐的操作和等待。这些便捷服务能够提高用户的使用体验和效率，进而实现用户转化。

另外，一些品牌也会通过提供便捷服务来吸引用户并实现用户转化。例如，一些物流公司会提供上门取件、快速寄送等服务，使用户可以快速寄送物品并避免烦琐的操作。这些便捷服务能够提高用户的满意度和忠诚度，进而实现用户转化。

例如，在拼多多平台购买产品，如果发生不满意想退换货的情况，可直接预约快递上门取件，有运费险的产品，直接享受 0 元寄快递，方便用户退换货，如图 4-22 所示。

图 4-22　拼多多退换产品可选上门取件

利用用户追求便捷的心理进行用户转化需要深入了解目标用户的需求和习惯，提供真正符合用户需求和期望的便捷服务，同时需要保证产品或服务的效率和质量，以提高用户的信任度和满意度。

子任务4.5.4　抓住用户渴望交流的心理

现代社会的用户越来越注重产品或服务中社交互动的体验，希望通过与其他用户交流和互动来获得更多的信息和情感支持。因此，一些能够提供社交互动、社区交流等功能的平台或应用能够得到用户的青睐，从而实现用户转化。

很多社交应用会提供关注、点赞、评论等功能，使用户可以与其他用户进行交流和互动，分享自己的生活和感受。这些社交互动功能能够提高用户的参与度和黏性，进而实现用户转化。

例如，淘宝"逛逛"就是一个社区分享平台，如图 4-23 所示。用户可以在"逛逛"中分享短视频、发布个人作品等。它以"逛"为主题，将购物与社交进行完美结合，主要用于分享种草商品。在淘宝升级到最新版本后，由逛逛升级到视频。在"逛逛"中可以实现分享短视频、发布个人作品等操作。

另外，一些品牌也会通过提供社交互动来吸引用户并实现用户转化。例如，一些电商平台会建立社区和论坛，用户可以分享自己的购物经验和搭配技巧，与其他用户进行交流和互动。这些社交互动功能能够提高用户的忠诚度和满意度，进而实现用户转化。

利用用户渴望交流的心理进行用户转化需要深入了解目标用户的社交习惯和需求，提供真正符合用户期望的社交互动功能，同时需要保证产品或服务的质量和安全性，以提高用户的信任度和满意度。另外，在社交互动中需要注重用户体验和内容管理，避免出现不良信息和社交压力，保证用户的愉悦使用体验。

子任务4.5.5　为同一属性的用户贴标签

用户管理贴标签是一种常用的用户细分方法，通过给用户打上不同的标签，将用户划分为不同的群体，以便更好地了解用户需求和行为，并进行针对性的营销和服务。以下是三种贴标签的方法。

1. 根据用户行为贴标签

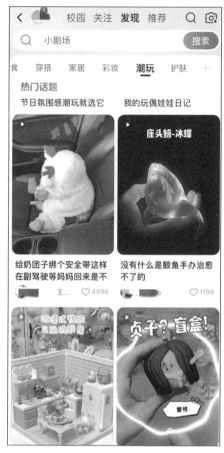

图4-23　淘宝"逛逛"页面

根据用户在平台或应用中的行为，可以给用户贴上不同的标签。例如，根据用户的购买历史，给用户贴上"高频购买者""低频购买者"等标签。根据用户的搜索历史，给用户贴上"时尚爱好者""运动爱好者"等标签。这些标签可被用于为用户推荐相关的产品或服务，或者制定不同的营销策略。

2. 根据用户属性贴标签

根据用户的属性，可以给用户贴上不同的标签。例如，根据用户的性别、年龄、职业等基本信息，给用户贴上相关的标签。这些标签可被用于为用户推荐相关的产品或服务，或者制定不同的营销策略。

3. 根据用户兴趣贴标签

根据用户在社交平台或应用中的兴趣和关注点，可以给用户贴上不同的标签。例如，根据用户在社交平台中关注的话题、关注的博主或公众号等，给用户贴上相关的标签。这些标签可被用于向用户推荐相关的文章、视频或产品等。

需要注意的是，给用户贴标签需要遵循相关的隐私政策和法律法规。同时，标签需要不断更新和调整，以适应市场和用户需求的变化。

课堂实训 1　小米用户运营案例分享

观看视频

小米作为一家互联网企业，在过去的几年里通过构建以"用户"为核心的商业模式，实现了快速发展。在用户运营方面，小米主要采用了以下策略。

（1）重视用户反馈：小米非常重视用户的反馈，通过各种渠道收集用户意见，并针对问题进行改进。例如，在 MIUI 论坛（小米社区）中，用户可以提出对手机操作系统的意见和建议，小米会根据反馈进行优化和改进。

（2）建立用户社区：小米通过建立用户社区，让用户参与到手机的设计、开发、测试等环节中。这种参与感和归属感使得用户更加愿意购买和使用小米手机。

（3）精准营销：小米通过大数据分析，了解用户的需求和喜好，进行精准营销。例如，针对不同用户群体推出不同版本的小米手机，以及在社交媒体上发布有针对性的广告。

（4）增加用户黏性：小米通过不断推出新品、增加会员特权等方式增加用户黏性。例如，小米会员可以享受更多的优惠和特权，这使得用户更愿意长期使用小米产品。

（5）强化品牌认同：小米通过与知名品牌合作、赞助活动等方式强化品牌认同。例如，小米与可口可乐合作推出定制手机，通过这种方式吸引更多用户关注和购买小米手机。

小米通过以上策略实现了用户运营的成功，不仅提高了用户的满意度和忠诚度，也促进了小米的快速发展。特别是小米社区，对于小米用户运营有着重要意义，图 4-24 所示为小米社区部分内容截图。

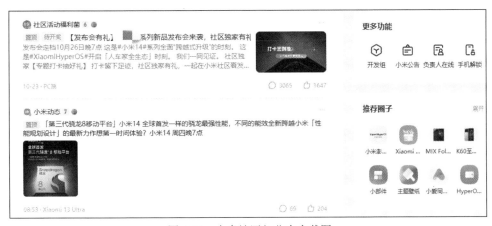

图 4-24　小米社区部分内容截图

小米社区对小米用户运营的意义主要体现在以下五方面。

（1）深度内容传播：小米社区为小米用户提供了一个分享和交流的平台，用户可以在社区中获取有关小米产品的深度内容和评价，从而更好地了解和认识小米产品。

（2）用户沉淀和关系拉近：通过社区这个平台，小米可以更好地沉淀用户，与用户建立更紧密的关系。用户可以在社区中与小米官方或其他用户进行互动，分享使用小米产品的体验和心得，从而加深对小米品牌的认知和信任。

（3）营销策略的调整和优化：小米社区的用户反馈和评价是小米调整和优化营销策略的重要依据。通过分析用户的反馈和评价，小米可以了解用户的需求和偏好，从而制定更精准的营销策略，提高营销效果。

（4）产品改进的推动力：小米社区的用户反馈和建议是小米产品不断改进的重要推动力。用户可以在社区中提出对小米产品的意见和建议，小米根据这些反馈进行产品优化和升级，提高用户满意度和忠诚度。

（5）品牌形象的塑造：小米社区是小米品牌形象的重要展示平台。通过社区中的用户分享、交流和互动，小米可以向用户传递自己的品牌理念和价值观，塑造出积极、健康的品牌形象。

小米社区不仅是小米与用户互动的平台，也是小米了解用户需求、收集用户反馈的重要渠道。通过小米社区的运营，小米可以更好地实现用户沉淀、关系拉近、营销策略优化、产品改进及品牌形象塑造等目标。

课堂实训 2　钱大妈用户运营案例分享

观看视频

钱大妈作为知名生鲜连锁品牌，早在 2020 年销售额已达到 133 亿元，其总交易额约占全国生鲜农产品零售总额的 19%，仅次于淘宝、京东等传统生鲜电商和多多买菜、美团优选、淘菜菜等社区电商。钱大妈之所以能够取得如此成绩，用户运营起到了很大的作用。钱大妈用户运营策略的成功主要体现在如图 4-25 所示的五方面。

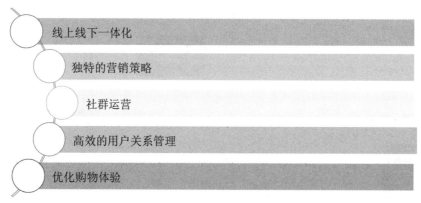

图 4-25　钱大妈的用户运营策略

（1）线上线下一体化：钱大妈依托线下社区生鲜店，借助线上小程序，形成线上线下一体化融合，进行多渠道联动。这种模式让用户可以方便地在线上或线下购买商品，同时也提高了品牌知名度和用户黏性。

（2）独特的营销策略：钱大妈采用了一系列独特的营销策略，如分时段打折、会员制度、社群团购等。这些策略有效地吸引了用户的注意力，提高了购买率和用户黏性。

（3）社群运营：钱大妈通过社群运营，增加了用户的参与度和互动性，使用户成为品牌的推广者和影响者。社群运营还帮助钱大妈更好地了解用户的需求和反馈，从而更好地调整产品和服务的方向和策略。

（4）高效的用户关系管理：钱大妈注重与用户的互动和沟通，通过会员制度、积分兑换等方式，增加用户的黏性和活跃度。同时，钱大妈还积极收集用户的反馈和需求，不断改进产品和服务，提高用户满意度和忠诚度。

（5）优化购物体验：钱大妈在用户购买过程中提供了便捷、快速的购物服务，如在线支付、快速配送、售后服务等。这些服务提升了用户的购物体验和满意度，进一步促进了用户忠诚度的提高和购买频次的增加。

钱大妈的成功离不开其独特的用户运营策略，这些策略包括线上线下一体化、独特的营销策略、社群运营、高效的用户关系管理、优化购物体验及数据分析与优化等。这些策略的实施有助于提高用户满意度和忠诚度，促进生鲜超市的销售增长和品牌影响力提升。

课后作业

1. 分析一位抖音粉丝在 100 万以上的博主账号的用户画像。
2. 列举三种吸引用户的福利活动。
3. 利用用户追求个性化的消费特点列举一个案例。

项目 5　活动运营

　　活动运营是一种有效的营销手段，可以帮助企业实现多个营销目标，如提高品牌知名度、增强用户黏性、促进用户转化和销售增长等。作为新媒体运营人员，需要具备活动策划、宣传、组织和实施的能力，吸引更多的用户参与活动，提高用户的忠诚度和转化率，从而更好地帮助企业实现其营销目标。

　　本项目将详细讲解活动运营的作用、活动的基本类型、线上活动的优势、活动运营中的注意事项、活动运营的流程、不同平台的促销活动与玩法、活动创意及文案撰写要点等内容。

　　本项目学习要点：

　　（1）了解活动运营的概念、作用、类型，以及活动运营中的注意事项。

　　（2）掌握活动运营的流程。

　　（3）掌握不同平台的促销活动与玩法。

　　（4）掌握活动创意及文案撰写要点。

任务5.1　认识活动运营

活动运营，是通过组织各种营销活动在短期内快速提升相关指标的一种运营手段。对新媒体运营而言，活动就是在一个较短的时间内通过打折、买赠、满减等手段，来提升产品销量的方法。

新媒体活动运营是通过现代化移动互联网，利用新兴媒体平台如抖音、快手、微信、微博、贴吧等，进行产品宣传、推广、营销的一系列运营手段。新媒体活动运营是通过策划与品牌相关的优质、高度传播性的内容和线上活动，向客户广泛或精准推送消息，提高参与度和知名度，从而充分利用粉丝经济，达到相应营销目的。

子任务5.1.1　活动运营的作用

新媒体活动运营的作用主要是通过策划、执行和运营新媒体活动，提升品牌知名度、增加用户黏性、促进销售转化等，从而实现企业的营销目标。

1. 吸引更多用户参与

一个好的活动可以有效地调动用户的积极性，吸引新老用户参与进来。以下是一些有助于实现这一目标的建议。

1）制定明确的主题和目标

在策划活动时，要有一个清晰的主题和目标，以便吸引用户参与。主题应该与品牌或产品相关，而目标则可以是增加品牌知名度、增强用户黏性、促进用户转化等。

2）让用户获得实惠和福利

在活动中为用户提供真正的实惠和福利，如折扣、赠品、优惠券等，吸引用户参与，并提高用户的忠诚度和参与度。

3）创造有趣的互动方式

采用有趣的互动方式吸引用户的注意力，如抽奖、答题、拼团等。这些互动方式不仅可以增加用户参与度，还可以促进用户之间的互动和分享。

4）利用新媒体平台

利用新媒体平台如微信、微博、抖音等可以扩大活动的影响力和覆盖面，吸引更多的用户参与。可以在平台上发布活动信息、直播活动过程、分享活动亮点等，来吸引用户的关注和参与。

5）营造良好的氛围

在活动中营造良好的氛围可以增加用户的参与度和体验感，如设置场地装饰、提供美食和饮料、播放背景音乐等。这些细节可以让用户更好地享受活动体验，并提高用户的忠诚度和参与度。

2. 提升品牌知名度

新媒体活动运营对提升品牌知名度有着积极的作用。通过新媒体活动运营，可以让更多的用户了解和认识品牌，提高品牌的知名度和曝光率。

首先，新媒体活动运营通过与客户的互动和联系建立品牌和客户之间的信任和情感联系。新媒体平台如微信、微博、抖音等可以快速传递信息，通过有趣的内容和有吸引力的活动来吸引用户的关注和参与，从而提高品牌知名度。

其次，新媒体活动运营通过精准的目标受众定位，将品牌信息传递给更广泛的受众。例如，针对特定的消费群体进行定制化的活动策划，能够更好地触动目标受众并引起共鸣，从而提高品牌知名度。

此外，新媒体活动运营通过创造有趣、有价值的内容来提高用户的参与度和黏性，提高用户对品牌的信任度和忠诚度，从而间接提高品牌知名度。

3. 增强用户黏性

用户黏性指的是用户对某个产品或服务的重复使用或持续使用的意愿和依赖程度。新媒体活动运营的一个重要作用就是增强用户黏性。通过新媒体活动运营，可以不断吸引和留住用户，增强用户黏性，提高用户的忠诚度和互动性。

新媒体活动运营可以通过提供有价值的内容、互动和活动等方式来提高用户黏性。例如，通过发布用户感兴趣的有价值的内容，可以吸引用户并提高他们的参与度和忠诚度。此外，精心设计的互动环节和活动也可以鼓励用户与品牌进行互动，从而拉近用户与品牌之间的距离，增加用户的黏性。

提高用户黏性不仅可以促进用户对品牌的认识和了解，还可以增加用户的复购率，提高用户对品牌的信任度和忠诚度，从而为品牌的长期发展奠定良好的基础。

4. 提高转化率

转化率指的是用户从浏览网页或参与活动到最终完成购买或采取其他行动的比例。新媒体活动运营可以通过精心设计的营销策略和手段，增加用户对产品和服务的认知和信任，从而促进用户转化。通过新媒体活动运营，可以增加用户对产品的信任度和好感度，提高用户转化率和购买率。

例如，新媒体活动运营可以通过发布有关产品的优惠券、限时折扣等促销信息，吸引用户关注并购买产品。此外，新媒体活动运营还可以通过提供专业的咨询服务和解答用户疑问，打消用户的顾虑，提高用户的购买意愿和转化率。

另外，新媒体活动运营也可以通过提高品牌知名度、用户黏性和参与度等方式，间接提高转化率。因此，提高转化率是新媒体活动运营的重要作用之一。

5. 扩大市场份额

通过新媒体活动运营，企业可以扩大市场份额，增加产品的销售量和销售额。新媒体平台如微信、微博、抖音等可以快速传递信息，通过有趣的内容和有吸引力的活动吸引用户的关注和参与，提高品牌知名度和曝光率。

此外，新媒体活动运营还可以通过提供优惠券、限时折扣等促销信息，吸引用户关注并购买产品，增加产品的销售量和销售额。同时，新媒体活动运营也可以通过提供专业的咨询服务和解答用户疑问，增加用户的信任度和忠诚度，促进用户复购和口碑传播，从而进一步扩大市场份额。

6. 提升服务质量

通过新媒体活动运营，可以提升服务质量，增强用户满意度和反馈，提高企业的竞争力和口碑。

总之，新媒体活动运营是现代营销中不可或缺的一环，它能够通过不断的内容创新和活动策划，增加品牌曝光度、用户黏性、用户转化率等，从而达到企业营销的目标。

子任务5.1.2　活动的基本类型

新媒体活动可以根据不同的分类方式分为不同的类型，常见分类如图 5-1 所示。

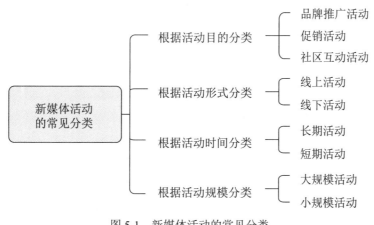

图 5-1　新媒体活动的常见分类

1. 根据活动目的分类

根据活动目的分类，可将新媒体活动分为品牌推广活动、促销活动和社区互动活动。

（1）品牌推广活动：旨在提升品牌知名度、美誉度和忠诚度，通过各种新媒体平台进行品牌宣传和推广。

（2）促销活动：以提高销售量为目的，通过新媒体平台发布优惠信息、打折活动等吸引用户购买。

（3）社区互动活动：通过新媒体平台组织社区互动、话题讨论、问答等形式的互动活动，增强用户黏性和参与度。

2. 根据活动形式分类

根据活动形式分类，可将新媒体活动分为线上活动和线下活动。

（1）线上活动：通过新媒体平台（如微信、微博、抖音等）进行线上互动、抽奖、答题等活动，吸引用户参与和互动。

（2）线下活动：通过线下场地、展览、会议等形式进行宣传、展示和互动，增强用户体验和参与度。

3. 根据活动时间分类

根据活动时间分类，可将新媒体活动分为长期活动和短期活动。

（1）长期活动：持续时间较长，需要制定详细的计划和策略，如品牌推广活动、社区互动活动等。

（2）短期活动：持续时间较短，通常为某一特定时间节点或事件而举办，如节假日促销活动、新品发布会等。

4. 根据活动规模分类

根据活动规模分类，可将新媒体活动分为大规模活动和小规模活动。

（1）大规模活动：涉及范围广、人数多，如全国性或全球性的品牌发布会、大型促销活动等。

（2）小规模活动：涉及范围较小、人数较少，如某个新媒体平台的抽奖活动、线下新品品鉴会等。

以上是新媒体活动运营的常见分类方式，针对不同的活动类型和目的进行分类可以更好地制定相应的运营策略和方案。

子任务5.1.3 线上活动的优势

线上活动已经成为了现代企业营销的重要手段之一，其优势在于可以在减少成本的同时增加活动参与人数，并且可以更好地实现与客户的互动。近年来，随着互联网技术的不断发展，线上活动的形式和内容也变得更加丰富和多样化。

线上活动的主要优势体现在5方面，如图5-2所示。

（1）成本较低：线上活动不需要像线下活动一样支付场地租赁、设备租赁、安保人员等方面的费用，可以节省大量的成本。

（2）参与度高：线上活动可以吸引更多的用户参与，同时也可以通过社交媒体等渠道进行分享和传播，增强用户黏性和参与度。

图 5-2 线上活动的优势

（3）互动性强：线上活动可以通过留言、评论、点赞等方式实现用户之间的互动和交流，增强用户体验和参与度。

（4）可扩展性强：线上活动可以通过互联网实现全球范围内的宣传和参与，同时也可以通过技术手段进行数据分析和挖掘，提高活动效果和影响力。

（5）可持续性强：线上活动可以通过视频、图片等形式进行留存和回顾，同时也可以通过社交媒体等渠道进行二次传播和推广，提高活动的影响力和可持续性。

总之，线上活动具有的优势为品牌或企业提供了更加高效、便捷、可持续的营销方式。

子任务5.1.4 活动运营中的注意事项

新媒体活动运营需要注意细节和完善各环节，制定详细的活动方案并明确目的，做好宣传和推广工作，设计有趣的互动环节，做好数据分析，同时也要注意合规性和风险控制，做好社群运营，不断创新和完善。

新媒体活动运营中的注意事项如下。

（1）制定详细的活动方案并明确目的：在制定新媒体活动方案时，需要明确活动的目的、主题、内容、时间、地点、参与人员等详细信息，并根据实际情况不断调整和完善方案，确保活动的成功和有效。

（2）做好宣传和推广工作：新媒体活动的宣传和推广是吸引用户参与的关键，需要通过多种渠道和方式进行宣传，如社交媒体、广告、口碑传播等，同时需要制定科学的推广方案，包括推广渠道、推广时间、推广形式等。

（3）设计有趣的互动环节：新媒体活动的互动环节是吸引用户参与的重要因素之一，需要通过设计有趣的互动环节来吸引用户的参与，并提高用户的黏性。

（4）做好数据分析：新媒体活动运营需要通过数据反馈来了解用户的需求和行为，以便更好地调整和完善活动方案，提高活动的质量和效果。

（5）注意合规性和风险控制：新媒体活动运营需要注意合规性和风险控制，包括遵守国家法律法规和企业规定，避免侵犯他人权益，制定风险控制措施等。

（6）做好社群运营：新媒体活动运营需要通过建立社群、维护社群、扩大社群等方式来提高用户黏性和参与度，同时也可以通过社群来收集用户反馈和数据。

（7）不断创新和完善：新媒体活动运营需要通过不断尝试新的活动形式、主题、内容等来吸引更多的用户参与，同时也需要不断总结经验和教训，不断优化和完善活动方案。

任务5.2 活动运营的流程

新媒体活动的流程包括活动策划、活动推广、活动执行和效果评估等环节，如图 5-3 所示。其中，活动策划是最核心的环节，需要明确活动目的、受众、形式、时间和地点等细节，同时要注意创意和吸引力。在活动策划阶段，需要根据不同的目标和受众制定不同的新媒体策略和方案，同时要注意与市场、技术、客服等部门的协调和配合。在活动推广阶段，需要利用新媒体平台进行宣传和推广，包括宣传海报、社交媒体推广、网站推广等手段，同时要注意数据分析和监控，及时调整策略。在活动执行阶段，需要根据活动策划方案进行实施，包括活动现场布置、人员安排、设备租赁、物料采购等，同时要注意现场秩序和安全。最后，需要对活动效果进行评估和总结，包括数据分析和挖掘、用户反馈和评价等方面，以便更好地制定后续的营销策略和方案。

图 5-3　活动运营的流程

子任务5.2.1　活动策划

新媒体活动策划的具体内容包括明确活动目的、选择合适的活动平台和形式、确定活动主题和内容、制定有效的推广策略、进行活动预算和资源协调、实施活动计划、监测活动效果并进行调整。通过精心策划新媒体活动，可以提高品牌知名度、吸引目标受众，增强用户互动和参与度，从而实现营销目标。

新媒体活动策划的具体内容包括以下 11 方面。

（1）活动目的：明确活动的主要目的和目标，如宣传品牌形象、提高产品销量、增强用户互动等。

（2）活动主题：选择一个吸引人的主题作为活动的核心，以便吸引目标受众的关注。主题应该与活动目的和目标受众相符合。

（3）活动形式：选择适合目标受众的活动形式，如线上活动、线下活动、直播活动、录播活动等。

（4）活动时间：选择适合目标受众的时间进行活动，以便吸引更多人参与。时间应该考虑到节假日、特殊日期等因素。

（5）活动地点：选择适合活动的场地，如线上活动可以选择各大社交媒体平台，线下活动可以选择商场、广场等地点。

（6）参与人群：明确活动的目标受众，以便制定针对性的活动策略和方案。

（7）活动内容：制定详细的活动流程和内容，包括活动开场、活动主体、活动结尾等各个环节的具体内容。

（8）互动环节：设计有趣的互动环节，以增强与目标受众的互动，如问答、抽奖、优惠券等。

（9）广告宣传：制定有效的广告宣传方案，以吸引更多目标受众的关注和参与，包括宣传渠道、宣传时间、宣传内容等方面的策划。

（10）预算和资源需求：根据活动规模和需求，制定合理的预算和资源需求计划，包括人员、物料、场地、设备等资源的准备和安排。

（11）效果评估：在活动结束后，对活动效果进行评估和总结，包括数据分析、用户反馈等方面的评估，为下一次活动的策划提供经验和教训。

总之，新媒体活动策划需要从多个方面进行全面考虑和策划，以确保活动的成功和有效性。

子任务5.2.2　活动推广

新媒体活动推广可以通过制定策略、制作内容、选择渠道、互动参与、数据分析、优化调整和总结评估等一系列步骤来进行。通过明确活动目标和受众，选择合适的新媒体平台，制定具体的推广策略，制作相关内容，并选择合适的发布时间和渠道，积极与受众进行互动和交流，及时调整和优化推广策略，最终对活动效果进行总结和评估。

新媒体活动推广阶段的主要工作包括以下 8 方面。

（1）制定推广策略：根据活动的目标、受众群体和预算等因素，制定合适的推广策略，确定推广的渠道和方式。

（2）内容制作和发布：根据推广策略，制作符合受众需求的推广内容，包括文章、图片、视频等，并通过社交媒体、微信公众号、官网等渠道发布。

（3）社交媒体推广：利用社交媒体平台，如微博、微信、抖音等，通过付费广告、品牌合作、社群运营等方式，提高活动的曝光率和传播速度。

（4）KOL 合作：与相关领域的关键意见领袖（KOL）进行合作，通过其影响力和粉丝群体，宣传推广活动，增加活动的曝光度和受众的参与度。

（5）线上线下整合推广：将线上推广与线下活动结合起来，通过线下宣传、活动合作、线上线下互动等方式，扩大活动的影响力和参与度。

（6）营销活动策划：组织并参与各种促销活动，如抽奖、优惠购买、限时特价等，吸引用户参与和传播，并提高活动的转化率。

（7）数据分析与报告：定期收集和分析推广活动数据，如点击率、转化率、用户参与度等，制作数据报告，评估活动效果，并根据数据结果进行优化和调整。

（8）反馈与改进：在推广活动过程中，持续收集用户反馈和意见，及时进行处理和改进，提高推广效果和用户满意度。

子任务5.2.3　活动执行

新媒体活动执行是通过制作内容、推广传播、社区管理和数据分析等方式，完成活动计划并实现活动目标的过程。

新媒体活动执行阶段的工作包括以下 6 方面。

（1）内容制作：根据活动的主题和目标，制作符合活动需求的媒体内容，如文章、图片、视频等。

（2）营销推广：通过各种渠道（包括社交媒体、微信公众号、电子邮件等）传播和推广活动信息，吸引更多的受众参与活动，提升活动的影响力和知名度。

（3）社区管理：积极参与和维护活动相关的社交媒体账号或社区，与用户互动，回答问题，解决问题，增加用户黏性和活动参与度。

（4）数据分析：收集和分析活动数据，包括用户参与数据、用户反馈数据等，为活动效果评估和后续优化提供数据支持。

（5）活动执行管理：制订和实施活动执行计划，协调相关的人员和资源，确保活动按计划顺利进行。

（6）反馈总结：在活动结束后，收集参与者和用户的反馈意见，进行总结和分析，为未来的活动提供经验教训，优化活动策划和执行。

子任务5.2.4　效果评估

新媒体活动效果评估是对新媒体活动的表现和效果进行综合评估的过程，包括数据收集和分析、目标达成度评估、用户反馈收集、成本效益分析及报告撰写和汇报等环节，旨在为组织提供有关活动效果和改进方向的建议，以优化未来的新媒体活动。

新媒体活动效果评估阶段的主要工作包括以下5方面。

（1）数据收集和分析：通过监测工具、数据分析平台等方式收集活动期间的数据，包括点击率、转化率、曝光量等指标，对数据进行筛选和分析，了解活动的表现和效果。

（2）目标达成度评估：根据活动制定的目标，评估活动在达到各项目标上的表现，如增加品牌曝光度、提高转化率等。

（3）用户反馈收集：通过用户调查、问卷、社交媒体评论等方式，收集用户对活动的评价和反馈意见，了解用户对活动的满意度和改进的建议。

（4）成本效益分析：评估活动所需投入的成本与活动实际效益之间的比例，分析活动的回报率。

（5）报告撰写和汇报：将以上评估结果进行整理和总结，撰写评估报告并向相关人员进行汇报，提供参考和决策依据。

任务5.3　不同平台的促销活动与玩法

不同新媒体平台的促销活动与玩法，包括利用社交媒体平台进行粉丝互动，使用电商平台进行折扣促销，通过内容平台进行品牌营销及通过直播平台进行产品展示与销售。不同平台促销活动和玩法是每个电子商务网站不可或缺的营销策略，通过特价、秒杀、打折、满减、买赠等多种形式，吸引消费者购买商品，提升销售额和品牌知名度。

子任务5.3.1　淘宝、天猫平台的促销活动

淘宝、天猫平台的促销活动丰富多样，包括限时抢购、满减、优惠券、秒杀、拼团、打折促销、品牌特卖等，满足不同消费者需求。淘宝和天猫平台经常举办各种促销活动和玩法来吸引消费者，以下是一些常见的促销活动。

1. 限时抢购

限时抢购是淘宝、天猫平台中常见的促销活动，特点是在一段特定的时间内以更低价格发售特定的商品，消费者需要在规定时间内抢购商品。这种促销活动通常具有时间紧迫性和抢购性，吸引了许多用户积极参与。淘宝、天猫平台的"限时抢购"活动页面和"限时抢购"商品页面，如图 5-4 所示。

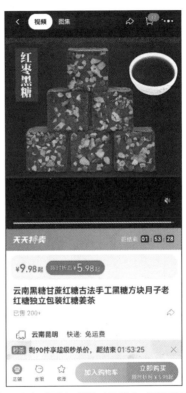

图 5-4　淘宝、天猫平台的"限时抢购"活动页面和"限时抢购"商品页面

例如，平台可能设定每天下午 2 点到 3 点的时间段，推出限时抢购活动，在这段时间内某些热门商品以更低的价格发售。在活动开始前，用户需要提前准备，并且在活动开始的瞬间迅速下单购买，因为商品的数量是有限的，可能很快就会售罄。这种促销活动形式使消费者感觉到时间的压迫感和参与的紧迫感，增加了互动性和刺激性。

限时抢购活动的特点是可以吸引大量用户竞相抢购，提高平台的用户活跃度和销售额。同时，消费者也可以通过限时抢购活动购买到自己心仪的商品，并享受到更低的价格，增加了购买的满足感和成就感。

2. 满减活动

满减活动是淘宝、天猫平台中常见的促销活动，特点是当消费者购买满一定金额的商品时，可以获得减少订单金额的优惠。这种促销活动的形式可以是满减金额或是满减比例。

例如，某淘宝店铺设置的店铺优惠券其实就是一种满减活动，规定消费者购买满 200

元的商品可以享受减免 10 元的优惠，该商品价值 299 元，用券可享受满减优惠，实际支付 289 元，如图 5-5 所示。这样消费者可能会购买更多的商品来达到满减条件，以享受到订单金额的优惠。

图 5-5　某淘宝店铺的满减活动

另一种形式的满减活动是满减比例。例如，平台设定了满减活动，规定消费者购买满 500 元的商品可以享受满减 10% 的优惠。如果消费者购买了价值 800 元的商品，平台会自动减免 80 元，最终消费者只需支付 720 元。这种活动形式适用于购买金额较高的商品，消费者可能会购买更多商品来达到满减条件，以享受相应比例的折扣优惠。

满减活动的特点是鼓励消费者增加购买数量或者购买金额，以达到一定的满减条件从而享受优惠价格。通过这种方式，平台可以增加销售额，同时消费者也能够享受到商品折扣的优惠。这种促销活动既能增加购买欲望，又能提高消费者购买更多商品的积极性。

3. 优惠券 / 红包

优惠券 / 红包是一种常见的促销工具，在淘宝和天猫等电商平台上被广泛使用。优惠券 / 红包通常需要在购买商品时使用，可以让消费者在购买商品时，享受到一定的折扣或减免一定的金额，从而增加购买的吸引力。

优惠券 / 红包的发放方式有多种，如平台赠予、商家赠送、积分兑换等。平台赠予的优惠券 / 红包一般是平台补贴，吸引消费者在特定时间段内购买特定商品，如"聚划算限时红包"，如图 5-6 所示；商家赠送的优惠券 / 红包则是商家为了提高销量而采取的策略，通常会限制使用和领取条件，如只能限领 5 张，如图 5-7 所示；积分兑换的优惠券 / 红包则是需要消费者在平台或商家消费累计积分后才能兑换，如图 5-8 所示。

图 5-6　平台赠予的优惠券 / 红包　　图 5-7　商家赠送的优惠券 / 红包　　图 5-8　积分兑换的优惠券 / 红包

　　在购买商品时，消费者可以在结算页面选择使用优惠券。一般来说，优惠券的面值会根据商品的价格和类型进行调整，例如，一件 100 元的衣服，如果有一张 20 元的优惠券，最终只需要支付 80 元。另外，有些优惠券可能有使用期限限制，需要在规定时间内使用，否则会过期作废。

　　下面是一个例子：假设在"双 11"期间，淘宝平台赠送了一张 20 元的优惠券给消费者，该优惠券可以在"双 11"当天购买任何商品时使用。消费者在"双 11"当天去淘宝购买了一件 100 元的衣服，在结算页面选择使用这张优惠券，最终只需要支付 80 元。同时，如果消费者在当天购买了多件商品，且多件商品都可以使用优惠券，那么可以在结算页面选择多件商品合并支付，从而享受更多的折扣优惠。

　　电商平台通过这种发放优惠券的方式来吸引消费者购买商品，增加销售额和用户黏性。同时，优惠券的使用也会促进消费者的复购率，因为消费者在获得优惠后会产生再次购买的欲望。

　　4. 秒杀活动

　　秒杀活动是一种非常受欢迎的电商促销方式，在淘宝、天猫等电商平台上被广泛使用。秒杀活动通常以极低的价格或限量的数量吸引消费者，让他们在规定时间内进行抢购。

　　在秒杀活动期间，电商平台会提前公布参与秒杀的商品、价格、数量及秒杀时间等信息，吸引消费者关注和参与。为了方便消费者参与秒杀，电商平台通常会提供专门的秒杀页面或者工具，供消费者选择和购买秒杀商品。淘宝、天猫等电商平台的秒杀页面，如图 5-9 所示。

图 5-9　淘宝、天猫等电商平台的秒杀页面

在秒杀活动开始后，消费者需要在规定时间内尽快下单并支付，以抢购到心仪的商品。由于秒杀商品数量有限，消费者需要提前做好准备，如提前登录账号、准备好购物车、选择好收货地址等。另外，秒杀商品的价格通常非常优惠，往往只有几元到几十元不等。

例如，在"双 11"期间，淘宝平台进行了一场限时秒杀活动，一款原价 1000 元的手机以 100 元的价格进行秒杀。消费者需要在规定时间内下单并支付，否则就会错过这次机会。最终只有部分消费者成功抢购到了这款手机，而其他消费者则需要等到下一轮秒杀或者选择其他品牌和型号的手机。

电商平台通过这种方式吸引消费者购买商品，增加销售额和用户黏性，同时刺激消费者快速做出购买决策，因为消费者会担心错过机会而不得不尽快下单。此外，秒杀活动也能够提高消费者对平台的关注度和参与度，为平台带来更多的流量和用户。

5. 拼团活动

拼团活动是一种流行的电商促销方式，通过让消费者组队购买商品来享受更优惠的价格。在拼团活动中，消费者可以邀请自己的朋友一起参与团购，共同享受团购折扣。这种促销方式不仅可以增加销售额，还可以提高消费者对平台的参与度和黏性。

首先，拼团活动的目标可以是提高销售额、增加用户黏性或推广新产品等。例如，一家电商平台在夏季推出一场"夏日拼团节"活动，以低于市场价的价格销售夏季商品，吸引消费者参与拼团购买。通过这种方式，电商平台可以在短期内增加销售额，提高用户黏性，同时也可以推广新产品，扩大品牌影响力。

其次，在拼团活动中，需要设置一些规则来保证活动的顺利进行。例如，团购人数需要达到一定数量才能享受优惠价格；参与活动需要在规定时间内进行，过期无效；参与范围需要明确，有些特定商品或地区可能不适用拼团优惠。此外，还需要考虑退换货、服务质量等问题，以保障消费者的合法权益。

在推广策略方面，电商平台可以通过社交媒体、渠道广告、告知活动等多种方式来吸引消费者参与拼团活动。例如，在社交媒体上发布拼团活动的信息，邀请消费者参与；在渠道广告上投放拼团活动的宣传海报，吸引消费者注意；通过短信、邮件等方式告知消费者拼团活动的信息，邀请其参与。

最后，在组织方式上，电商平台需要设计拼团活动的页面，明确活动流程和规则。例如，在活动页面上需要展示参与拼团的商品、拼团价格、参与方式及活动的时间和规则等内容；在活动流程上需要引导消费者完成拼团过程，包括选择商品、邀请朋友参与、达到人数要求后确认订单等步骤；在人员分工上需要协调好客服、物流、售后等各部门的工作，确保活动顺利进行。

除了以上提到的内容外，拼团活动还需要考虑一些细节问题。例如，如何让消费者更方便地邀请朋友参与团购？如何保证活动公平公正？如何避免消费者采取机器人程序刷单等不正当手段？这些问题需要电商平台根据实际情况进行评估和处理。

总之，拼团活动是一种非常有效的电商促销方式，既可以使消费者享受到更优惠的价格，也可以提高销售额和用户黏性。但是，在设计拼团活动时需要考虑到规则设置、推广策略和组织方式等方面的问题，以确保活动能够顺利进行并达到预期的效果。

6. 打折促销

打折促销是淘宝、天猫平台中常见的促销活动，特点是在活动期间，某些商品以较原价更低的价格销售。这种促销活动的形式可以是直接降价，也可以是按比例折扣。消费者可以通过购买这些打折商品来享受到更优惠的价格。

例如，某商品原价为 18.66 元，店铺推出了打折促销活动"满 1 件，打 6 折"，如果消费者购买 1 件该商品，即可享受 6 折优惠，如图 5-10 所示。

另外，打折促销还可以采用直接降价的形式。例如，某淘宝商品页面分别标注了商品的原价（169 元）和折扣价（149 元），说明消费者可以享受到 20 元的直接减免优惠，如图 5-11 所示。

打折促销活动的特点是明确、直观且简单，消费者可以通过购买打折商品来立即获得价格上的实惠。这种促销活动不仅能够刺激消费者的购买欲望，还能达到提高销售额和清理库存的效果。

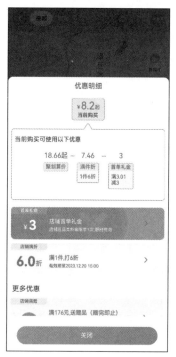

图 5-10　打折形式的促销活动

图 5-11　直接降价形式的促销活动

需要注意的是，打折促销活动的具体折扣和优惠时间可能有限，消费者需要在活动期间及时把握购买机会。同时，在参与打折活动时也需要对商品的质量、退换货政策等进行了解，以保证购物的满意度。

7. "双 11""双 12"活动

"双 11"和"双 12"是淘宝和天猫平台的重要促销日，是全球最大的网购狂欢节。每年的 11 月 11 日和 12 月 12 日，平台会推出大规模的促销活动，各种折扣、优惠、特价商品等活动内容会集中在这两天推出。

"双 11"（光棍节）起源于中国，最初是由大学生们创办的单身节，后来被电商行业广泛引入并发展为购物狂欢节。在"双 11"期间，平台会推出各种促销活动，包括限时秒杀、满减活动、品牌特卖、优惠券发放等。消费者可以在这一天享受到各种商品的超低价格和优惠。

"双 12"（双十二节）则是吸取了"双 11"的成功经验，平台上的商家也会在这一天推出促销活动。与"双 11"相似，"双 12"也是消费者疯狂购物的日子，可以享受到折扣、特价商品、礼品赠送等各种优惠活动。

"双 11"和"双 12"活动的特点是规模庞大、各种折扣和优惠集中，因此吸引了大量的消费者参与购物。在这两天，平台的销售额往往会创下历史新高，并且在活动结束后还会公布统计数据，如交易总额和破纪录的订单数量等。

"双 11"和"双 12"活动已经成为了人们期待已久的购物狂欢节，各类商品的折扣和促销让消费者有机会以更加实惠的价格购买到心仪的商品，同时也给商家带来了极大的销售机会。

"双 11"和"双 12"是淘宝和天猫平台的重要促销日，以下是活动的注意事项。

（1）抢购特点：在"双 11"和"双 12"活动中，一些热门商品可能会以极低的价格或限定的数量进行抢购。消费者需要提前规划、关注活动时间，并在活动开始时迅速下单以抢购到心仪的商品。

（2）活动时长："双 11"和"双 12"活动一般会持续一整天，提前准备购物清单并在活动开始时进行购买是确保能够抢到心仪商品的关键。

（3）优惠券限时使用：优惠券的使用规则和有效期可能有限制，确保在规定时间内使用。

（4）物流压力：由于活动期间订单量巨大，物流运输压力较大，可能会延迟配送。消费者需要提前做好心理准备，并及时关注订单状态。

（5）商品真伪："双 11"和"双 12"活动期间，一些商家可能会推出低价促销，但也存在一些假冒伪劣商品。消费者需留意商品的信誉度、评价和品牌授权信息，谨防虚假促销。

（6）退换货政策：在购物时留意商家的退换货政策，确保对不符合预期的商品能够进行退换。

8.品牌特卖

品牌特卖是电商平台的一种常见促销活动，通常由知名品牌在特定时间段内在平台上举办，以销售折扣价的商品为主。这种活动能够吸引消费者关注和购买，提高品牌的知名度和销售额。淘宝、天猫平台上的"品牌特卖"页面，如图 5-12 所示。

在品牌特卖期间，电商平台会为品牌提供专门的展示和销售页面，以展示品牌的形象和商品。这些商品通常以折扣价销售，价格比原价更为优惠，能够吸引大量的消费者前来抢购。

品牌特卖活动的规则可以根据不同的品牌和平台进行调整。一般来说，品牌特卖活动的时间会有限制，通常几天到几周不等。同时，参与特卖的商品数量也有限制，售完即止。此外，为了保障消费者的权益，平台和品牌通常会提供售后服务和退换货保障，确保消费者的购物体验和消费权益。

例如，"双 11"期间，某知名运动品牌在

图 5-12　淘宝、天猫平台上的"品牌特卖"页面

淘宝平台上举办了特卖活动，销售各种折扣价的运动鞋、服装和配件。消费者可以在特卖页面上浏览和购买商品，同时还可以享受满减优惠和运费减免等优惠政策。在活动期间，该品牌的销售额得到了大幅提升，同时也提高了品牌的知名度和美誉度。

9. 游戏互动

游戏互动是一种非常受欢迎的电商促销方式，平台通过举办各种互动游戏，如幸运大转盘、砸金蛋等，吸引消费者参与并获取折扣券或优惠码，从而促进销售。

首先，平台会为游戏互动活动设置一个特定的页面或者工具，消费者可以在这个页面或工具上参与游戏互动。例如，幸运大转盘游戏就是一种非常受欢迎的游戏形式，消费者可以通过点击转盘上的按钮，使转盘随机转动，当转盘停止时，指针指向的商品就是消费者获得的奖品。砸金蛋游戏也是一种非常有趣的游戏形式，消费者可以通过点击金蛋，随机获得折扣券或优惠码等奖励。

其次，为了吸引更多的消费者参与游戏互动，平台还会设置一些奖励机制。例如，消费者参与游戏互动可以获得一定的积分或奖励，积分可以在平台购物时抵扣现金；消费者也可以通过参与游戏互动获得折扣券或优惠码，在购物时使用这些折扣券或优惠码来享受更多的优惠。

例如，某电商平台在"双11"期间举办了幸运大转盘游戏互动活动，消费者可以通过参与幸运大转盘获得折扣券或优惠码，使用这些折扣券或优惠码在"双11"期间购买指定商品时可以享受更多的优惠。同时，该平台还设置了砸金蛋游戏互动活动，消费者通过参与砸金蛋获得更多的惊喜奖励和优惠。这些游戏互动活动吸引了大量的消费者参与和关注，也为该平台带来了更多的流量和用户。

总之，游戏互动是一种非常有效的电商促销方式，能够吸引大量消费者参与和关注，提高平台的流量和用户黏性。同时，通过游戏互动获得的折扣券和优惠码等奖励也可以刺激消费者做出购买决策，提高销售额。需要注意的是，平台要保证游戏的公平性和公正性，避免出现不正当行为影响消费者的体验和权益。

以上只是一些常见的促销活动和玩法，实际上淘宝和天猫平台每年都会推出各种不同的促销活动，以及特定品类的促销活动，消费者可以根据自己的需求和喜好选择参与。

子任务5.3.2 抖音平台的促销活动

抖音平台的促销活动包括限时抢购、品牌合作、抽奖活动、邀请好友赢奖及购物返现，旨在吸引用户参与、增加其购买欲望和提升用户购物体验。

1. 限时抢购

限时抢购是抖音平台的一种促销活动，它通过限定时间和超低价格的方式，吸引用户参与抢购热门商品，如图 5-13 所示。在限时抢购活动中，用户可以在抖音上观看相关商品的短视频，了解商品特点和优惠信息。如果感兴趣，用户可以通过点击直接购买商品，抢购到心仪的商品。

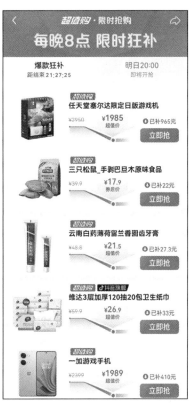

图 5-13 抖音平台的限时抢购促销活动页面

抖音平台可能在特定的时间段内推出某个品牌的限量特价商品。例如，一款限量 500 台的新款蓝牙耳机，原价500 元，但在抖音限时抢购活动中以 150 元的价格出售。用户在抖音上关注该品牌的官方账号后，会在活动开始前收到提醒，然后可以在指定的时间内前往品牌旗舰店或通过抖音购买页面抢购该款特价耳机。由于限量和低价的双重吸引，该商品很可能会在短时间内被抢购一空。

限时抢购活动不仅能够激发用户的购买欲望和参与度，还增加了平台的流量和销售量。这种促销方式常常受到用户的追捧，也为品牌商家带来了宣传效果和销售机会。

2. 品牌合作

品牌合作是抖音平台的一种促销活动，通过与各大品牌合作，推出限量版联名合作款或独家定制款等特别商品。这种促销活动为用户带来了独特的购物体验，也增加了品牌的曝光度和吸引力。

例如，一家童鞋品牌与抖音平台合作推出了一款抖音独享的联名款童鞋，如图 5-14 所示。用户可以通过抖音上

图 5-14 某童鞋品牌与抖音平台
合作推出的商品

121

的相关短视频了解该款童鞋的设计和价格，并通过抖音平台进行购买。由于品牌合作款商品往往具有一定的独特性和稀缺性，用户购买商品后，不仅可以展示品牌的独特合作形象，还能体验到与众不同的购物感受。

品牌合作活动不仅增加了品牌的曝光度和吸引力，还丰富了用户的购物体验。这种促销活动让用户有机会购买到与众不同的产品，并展示自己与品牌的联名合作时尚形象。同时，这种合作活动也为品牌商家带来了更多的销售机会和宣传效果。

3. 抽奖活动

抖音平台和商家会不定期地推出抽奖活动，用户可以通过参与活动获得抽奖资格，有机会赢取各种奖品，如现金红包、商品优惠券、限量版商品等。这种促销玩法不仅提高了用户的参与度，也增加了用户在平台上停留的时间。

例如，抖音平台举办一次抽奖活动，用户需要在活动期间参与指定任务，如点赞、评论、分享等，完成任务后获得相应的抽奖机会。在活动结束后，系统会随机抽取幸运用户作为获奖者，并发放奖品。奖品可能是现金红包，用户可以在抖音平台使用，也可能是限量版商品，如明星签名的 CD、限量版周边等。这种抽奖活动不仅鼓励用户积极参与平台的活动，也增加了用户在平台上的互动和停留时间。

此外，商家也可以在自己的抖音直播间设置购物红包、福袋等抽奖活动，以此增加用户在直播间停留的时间，如图 5-15 所示。

图 5-15　某抖音直播间的抽奖活动

抽奖活动的促销活动既能吸引用户参与，也能增加用户的黏性和忠诚度。用户为了获得抽奖机会，会更加活跃地参与平台的活动，并持续关注平台上的内容。同时，抽奖活动也为品牌商家提供了宣传和推广的机会，吸引更多用户关注和购买商品。

4. 邀请好友赢奖

抖音平台会推出邀请好友赢奖的促销活动，用户可以通过邀请好友下载抖音并完成一系列任务，获得抽奖机会，有机会赢取奖品。这种促销活动既能扩大平台用户规模，也能增加用户活跃度。

具体的玩法可以设定为，用户邀请好友下载抖音并输入邀请码进行注册。一旦好友成功注册，邀请人就可以获得一定数量的抽奖机会作为奖励。随后，用户可以通过完成抖音平台上的各种任务来进一步获得抽奖机会。这些任务可以是观看视频、点赞、评论、分享、参与挑战等。

例如，当用户邀请好友下载抖音并完成一定数量的任务后可以获得 10 个抽奖机会。然后，用户可以参与抽奖活动，抽取幸运号码。如果用户的幸运号码与抽奖结果匹配，他们将有机会赢取丰厚的奖品，如现金红包、抖音明星周边、电子产品、旅行机会等。

这种邀请好友赢奖的促销玩法具有吸引力，因为用户可以通过邀请好友增加自己的抽奖机会，提高中奖概率。对于抖音平台而言，这种促销玩法可以帮助扩大用户规模，增加平台的用户活跃度，并提升用户参与度和留存率。同时，这也是一种有效的社交推广方式，通过用户之间的关系网络来推广平台。

5. 购物返现

购物返现是抖音平台上的一个非常受欢迎的促销活动。在这种活动中，消费者在抖音平台上购买指定的商品，可以获得一定比例的现金返还。这种促销方式不仅可以吸引更多的消费者在抖音平台上购物，还可以增加消费者对抖音平台的忠诚度。

在购物返现活动中，抖音平台会在活动期间公布特定商品，以及购买这些商品可以获得的返现金额或比例。例如，购买 100 元的商品，可以获得 10 元的现金返还。消费者在购买指定商品后，需要按照活动规则进行操作，如填写个人信息、提交购物凭证等，以便顺利获得返现优惠。

购物返现的吸引力在于，它可以让消费者在购物时享受到额外的优惠，从而降低购物成本。同时，这种促销方式还可以刺激消费者做出购买决策，增加销售额和用户黏性。购物返现活动的举办时间一般是固定的，如节日、周年庆等特殊时期。

另外，购物返现活动也可以与品牌合作，如品牌推广、新品发布等。品牌可以通过参与购物返现活动来提高品牌的知名度和销售额，而消费者也可以在购买品牌产品时享受到更多的优惠。

总之，购物返现是抖音平台上的一种非常有效的促销方式，能够吸引消费者在抖音平台上购物，增加消费者对抖音平台的忠诚度。同时，购物返现活动也需要保证公平性和公正性，确保消费者的消费权益。

子任务5.3.3　微信平台的促销活动

微信平台通过多种模式进行促销活动，包括附近的人＋优惠券或二维码、朋友圈电商＋分享、会员收费、订阅号＋垂直媒体平台，以及线上活动+App类优惠券＋线下优惠券门店消费等方式，吸引消费者并增加销售额。

1. 微信平台促销活动模式

微信平台有多种促销活动和玩法，以下列举几种常见的模式。

1）附近的人＋优惠券或二维码

微信平台中通过"附近的人"功能的位置信息可以进入附近陌生用户的账号主页，如图5-16所示。商家可以利用"附近的人"功能进行促销活动，在账号主页中展示优惠券或二维码，当消费者看到优惠信息或二维码之后，可以通过"打招呼"的方式联系商家，也可以自行扫描二维码关注账号。

图 5-16　利用"附近的人"功能进行促销活动

2）朋友圈电商＋分享

通过微信支付功能，朋友圈电商成为可能。消费者可以在朋友圈分享优惠券或商品信息，吸引朋友关注并购买，如图5-17所示。同时，鼓励消费者将优惠券等分享到自己的朋友圈里，也能加大促销力度和宣传层次。

3）会员收费

商家可以通过微信会员卡功能实现会员营销，消费者通过扫描商家二维码关注微信并获得会员折扣服务。这种模式也可以延伸到个人，如果有足够的影响力或者有足够好的内容可以尝试。

4）订阅号＋垂直媒体平台

做订阅号必须分享有营养的内容，通过专注某一方面的方式让用户有相关需求时想到自己，从而实现销售量的增加。例如，某美食类订阅号分享的内容基本都是以食物为主题，当用户想要购买食品类商品时，自然而然就会想到该订阅号，如图 5-18 所示。

图 5-17 "朋友圈电商＋分享"的促销活动模式　图 5-18 "订阅号＋垂直媒体平台"的促销活动模式

此外，还有其他模式，如线上活动 +App 类优惠券＋线下优惠券门店消费、通过微信摇一摇等功能查看汽车内外观或者全景等。商家可以根据自己的需求和实际情况选择合适的促销活动和玩法，以吸引消费者并增加销售额。

2. 微信平台促销活动

（1）秒杀：微信平台会举办限时秒杀活动，推出特定商品，以极低价格限量售卖，用户可以在规定的时间内进行抢购。这种促销活动刺激用户购买欲望，能吸引大量用户参与。

（2）红包活动：微信平台会定期推出红包活动，用户可以通过参与活动获得一定金额的红包奖励，这些红包可以在微信支付中使用。这种促销活动既提升了用户的参与度，也提高了微信支付的使用率。

（3）邀请好友得奖励：微信平台会推出邀请好友得奖励的促销玩法，用户可以通过邀请好友加入平台或参与指定活动获得奖励，如红包、积分、优惠券等。这种促销玩法既扩大了平台用户规模，又增加了用户的参与度。

（4）抽奖活动：微信平台会举办抽奖活动，用户可以通过参与活动获得抽奖机会，并有机会赢取各种奖品，如现金红包、优惠券、商品等。这种促销玩法既增加了用户的参与度，也增加了用户分享活动的意愿。

（5）购物返利：微信平台会推出购物返利活动，用户在平台上购买指定商品后，可以获得一定比例的返利金额，这些返利金额可以在微信支付中使用。这种促销玩法能够吸引用户在微信平台上购物，增强用户对平台的黏性。

总之，微信平台通过各种促销活动和玩法，增加了用户的参与度，促进了用户的消费行为。这些促销活动不仅帮助品牌商家推广产品，也提升了用户的购买欲望和购物体验。同时，这些活动也增强了用户对微信的黏性和忠诚度。

子任务5.3.4　京东平台的促销活动与玩法

京东平台提供多种促销活动和玩法，如618大促活动、京豆兑换、拼购活动、邀请好友得奖励等促销玩法，吸引用户参与、提升其购买欲望与平台忠诚度。

1. 京东618年中大促

京东平台每年举办的618年中大促是其最大的促销活动之一。在活动期间，京东推出大量商品的超值优惠，包括限时秒杀、满减优惠、预售抢购等，吸引用户疯狂购物。

2. 京豆兑换

京东平台有京豆积分系统，用户可以通过购物、签到等方式获得京豆，在促销活动期间，京东会推出京豆兑换活动，用户可以用京豆兑换特定商品或优惠券，享受更多实惠。京东平台的"签到领京豆"页面和"京豆兑福利"页面，如图5-19所示。

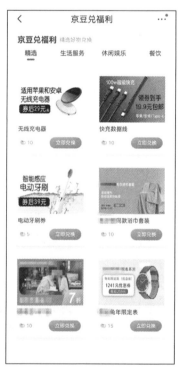

图5-19　京东平台的"签到领京豆"页面和"京豆兑福利"页面

3.拼购活动

京东平台会举办拼购活动，用户可以通过参与拼购活动，与其他用户一起购买特价商品，以更低的价格购买商品。这种促销玩法不仅增加了用户的参与度，也带来了更多的购物乐趣。

4.邀请好友得奖励

京东平台推出邀请好友得奖励的促销玩法，用户可以通过邀请好友注册并完成首次购物，获得一定的返利或优惠券，同时被邀请的好友也能享受到一定的优惠。这种促销玩法既扩大了用户规模，也提升了用户的购买意愿。

5.白条免息购

京东与其金融合作伙伴推出白条免息购活动，用户可以通过使用京东白条购物享受分期付款，并在活动期间享受免息优惠，如图 5-20 所示。这种促销活动提供了更灵活的购物方式，吸引更多用户在京东上购物。

图 5-20　京东平台的白条页面

总之，京东平台利用各种促销活动和玩法，不仅增加了用户的参与度，也刺激了用户的购买欲望。这些活动既推广了品牌，也提高了用户对平台的忠诚度。通过不断创新的促销活动和玩法，京东平台在竞争激烈的电商市场中得以稳定持续增长。

子任务5.3.5　拼多多平台的促销活动

拼多多平台提供多种促销活动，如限时秒杀、满减活动、拼团活动、砍价活动和多件优惠等，以吸引顾客并提高销售额。以下是一些常见的拼多多促销活动。

1.限时秒杀

限时秒杀是拼多多平台的一种常见促销活动，也是商家的一种有效营销手段。在限时秒杀活动中，商家会将部分商品的数量设定为有限，并以超低的价格吸引顾客尽快下单购买，通常这些价格比商品原价低得多，顾客可以享受到很大的优惠。拼多多平台的限时秒杀活动页面，如图 5-21 所示。

例如，某款牛奶商品原价为 50.9 元，在限时秒杀活动中，商家将其价格降至 37.8 元，以此来吸引更多的顾客购买；同时，商家也会通过宣传和广告来告知顾客这个限时秒杀活动的时间和商品信息，以增加活动的曝光度和参与度，如图 5-22 所示。

限时秒杀活动有很多优点。首先，它可以帮助商家快速销售库存，减少库存压力。其次，秒杀活动可以吸引新客户并增加销售额，同时也能提高品牌的知名度和曝光度。最

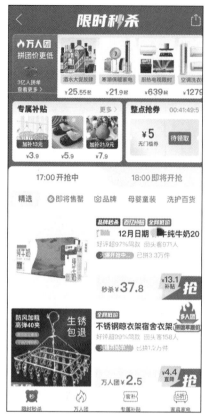

图 5-21　拼多多平台的限时秒杀活动页面

图 5-22　某限时秒杀商品页面

后，对消费者来说，他们可以在短时间内以非常低的价格购买到自己想要的商品，这也是非常有吸引力的。

2. 满减活动

满减活动是一种促销策略，商家设定当顾客购买金额达到一定条件时，可以享受一定的减免金额优惠。这种活动旨在鼓励顾客增加购买量，提高客单价，并增加商家的销售额。拼多多平台的满减活动页面，如图 5-23 所示。

例如，某家服装店进行满减活动，设定购买金额满 300 元减 50 元。顾客在店内选购了服装、鞋子和配饰等商品，总计达到 300 元以上，那么在结算时就可以享受 50 元的减免优惠。即使顾客实际支付金额仍然达到 300 元，但是减免的金额可以被视为一种额外的回报，让顾客感到有利可图，成为其持续购买的动力。

满减活动的优势在于，首先它提供了明确的奖励机制，让顾客知道达到一定购买金额可以享受一定的优惠，增加了购买的动力。其次，满减活动可以提高客单价，引导顾客购买更多的商品以达到优惠条件。同时，满减活动还有助于提高商家的销售额、客流量并提升顾客忠诚度。

商家在设计满减活动时需要注意合理设定购买金额和减免金额，以确保在吸引顾客的同时不会对商家造成过大的利润损失。另外，满减活动应该具有一定的时限，以增加顾客

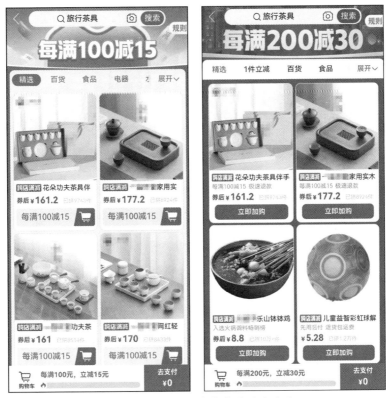

图 5-23 拼多多平台的满减活动页面

的紧迫感和购买欲望，并避免活动时间过长导致效果递减。

3. 拼团活动

拼团活动是一种促销策略，商家设定一定数量的商品作为拼团商品，买家可以通过邀请好友参与拼团，达到一定人数后享受更低的价格。这种活动旨在通过集体购买的方式，增加销量，提高用户的购买意愿。拼多多本身就是一个以拼团销售为主的电商平台，所以该平台上销售的商品基本上都是拼团活动商品，如图 5-24 所示。

具体的拼团活动可以设定为，商家将某个商品设定为拼团商品，并规定达到一定拼团人数后，每个参与拼团的人都可以享受更低的价格。例如，某化妆品品牌开展了拼团活动，将一套护肤品设定为拼团商品，原价为 500 元。活动规定，当至少 5 个人参与拼团时，每个人可以以 400 元的价格购买这套护肤品。顾客可以邀请自己的好友或使用拼团平台进行拼团，一旦达到规定的人数，每个参与拼团的人都可以享受较低的价格。

拼团活动的优势在于，首先它提供了更低的价格，提高了消费者参与活动的积极性。其次，拼团活动通过集体购买的方式增加销量，提高商家的曝光率和口碑。拼团活动还具有社交性，通过邀请好友参与拼团，增加用户之间的互动和参与感。

商家在设计拼团活动时需要注意合理设定拼团人数和价格优惠幅度，以确保在吸引参与者的同时，不会造成太大的利润损失。另外，商家还要注意时间限制，给予参与者一定的期限来达到拼团人数，增加活动的紧迫感和顾客的购买欲望。

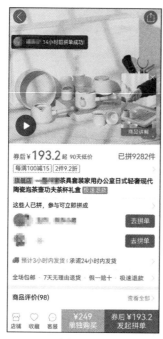

图 5-24　拼多多平台的拼团活动商品页面

4. 砍价活动

砍价活动是一种促销策略，商家设定一定数量的商品，让顾客通过参与砍价活动将商品价格降至最低。这种活动旨在吸引顾客参与互动，增加购买的决策力和购买意愿。拼多多平台的砍价免费领礼物活动页面，如图 5-25 所示。

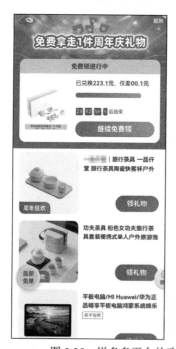

图 5-25　拼多多平台的砍价免费领礼物活动页面

具体的砍价活动可以设定为，商家选择一些商品作为砍价商品，并设定一个初始价格。顾客可以通过参与砍价活动，邀请好友帮助砍价，每个好友可以随机砍掉一定金额。顾客的目标是以最低的价格购买到商品，他们可以通过不断砍价来降低商品的价格，直到达到自己满意的价格为止。

例如，某电商平台开展了砍价活动，将一款电吹风设定为砍价商品，初始价格为 200元。顾客可以通过平台上的砍价活动页面，邀请好友帮助砍价。每个好友可以随机砍掉 1～10 元不等的金额。顾客可以邀请多个好友进行砍价，逐步降低商品价格，直到达到他们满意的价格为止。

砍价活动的优势在于，首先它提供了互动性，提高了消费者的参与积极性。顾客不仅可以享受降价购买的乐趣，还可以通过邀请好友帮助砍价来增加社交互动和分享的乐趣。其次，砍价活动可以为商家增加销量和曝光率，吸引更多的顾客参与活动，提升商家的知名度和口碑。

5. 多件优惠

多件优惠是拼多多平台上的另一种促销活动，商家可以根据产品的维度来设定不同的多件优惠策略，以吸引顾客购买更多的商品，有效拉升店铺的总交易额（gross merchandise volume，GMV）。

多件优惠活动的优点在于能够鼓励顾客增加购买量，提高商家的销售额和顾客满意度。同时，多件优惠活动还可以帮助商家清理库存，加快资金回笼速度。例如，拼多多平台某商家针对某商品设定了购买两件 9.4 折的优惠，以此鼓励顾客增加购买量，提高商品的销量和销售额，如图 5-26 所示。

图 5-26　拼多多平台上的多件优惠商品

需要注意的是，商家在设定多件优惠活动时需要考虑到商品的成本、利润空间和市场需求等因素。如果设定的多件优惠力度过大，可能会导致亏本或利润过低的后果；如果设定的多件优惠力度过小，可能会导致顾客没有足够的动力增加购买量。此外，商家需要根据顾客的需求和偏好来制定合理的多件优惠策略和方案，以确保活动的有效性和可持续性。

除了以上活动以外，拼多多还有优惠券、限量促销、短信营销、礼品赠送、邀请返利等营销方法。每个活动都有其特点和适用情况，商家可以根据具体情况选择适合自己的促销活动。这些促销活动虽然花费不大，但作用明显，能够提高店铺销售额和转化率。

任务5.4　活动创意及文案撰写要点

新媒体活动策划是一种通过创新的主题、内容和形式设计，利用新媒体平台进行宣传和推广，以吸引受众参与，达到品牌推广、产品销售或关系建立等目的的策划过程。其要点包括明确目标、确定主题和受众、制定活动方案、宣传和推广、活动执行、数据分析和反馈及后期跟进。

子任务5.4.1　活动创意

新媒体活动创意是指利用新媒体平台（如社交媒体、移动应用等）进行营销、宣传和传播的创新活动。它可以帮助企业吸引目标受众的注意力，并与其建立有效的互动关系。创意是新媒体内容制作的灵魂，良好的创意可以捕捉用户兴趣，产生情感共鸣，激发用户互动，从而为品牌带来更多的流量和业务转化。在新媒体内容制作中，创意有很多表现形式，如图文、视频等。通过创造性的表达方式，将品牌的特点和优势展现出来，使受众产生兴趣并愿意参与其中。

1. 创意来源

创意是新媒体活动的核心，它通常源于对日常生活的观察、对流行趋势的把握，或者是对其他成功案例的学习和借鉴。创意来源需要结合时下的热点话题，如环保、健康、科技创新等，以增强活动的吸引力和影响力。

创意可以提高新媒体活动的独特性和个性化，使其从众多的活动中脱颖而出。在信息爆炸的时代，人们往往会被有创意、独特、个性化的内容所吸引。因此，创意对于新媒体活动的成功至关重要。

2. 创意方法

创意还可以帮助建立品牌的形象和声誉。一个有创意的新媒体活动可以让受众对品牌产生积极、正面的印象，提高品牌的认知度和美誉度。通过创造性的方式展示品牌的特点和优势，可以增强受众对品牌的信任和忠诚度，从而为品牌的长期发展奠定基础。以下是一些常见的新媒体活动创意方法。

（1）挑战活动：设计有趣的挑战，鼓励用户参与并分享他们的参与经历。挑战可以是与品牌相关的主题，如对品牌产品进行创意使用或拍摄创意照片等。

（2）UGC活动：鼓励用户生成内容（UGC），例如，要求用户设计标志、创作视频、写作故事等与品牌相关的内容，并鼓励他们分享在社交媒体平台上。

（3）社交媒体互动：设计与用户互动的活动，如投票、问答、调查等，让用户留下评论和参与讨论。

（4）线上抽奖活动：通过线上抽奖活动吸引用户参与，并提供有吸引力的奖品作为参与活动的奖励。

（5）故事营销活动：设计一个引人入胜的故事情节，通过多媒体展示和互动来吸引用户参与和分享。

（6）虚拟体验活动：利用虚拟现实（VR）或增强现实（AR）技术，为用户提供身临其境的体验，如虚拟试衣间、虚拟旅游等。

（7）数据驱动的个性化活动：根据用户的兴趣和行为数据，个性化制定活动，向用户提供与其需求相关的内容和优惠。

（8）跨平台整合活动：将活动整合到多个新媒体平台上，如社交媒体、移动应用、微信小程序等，以提高活动的曝光度和用户参与度。

（9）即时互动活动：利用即时消息平台（如微信、QQ）进行活动，鼓励用户参与互动，如举办即时抽奖、答题等。

（10）社交慈善活动：通过社交媒体平台，组织慈善活动，鼓励用户参与和捐赠。

总体来说，新媒体活动创意的关键在于提供有趣的、独特的和与品牌相关的体验，激发用户参与和分享，并产生积极的宣传效果。通过创意活动，企业可以与目标受众更好地互动和建立关系，提升品牌形象和市场竞争力。

子任务5.4.2　活动文案撰写要点

新媒体撰写活动文案的核心在于通过创意和策略吸引用户参与，同时注重实际效果和数据分析，以提升品牌知名度并促进销售转化。新媒体撰写活动文案的相关内容要点如下。

1.创作目的

新媒体活动文案的创作目的是通过创造一种有趣、有奖、有互动的活动形式，激发用户参与活动的兴趣，进而提高品牌的知名度和影响力，最终促进销售转化。

1）激发用户参与活动的兴趣

这类活动的目标是通过奖品、折扣、免费赠品等吸引用户的注意力，让他们对活动产生兴趣并参与其中。例如，一些电商网站在新品发布时，会设置"前100名购买者享受半价"等活动，就是以这种形式吸引用户参与购买。

2）提高品牌知名度

这类活动的目标是通过宣传和推广品牌的形象、品牌的故事、品牌的理念等来加深用户对品牌的印象，提高品牌的知名度。例如，一些品牌会通过发布有奖征文比赛、品牌 logo 设计比赛等活动，来提高品牌的曝光率和认知度。

3）促进销售转化

这类活动的目标是通过增加用户的购买频次、扩大用户的购买量、推广新产品等手段来促进销售转化。例如，"满 100 元可获得价值 50 元的礼品"等活动，就能有效促进用户的购买意愿和购买量。

在实际创作过程中，这三个目的往往不是孤立的，而是相互联系、相互促进的。一个好的活动文案应该能够同时达到这三个目的，从而发挥出最大的效果。

2. 创意构思

创意构思是新媒体活动文案创作的关键环节，需要从活动的主题、亮点、参与者的创意和表现形式等方面进行思考和设计，以打造出具有吸引力和竞争力的活动文案。

1）活动主题和目的

活动的主题应该是有趣、简洁、有吸引力的，能够引起用户的共鸣和兴趣。同时，主题也应该明确地表达出活动的目的和价值。例如，一个电商平台的促销活动可以将主题定为"疯狂购物节"，以突出活动的促销氛围并吸引用户的注意力。

2）活动亮点

活动亮点是吸引用户参与的关键，需要突出活动的特色和差异化。例如，一个线上知识竞赛可以以"百万奖金等你拿"作为亮点，突出丰厚的竞赛奖励并吸引用户参与。

3）参与者的创意和表现形式

参与者的创意和表现形式是展示其才华和创造力的舞台，同时也能够吸引更多人参与。例如，组织一个摄影大赛鼓励用户提交自己的摄影作品，通过评选来展示最佳作品并给予奖励，吸引更多人参与。

4）活动实施要点

在活动实施过程中，需要注意宣传方案、参与方式、活动流程等要点。例如，宣传方案应该包括宣传渠道、宣传内容、宣传时间等方面，以便吸引更多用户参与；参与方式应该简单明了，让用户能够快速参与；活动流程应该合理规划，以便控制活动的进度和质量。

3. 标题设计

标题是活动文案的点睛之笔，一个好的活动文案标题应该简洁有力，能够在一瞬间吸引用户的注意力，激发他们的兴趣和好奇心，同时明确地传达活动的主题和目的。

以下是如何设计一个好的活动文案标题的 5 个要点。

1）突出活动主题

标题应该简短有力，能够明确地表达出活动的主题和内容并让用户迅速了解。例如，一场旅游节活动可以使用"首届 ×× 旅游节，领略 ×× 风情"作为标题。

2）引起用户的兴趣和好奇心

标题应该能够激发用户的好奇心和参与欲望，使其产生进一步了解活动的兴趣。例如，可以使用"免费赠送！首届××旅游节，赢取超值大礼包"作为标题，使用"免费"和"赠送"等词汇来吸引用户的注意力。

3）简洁易懂

标题应该简短明了，避免使用过于复杂的词汇和句子，以便用户能够迅速理解和记忆。例如，"首届××旅游节，畅游××美景"这个标题就非常简洁易懂。

4）根据活动策划书来设计标题

标题应该与活动策划书的内容和主题相呼应，如活动策划书主题是"感受××文化，享受××旅游"，那么可以使用"首届××旅游节，感受××文化，享受××旅游"作为标题。

5）考虑用户群体

标题应该针对目标用户群体进行设计，满足他们的需求和兴趣点。例如，如果目标用户群体是年轻人，那么可以使用一些年轻人感兴趣的词汇和表达方式来设计标题，如"首届××音乐节，开启年轻人的音乐盛宴"。

4.内容撰写

在新媒体活动文案的撰写过程中，内容是至关重要的。在撰写活动文案时，应该注重内容的简洁明了、创意有趣、具有互动性，同时要保证信息的准确性和合法性。

以下是一些撰写活动文案时应注意的要点。

1）简洁明了

活动文案的内容应该简洁明了，避免使用冗长难懂的词汇和句子。同时，要直接传达活动的主题、目的、时间、地点等信息，以便用户快速了解活动的情况。例如，可以采取类似"5月30日，来参加我们的夏日促销活动，享受最低折扣！"这样简洁明了的语句。

2）创意有趣

活动文案的内容应该具有一定的创意和趣味性，以吸引用户的注意力和参与欲望。例如，可以采用类似"转发并点赞，有机会赢取万元大奖！"这样具有创意和趣味性的语句。

3）具有互动性

活动文案的内容应该具有一定的互动性，以便用户参与品牌互动。例如，可以采用类似"快来参加我们的知识竞赛，赢取丰厚奖品！"这样具有互动性的语句。

4）信息的准确性和合法性

活动文案的内容应该准确无误，避免使用虚假信息或违法言论。例如，要确保活动的时间、地点、奖品等信息准确无误，同时避免使用侵犯他人权益的词汇或言论。

5.时间规划

新媒体活动文案需要在特定的时间段内发布和推广，因此需要提前规划好发布的时间点和频率，以及推广的渠道和资源。

6.数据分析

发布活动文案后，需要对数据进行分析和跟踪，包括阅读量、点赞量、评论量、转发量等指标，以便及时调整策略和改善效果。

7.总结反思

活动结束后，需要对文案撰写和推广效果进行总结和反思，以便不断优化和提高自己的创作能力。

课堂实训　查找和参与短视频营销活动

观看视频

短视频营销是指通过短视频平台制作和发布具有营销目的的视频内容，吸引目标受众的注意力，从而提高品牌知名度、认知度和用户购买意愿的一种营销方式。很多短视频平台上都会定期或不定期地举办各种营销活动，这些活动一般都会自带巨大的流量。

例如，抖音平台上的挑战赛活动，通常由商家发起各种挑战活动和话题，并设置一定的奖励，吸引用户参与，从而增加品牌的曝光度。某母婴品牌商家发起的挑战赛活动，抖音用户只需要按照活动要求拍摄短视频，并添加相关活动话题进行发布，就能赢得奖品，如图5-27所示。

图5-27　抖音某母婴品牌发起的挑战赛活动

除了挑战赛活动以外，抖音平台上还有很多由抖音官方发起的营销活动。这些官方营销活动的用户参与度很高，互动性也很强，能够更好地帮助商家提升账号和短视频作品的曝光率，获取平台的流量扶持，进而带动抖音小店商品的销量。查找和参与抖音官方活动的具体操作步骤如下。

（1）打开抖音App后，进入自己的抖音账号主页，点击左上方的▤按钮，点击"抖音创作者中心"按钮，如图5-28所示。

（2）系统跳转至"抖音创作者中心"页面，在"全部分类"的"快速成长"板块中点击"活动中心"按钮，如图5-29所示。

（3）系统跳转至"活动中心"页面，可以看到很多活动信息，如图 5-30 所示。

（4）点击感兴趣的活动，可以进入具体的活动页面查看该活动的玩法，如图 5-31 所示。

图 5-28 点击"抖音创作者中心"按钮

图 5-29 点击"活动中心"按钮

图 5-30 "活动中心"页面

图 5-31 查看活动玩法

了解活动规则以后，点击"去参与"进入短视频拍摄界面，按照活动要求拍摄短视频并上传发布至抖音平台，即可成功参与该活动，待平台审核通过后，便可获得相应的奖励。

课后作业

1. 请为某零食网店策划"双 11"线上营销活动。

2. 请以品牌宣传为目的，策划一场短视频活动。

项目6 产品运营

产品运营是新媒体运营的重要组成部分，对提高新媒体运营的效果和效率具有重要意义。产品运营可以使产品更好地适应市场需求和用户需求，还可以提高产品的竞争力和品牌影响力。作为新媒体运营者，必须了解产品运营的概念并熟悉产品设置、定价等内容。

本项目学习要点：

（1）了解产品运营概念。

（2）掌握产品设置与定价技巧。

（3）掌握产品运营策略。

任务6.1 产品运营的概述

新媒体运营的本质在于销售产品，不管以哪种形式产出内容，其最终目的都是吸引目标用户来购买商品。因此，产品始终都是企业经营过程中的关键因素之一。因而，产品运营也就成为了新媒体运营中必不可少的重要环节。

子任务6.1.1 什么是产品运营

产品运营覆盖多方多面，对企业和运营者也有重要作用。下面从产品运营概念、新媒体产品运营概念及新媒体产品运营覆盖方面、主要作用等内容出发，讲解什么是产品运营。

1. 产品运营概念

产品运营是指通过分析市场，选择合适的产品并引导用户使用和接受产品，包括分析产品类目的市场需求、供应趋势及产品方向和规划。企业的稳健发展离不开优质的产品和服务，只有赢得用户对产品的认可，才能实现良好的业务发展。

2. 新媒体产品运营概念

新媒体产品运营则是指通过现代化移动互联网手段，利用新兴媒体平台如抖音、快手、微信、微博、贴吧等，进行产品的宣传、推广和销售等一系列运营手段，以提高品牌知名度、用户黏性和销售转化率为目标，从而实现企业的营销目标。

3. 新媒体产品运营覆盖方面

新媒体产品运营包括多个方面，如市场分析、产品规划、定价策略、功能与包装定位等，需要新媒体运营人员具备扎实的产品运营能力和市场分析能力，能够通过新媒体平台进行有效的产品宣传和推广。同时，新媒体产品运营也需要根据市场需求和用户反馈不断调整和优化产品方案，更好地满足用户需求和提高产品的市场竞争力。

4. 新媒体产品运营主要作用

新媒体产品运营的主要作用是通过新媒体平台将企业和产品信息传递给目标用户，提高品牌知名度和美誉度，吸引用户关注和购买产品。同时，新媒体产品运营还可以通过与用户的互动和反馈，进一步了解用户需求和市场趋势，为企业的产品研发和市场策略提供有价值的反馈和指导。

当今企业面临海量产品选择的同时，如何找到适合新媒体推广并能盈利的产品类型并不容易。解决这个问题，要求新媒体运营人员具备熟练的产品运营技巧，通过详尽的市场分析、产品规划、定价策略、功能与包装定位之后，精确锁定当前值得投入时间和精力的产品。

子任务6.1.2　产品市场分析

产品市场分析对新媒体运营的重要性不言而喻。通过深入了解市场和竞争对手，企业可以更好地把握市场需求和趋势，制定出更加精准的营销策略和推广方案，提高企业的市场竞争力，促进企业的发展和壮大。新媒体产品市场分析作为新媒体产品运营的重要环节之一，主要包括如图 6-1 所示的 4 方面。

1. 市场趋势分析

市场趋势分析是新媒体产品运营的重要环节之一，通过对当前新媒体市场的趋势和走向进行分析，可以了解市场的发展动态和未来发展方向，为新媒体产品的研发和运营提供参考。市场趋势分析的详细步骤如图 6-2 所示。

图 6-1　产品市场分析所含方面　　　　　　图 6-2　市场趋势分析步骤

（1）了解行业动态：通过关注行业内的新闻、报告、研究等，了解新媒体行业的最新动态和发展趋势。可以通过定期查阅相关资料、参加行业会议等方式获取信息。

（2）分析市场数据：通过收集和分析市场数据，了解新媒体市场的现状和发展趋势。这些数据可以包括用户数量、活跃度、消费习惯、市场份额等。

（3）判断未来趋势：基于行业动态和市场数据的分析结果，可以对新媒体市场的未来趋势进行预测和判断。可以结合市场需求、技术发展、竞争格局等因素进行综合分析。

（4）确定产品定位：根据市场趋势的分析结果，可以确定新媒体产品的研发和运营方向。例如，如果市场趋势显示短视频是未来的发展方向，那么可以研发短视频相关的产品并制定相应的运营策略。

（5）制定运营策略：根据市场趋势和产品定位的分析结果，可以制定新媒体产品的运营策略。例如，如果市场趋势显示短视频是未来的发展方向，那么可以制定针对短视频平台的运营策略，包括内容制作、推广渠道、用户互动等方面。

在进行市场趋势分析时，需要注意如图 6-3 所示的 4 点。

例如，近年来新媒体市场的发展趋势显示，短视频、社交媒体和内容创作平台等领域受到越来越多的关注。其中，短视频平台如抖音、快手等表现出强劲的增长势头，用户数

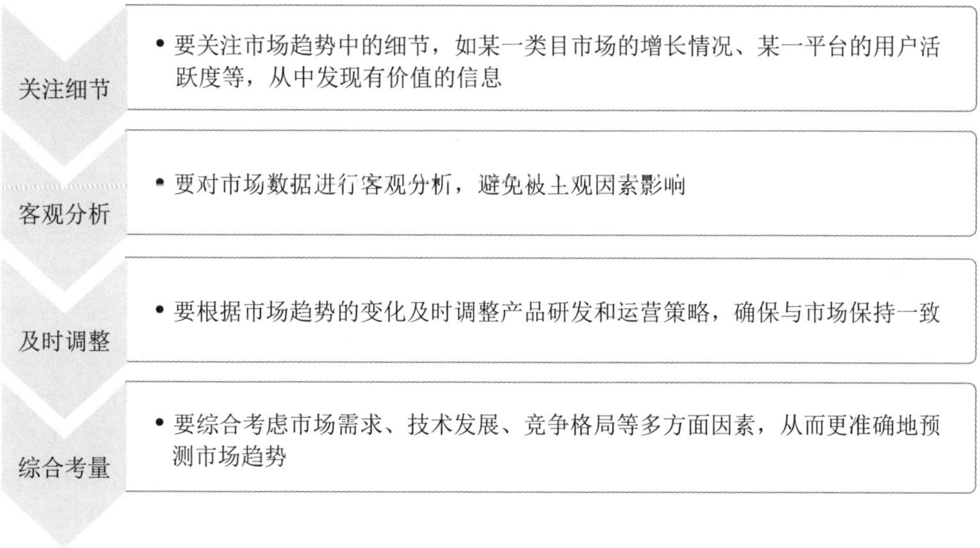

关注细节	• 要关注市场趋势中的细节,如某一类目市场的增长情况、某一平台的用户活跃度等,从中发现有价值的信息
客观分析	• 要对市场数据进行客观分析,避免被主观因素影响
及时调整	• 要根据市场趋势的变化及时调整产品研发和运营策略,确保与市场保持一致
综合考量	• 要综合考虑市场需求、技术发展、竞争格局等多方面因素,从而更准确地预测市场趋势

图 6-3　市场趋势分析应注意的要点

量和活跃度持续上升,成为新媒体市场的一大热门。此外,社交媒体平台如微信、微博、Facebook 等也表现出稳定的发展态势,用户黏性持续增强,成为人们获取信息、交流互动的主要渠道之一。

针对这些市场趋势,可以分析得出未来新媒体市场的发展方向和趋势,为新媒体产品的研发和运营提供参考。

(1)短视频产品:可以开发具有短视频编辑、制作、分享等功能的短视频平台,为用户提供更多样化的视频内容创作方式和更便捷的分享途径。同时,可以考虑将短视频与电商、广告等结合,拓展商业变现模式。

(2)社交媒体产品:可以开发面向年轻用户群体的社交媒体应用,通过 UGC、KOL 等模式实现用户互动和内容传播,增强用户的黏性和活跃度。同时,可以考虑将社交媒体与电商、支付等结合,实现社交电商等创新模式。

(3)内容创作平台:可以开发针对内容创作者的内容创作平台,提供更好的创作工具、分发渠道和变现途径等,吸引更多的内容创作者进入新媒体市场。同时,可以考虑将内容创作平台与广告、电商等结合,实现更多商业价值。

在进行新媒体产品的研发和运营时,需要根据市场趋势和产品定位制定相应的运营策略,例如,针对短视频平台的运营策略可以包括内容制作、推广渠道、用户互动等方面。同时,需要注意市场趋势和用户需求的变化,及时调整产品研发和运营策略,确保与市场保持一致并实现良好的业务发展。

2.用户需求分析

用户需求分析是通过对目标用户的需求和行为进行分析,了解用户对于新媒体产品的消费习惯、需求痛点、行为偏好等方面的数据,为新媒体产品的设计和运营提供依据。用户需求分析的详细步骤如图 6-4 所示。

图 6-4　用户需求分析步骤

（1）确定目标用户：首先需要明确目标用户群体，如年龄、性别、地域、职业等，以便更好地了解目标用户的需求和行为。

（2）收集用户数据：收集目标用户的相关数据，如使用新媒体产品的时间、频率、时长、偏好、行为习惯等，以及用户对新媒体产品的反馈和评论等。

（3）分析用户需求：通过对用户数据的分析和挖掘，了解目标用户对于新媒体产品的消费需求和痛点，例如，用户喜欢什么样的内容、喜欢在什么时间段使用产品、对产品的功能有什么需求等。

（4）设计产品功能：根据用户需求的分析结果，设计新媒体产品的功能和特点。例如，如果发现目标用户对短视频内容的需求较高，那么可以增加短视频内容的分类和推荐功能。

（5）制定运营策略：根据用户需求的分析结果，制定新媒体产品的运营策略。例如，如果发现目标用户对某些特定类型的内容较为感兴趣，那么可以制定针对这些特定类型内容的运营策略，提高用户黏性和活跃度。

在进行用户需求分析时，需要注意如图 6-5 所示的 4 点。

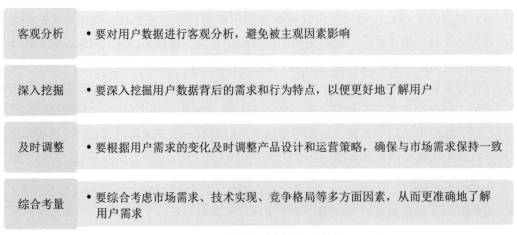

图 6-5　用户需求分析应注意的点

3. 竞品分析

竞品分析是通过对竞争对手的产品进行分析，了解竞争对手的产品特点、优劣势及市场占有率等信息，为新媒体产品的研发和运营提供参考。竞品分析的详细步骤如图 6-6 所示。

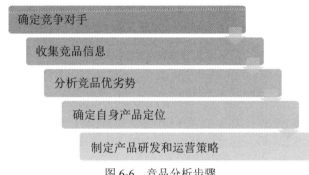

图 6-6　竞品分析步骤

（1）确定竞争对手：首先需要明确竞争对手群体，如与自己产品类似的新媒体产品、行业领先者等。

（2）收集竞品信息：收集竞争对手产品的相关信息，如产品定位、目标用户群体、功能特点、市场价格、营销策略等。

（3）分析竞品优劣势：通过对竞品信息的分析和比较，了解竞争对手产品的优劣势和市场占有率等信息。例如，分析竞争对手产品的特点、功能、界面设计等，并了解其在市场中的口碑和用户反馈等。

（4）确定自身产品定位：根据竞品分析的结果，可以更好地确定自身产品的定位和特点。例如，如果发现竞争对手的产品在某一领域具有较强的竞争力，那么可以针对这一领域进行产品设计和研发。

（5）制定产品研发和运营策略：根据竞品分析的结果，制定自身产品的研发和运营策略。例如，如果发现自己某一产品各项数据都不佳，那么可以考虑替换产品。

在进行竞品分析时，需要注意如图 6-7 所示的 4 点。

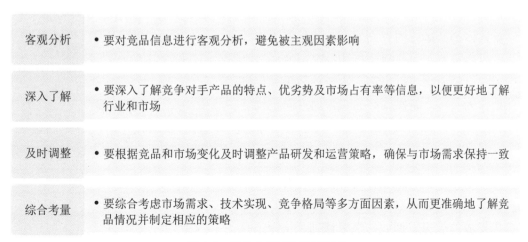

图 6-7　竞品分析应注意的要点

4.营销策略分析

营销策略分析是为了了解新媒体产品的营销策略，并评估这些策略的特点和适用范围。在选择和制定营销策略时，需要根据新媒体产品的特点、目标受众和预算等因素进行综合考虑。同时，营销策略应与产品定位和目标一致，并根据市场和用户的反馈情况进行调整和优化。表 6-1 是对常见营销手段的分析，为新媒体产品的营销推广提供参考。

表 6-1　营销策略的分析表

营销策略名称	具体分析
内容营销	内容营销是通过创造高质量、有价值的内容来吸引和保留目标受众。它注重内容的创作和传播，能够吸引用户关注并培养用户黏性。但是，内容营销需要耗费较高的人力、时间和资源，同时需要具备优秀的创作能力和丰富的内容推广渠道，才能取得较好的效果
社交媒体营销	社交媒体营销是利用社交媒体平台如微信、微博、Facebook 等进行品牌推广和用户互动。它具有广泛的覆盖面和相对较低的成本，能够与用户建立紧密的互动关系，增强品牌认知和影响力。然而，社交媒体竞争激烈，用户可能对广告免疫，需要更加创新和个性化的营销方式来吸引用户的注意和参与
搜索引擎优化（search engine optimization，SEO）	通过优化网站结构、关键词和内容，使其在搜索引擎结果中获得更高的排名，并吸引更有针对性的访问者。SEO 可以帮助提升网站的曝光度和流量，但需要投入时间和精力进行持续的优化和更新，同时要遵循搜索引擎的算法和规则，并兼顾用户体验
影响者营销	影响者营销是通过合作或赞助具有影响力的人士或机构来推广产品。利用影响者的社交关系和影响力，可以扩大产品的曝光度和用户覆盖范围。但是需要选择合适的影响者，并确保他们的形象和价值观与品牌相符，避免形象受损
线下推广	线下推广是通过参加展会、举办活动、提供赞助等方式传播产品信息和品牌形象。线下推广可以提高品牌的知名度和用户互动，但需要高额的资金投入，并受到地域和时间的限制

子任务6.1.3　产品运营的方向定位

新媒体产品运营的方向定位应该是基于用户需求、内容创意、大数据分析和社交电商等方面进行的综合性考虑，以提高广告投放效果和促进企业销售为目标。新媒体产品运营的方向定位可以从如图 6-8 所示的 4 方面进行。

1.精细化运营

针对用户需求进行细分化运营，将目标用户进一步分化，更加精准化的营销策略可以有效提高广告投放的效果。例如，根据性别、年龄、兴趣等社交属性，为不同用户推送不同的产品信息。

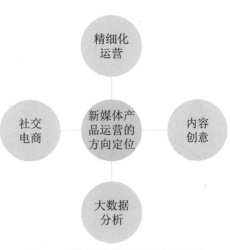

图 6-8　新媒体产品运营的方向定位

2. 内容创意

内容创意是指独特的内容形式。在这方面，个人才华和技巧都很重要。首先，新媒体平台上的媒体形式和数量不断增加，增加了监管和广告卖点的差异。其次，搜索引擎致力于完善搜索质量。新媒体平台需要独特而具有吸引力的内容吸引受众的关注，这样才能够在上升的平台中保持旺盛的生命力。

3. 大数据分析

新媒体运营有着庞大的网民用户群体，他们产生了海量的数据。如何准确分析这些数据，探索数据背后的规律，为企业提供数据支持，是未来新媒体运营的重要发展方向。通过大数据分析，深入了解用户需求，制定更加精准的营销策略，提高广告投放效果。

4. 社交电商

社交电商是新媒体运营的一种新模式。基于社交平台和电子商务平台，为用户提供便捷的购物体验，借助社交媒体的流量优势，扩大企业销售范围，增加销售额。未来，随着社交商务平台的不断完善，这种新型的商业模式有望成为新媒体营销的重要发展方向。

任务6.2　产品设置与定价

新媒体产品规划是指针对新媒体平台开发或改进产品的计划和策略。新媒体产品通常指的是基于互联网、移动互联网和社交媒体等新技术和平台开发的产品，如网站、移动应用、社交媒体平台等。新媒体运营者在进行简单的市场分析及方向定位后，能大致确定运营推广的重点产品。为了使自己的产品在同类中脱颖而出，还需要优化产品的一些信息，如定价、功能、包装等。

子任务6.2.1　不可缺少的4类新媒体营销产品

在新媒体营销中，常用的产品主要包括如图 6-9 所示的 4 类产品，它们有各自不同的特点和作用。

1. 引流产品

引流产品的主要功能是吸引目标受众来关注和了解企业的品牌或产品。它们通常是免费或低价的产品，以吸引更多的潜在客户。例如，东方甄选直播间有一款引流产品是五常大米。东方甄选团队与五常市合作，

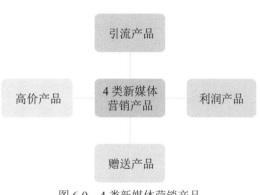

图 6-9　4 类新媒体营销产品

推出了一款五常大米的直播带货活动。在直播过程中，东方甄选团队向观众介绍了五常大

米的生长环境、口感和营养价值等方面的优势，同时还展示了五常大米的加工和包装过程，让观众更加直观地了解这款大米的特点。通过东方甄选团队的详细介绍和演示，五常大米成为了该直播间的明星产品之一，吸引了大量观众关注和购买。

通过这款引流产品，东方甄选直播间吸引了更多的观众和消费者，提高了品牌知名度和美誉度，同时也增加了销售额和利润。截至目前，该款产品已售出130.2万件，位于大米热卖金榜的榜首，如图6-10所示。

这种成功的引流产品策略为其他直播间和电商平台提供了借鉴和启示，即通过选择与自身品牌和目标受众相符的优质产品，结合有效的营销策略和推广手段，可以快速吸引消费者并提高销售业绩。通常，引流产品具有以下作用。

（1）吸引流量：通过提供具有吸引力的产品，吸引潜在客户前来浏览和购买，从而增加流量。

（2）增加曝光度：引流产品的销量和知名度高，能够吸引博主或明星等有影响力的人推荐和宣传，进一步增加产品的曝光度。

（3）建立品牌形象：引流产品可以代表品牌的风格和特点，通过展示高品质和时尚感，建立品牌形象和口碑，吸引目标受众。

（4）建立合作关系：通过引流产品的销量和知名度，吸引其他品牌或零售商合作，进一步扩大品牌的影响力和销售渠道。

图 6-10   东方甄选直播间的引流产品

（5）提高转化率：引流产品通常具有较低的价格和高性价比，吸引客户进行试购，从而提高转化率和客户忠诚度。

在设置引流产品时，应注意以下问题。

（1）确定目标受众：了解目标市场和受众，确定引流产品的风格和定位，以吸引目标客户。

（2）设计有吸引力的产品：在设计和开发阶段，注重产品外观、质量和功能，确保产品能够吸引目标受众的注意力。

（3）定价策略：引流产品的定价应该具有一定的竞争力，既能吸引顾客购买，又能提供一定的利润空间。

（4）营销和推广：通过社交媒体平台、博客、明星或博主推荐等渠道进行营销和推广，扩大引流产品的曝光度和影响力。

（5）跟进营销结果：监测销量、曝光度及转化率等指标，对引流产品的设置进行评估，并根据数据调整营销策略。

引流产品在新媒体营销中扮演着重要的角色，通过吸引流量和提高品牌曝光度，为后续的销售和推广活动打下基础。然而，考虑到引流产品的利润率较低，因此需要在后续销售过程中结合其他高利润产品，以实现全面商业目标。

2. 利润产品

利润产品是主要销售产品，它们可以为企业带来实际的收入和利润。这些产品通常是付费的，主要针对那些被引流产品引入的潜在客户。利润产品可以是实体产品、在线课程、软件服务、顾问咨询等，关键是要提供高质量和高价值的产品，满足客户的需求，使他们愿意为之付费。

例如，东方甄选直播间通过与优质茶叶厂家合作，推出了多款优质红茶产品，如祁门红茶、正山小种、金骏眉等。这些红茶产品具有较高的品质保证和市场需求，吸引了大量消费者的关注和购买。图 6-11 所示为东方甄选某款红茶详情页，该红茶价格 101 元起，做到了品牌滇红爆款榜榜首，提高了直播间的销售量和利润。

利润产品具有如下作用。

（1）增加利润空间：利润产品通常有较高的售价和较低的成本，因此可以为企业带来更高的利润空间。这类产品的销售量可能不如引流产品大，但通过价格差距和利润率的优势，能够为企业创造更高的利润。

图 6-11　东方甄选直播间的某款利润产品

（2）定位特定客户群体：利润产品通常面向特定的小众人群，这些客户对产品的特点、个性化和品质要求较高。通过满足他们独特的需求，利润产品能够吸引这一特定客户群体，建立并维护与他们的关系。

（3）提供差异化竞争优势：由于利润产品通常具有独特的产品卖点和特点，能够与市场上其他产品形成差异化竞争。通过突出产品的优势，企业可以脱颖而出，吸引目标客户并赢得市场份额。

（4）提高客户满意度和忠诚度：利润产品定位特定客户群体，能够更精准地满足他们的需求，提供高品质和个性化的产品体验。通过提供满足客户期望的产品，企业能够提高客户的满意度和忠诚度，促进复购和口碑传播。

3. 赠送产品

赠送产品是用来与潜在客户或现有客户建立良好关系并提供额外价值的产品。这些产品通常是免费提供的，旨在吸引和留住客户。赠送产品是企业常用的一种营销手段，通过赠送与产品相关或人群相关的赠品，既可以吸引更多的消费者，也可以提升用户的满意度和忠诚度。赠送产品具有以下作用。

（1）吸引潜在客户：赠送产品可以作为一种吸引潜在客户的方式，通过免费赠品来激发他们对产品的兴趣和好奇心，促使他们进行购买。

（2）提升用户满意度：赠送与产品相关的赠品可以增加用户的购买满足感和价值感，提升用户对产品的满意度，帮助企业建立良好的品牌形象和口碑，吸引更多的忠实客户。

（3）增加回头客：赠送产品可以激励用户再次光顾企业，增加回头客的数量。当用户收到额外的赠品时，他们可能会更倾向于选择同样的产品或服务，从而提高客户的忠诚度。

（4）拓展流量：赠送产品可以吸引更多的顾客进入企业，增加流量。通过赠品促销活动，企业可以吸引新客户，扩大市场份额。

（5）增加产品的周边销售：赠送与产品相关的赠品可以促进其他相关产品或配件的销售。当用户收到赠品时，他们可能会对其他相关产品产生兴趣并进行购买，从而增加销售额。

尽管赠送产品可以产生许多积极的效果，但企业在进行赠品活动时也需要注意以下3点。

（1）选择合适的赠品：赠送产品应与主要产品相关，能够增加产品的价值，同时符合目标客户群体的需求和偏好。

（2）控制成本：企业需要在赠送产品的选择上进行合理的成本控制，确保赠品的价值不会让企业产生过大的负担。

（3）赠品质量保证：赠品的质量也需要得到保证，避免给用户带来不满意的体验。

例如，某主营数码产品的直播间在售卖某款手机时，推出3件赠品，如图6-12所示。这些赠品对主产品而言都是十分实用且成本不高的，更能吸引潜在客户下单。

赠送产品是企业可以利用的一种有效的营销工具。通过合理选择赠品，控制成本，并确保赠品与产品及用户偏好相关，企业可以通过赠送产品来吸引新客户，提升用户满意度，增加回头客，从而促进销售。

图6-12　某手机的赠品

4. 高价产品

高价产品是指价格较高、利润率较高的产品，可以带来高额的销售收入。这些产品通常是针对高端市场和追求高质量和独特体验的客户群体。高价产品可以是奢侈品、定制产品、高级服务或高端咨询等，它们具有独特的卖点和价值，能够吸引具备购买力和追求品质的客户。

例如，某直播间售卖的某款吹风机价格较高，但具有快速吹干头发、减少损伤和节能等优势，适合注重头发健康和追求高效的消费者。主播在介绍这款产品时，详细介绍了产品的特点、功能和使用方法，同时进行了现场演示和讲解，让观众更加了解产品的使用方法和操作技巧。因此，即使该款吹风机价格高达上千元，但还是吸引了一千多名消费者下单，如图 6-13 所示。

高价产品具有以下作用。

（1）建立品牌形象：高价产品能够传递品牌的独特价值观和品质标准，展示企业的高端形象和品牌价值。它们往往由高质量材料和精湛的工艺制成，向消费者传达了品牌在产品设计和制造工艺方面的高标准和卓越性。

（2）满足炫耀需求：购买高价产品的人，往往会对其独特性和价值感到自豪，并乐于将其展示给他人。这种炫耀需求可以帮助品牌扩大曝光度，吸引更多人关注和购买其他产品。

图 6-13　售价上千元的吹风机

（3）提高品牌价值：高价产品的制造成本较高，售价较高。这种差异化的定位和定价策略为品牌带来更高的溢价空间，提高产品和品牌的价值，从而增加企业的利润。

（4）激发消费者对其他产品的兴趣：购买高价产品的消费者通常对品牌有着较高的认同和忠诚度。他们可能对品牌的其他产品产生兴趣，并愿意购买其他价格相对较高但同样具有品牌特色的产品。

尽管高价产品可以带来上述益处，但也需要注意一些潜在问题。例如，高价产品通常只能吸引相对小众的消费者群体，因为价格较高，只有少数消费者能够支付得起。这可能限制了潜在市场规模和销售量。

高价产品对品牌形象的展示和品牌价值的提升有着重要的作用。通过推出独特而价格较高的产品，企业可以增强消费者对品牌的认同和忠诚度，吸引更多消费者关注和购买其产品。同时，企业也需要注意平衡高价产品和其他产品的销售策略，以满足不同消费者的需求和预算。

综上所述，引流产品、利润产品、赠送产品和高价产品在新媒体营销中有着不同的角色定位和作用。通过合理设置这些产品并将它们整合到企业的营销策略中，可以实现目标受众的吸引、转化和留存。

子任务6.2.2　产品定价策略与定价技巧

产品定价是市场营销策略中的重要一环，直接影响着产品的销售和利润。企业需要根据市场需求、竞争环境、成本等因素综合考虑，制定合理的定价策略，以实现销售增长和利润最大化。下面介绍一些常见的定价策略和技巧。

1. 定价策略

定价策略是根据市场需求与竞争环境，以合理的价格为产品或服务定价，实现最大化利润或市场份额的经营策略。常见的定价策略如图 6-14 所示。

图 6-14　常见的定价策略

（1）市场导向定价：该策略是根据市场需求和消费者的价值感知来确定产品的价格。企业会对目标市场进行调研和分析，了解消费者对产品的需求和价值认知，然后根据市场需求和竞争状况来制定具有竞争力的价格。

（2）成本导向定价：该策略是以产品的制造成本为基础，加上期望的利润来确定产品的价格。企业会计算产品的直接成本、间接成本和分摊成本，再根据预期的利润率来制定价格。这种定价策略适合于确保产品的盈利水平和市场份额。

（3）竞争导向定价：该策略是根据竞争对手的价格来制定自身产品的定价。企业会对竞争对手的定价策略和产品特点进行分析，然后决定是否要进行价格竞争或选择一个相对较高价位以突出产品的独特性。这种策略适用于竞争激烈的市场，其中价格是消费者决策的重要因素。

（4）组合定价：该策略是将多个产品或服务作为一个整体进行定价。企业可以通过组合销售来提高产品的附加价值，刺激消费者购买。这个定价策略适用于企业拥有多个互相关联的产品或服务，并且能够刺激交叉销售和提高销售额。

灵活运用定价策略，根据市场需求和竞争状况进行调整，可以帮助企业保持市场竞争力并提高销售转化率。同时，定价策略的选择需要结合企业的品牌定位、产品特点和目标市场的需求来进行综合考虑。在不同的情况下灵活使用不同的策略，以实现合适的产品定价。

2. 定价技巧

定价是影响产品转化率最重要的因素之一。新媒体运营人员在制定产品价格时，既要考虑产品的成本问题，又要考虑目标消费者对价格的接受能力。以下介绍 4 种产品定价技巧。

1）整数定价法

整数定价法是将产品的价格设置为整数，即不包含小数点和小数部分。这种价格简单易懂，便于消费者记忆和接受。整数定价法通常适用于基本生活用品，如食品、饮料、生活日用品等。在这种情况下，10 元是一个较为常见的整数定价，也是消费者较为容易接受的定价。

例如，小红书平台某款杯子的价格为 10 元，就是典型的整数定价法，如图 6-15 所示。该定价目的在于让消费者觉得产品价格低廉，从而产生购买的欲望。同时，对于商家而言，整数定价也便于计算和收银。因此，在日常生活用品的销售中，整数定价是一种较为常见的定价技巧。

2）小整数定价法

小整数定价法是将产品的价格设置为整数或接近整数的小数。虽然价格不是整数，但是整数的概念仍然存在，使得消费者感觉价格相对较低，更容易接受。这种定价法常用于低价、重复购买和体验类产品，可以提高购买意愿和销量。

例如，小红书平台的某款碗价格为 5.99 元，就属于小整数定价法，如图 6-16 所示。对于碗这种小件商品来说，小整数定价法是一种有效的定价技巧。

图 6-15　整数定价法案例

图 6-16　小整数定价法案例

3）吉利数字定价法

吉利数字定价法是根据特定文化心理和信仰，将价格设置为被认为能带来好运和吉利的数字。例如，在中国文化中，数字 8 被视为吉利的数字，因此很多产品的售价以 8 结尾。这种定价法可以调动消费者的情感和好奇心，增加产品的吸引力和销售量。

例如，小红书平台售卖的某款防晒喷雾到手价为 98 元，就属于吉利数字定价法，如图 6-17 所示。在中国传统文化中，数字 98 被认为是一个非常吉祥的数字，具有丰富的寓意和象征意义，代表着长久、持续和不断发展的美好愿望。在商业领域中，数字98 常被用来表达久久发财、长久发展的美好愿望。

4）分割定价法

分割定价法是将产品的价格分段设定，并为不同的价格段设定不同的产品、规格或服务。不同的价格段满足不同消费者的需求和购买能力。这种定价法适合多样化的产品线，可以提高市场覆盖率和销售额。

图 6-17　吉利数字定价法案例

例如，小红书平台的某款手机，因为内存不同，价格相差 1000 元，这就属于分割定价法，如图 6-18 所示。规格不同则定价不同，其目的是满足不同消费者的需求和购买力。

图 6-18　分割定价法案例

这些定价技巧可以根据产品类型、目标市场和消费者需求进行灵活运用，以实现最佳的价格策略和销售效果。

任务6.3　产品运营策略与实践

在掌握了产品运营的基本概念及产品设置与定价后，想要进一步落地产品运营，还需要掌握一些策略。

子任务6.3.1　新媒体产品运营策略的基本要点

新媒体产品运营策略的基本要点包括以下 7 方面。

1. 定义目标受众

明确产品的目标受众群体是新媒体产品运营策略的基础。了解目标受众的特点、喜好、需求等，有助于确定产品定价、内容创作、推广方式等。

2. 渠道选择与整合

选择适合目标受众的新媒体渠道，并将其整合为一个综合的运营平台。常见的新媒体渠道包括社交媒体、微信公众号、博客、视频平台等。整合多个渠道可以提高品牌曝光度和用户互动效果。

3. 个性化内容创作

根据目标受众的需求和喜好，制定个性化的内容创作策略。内容可以是文章、图片、视频、直播等形式，要求内容具有吸引力、兼顾有趣性和实用性，并与品牌形象和产品特点相匹配。

4. 建立用户互动机制

通过与用户的互动，建立用户关系和品牌忠诚度。通过用户评论、点赞、分享等方式实现用户互动，并及时回应用户的反馈和问题，提高用户体验和参与度。

5. 数据分析与优化

建立数据分析体系，监测和分析用户行为、用户喜好、内容效果等数据，并根据数据进行策略优化。数据分析有助于了解用户需求和市场趋势，为决策提供依据。

6. 品牌建设和口碑营销

通过新媒体渠道进行品牌建设和口碑营销，塑造品牌形象和价值观。通过内容营销、社交媒体广告、影响力者合作等方式，提高品牌曝光度和用户认可度。

7. 持续创新与改进

不断进行创新和改进，保持新鲜感和竞争力。通过追踪市场趋势、竞争对手的动态，不断推出新的产品功能、交互方式、营销活动等，以满足用户需求。

综上所述，新媒体产品运营策略的基本要点包括定义目标受众、渠道选择与整合、个性化内容创作、建立用户互动机制、数据分析与优化、品牌建设和口碑营销及持续创新与改进。通过科学有效地运用这些要点，可以实现新媒体产品的市场推广、用户增长和品牌价值的提升。

子任务6.3.2 根据产品的生命周期调整运营重点

不同生命周期阶段的产品具有不同的市场需求和竞争环境，在新媒体营销实际工作中，根据产品的生命周期调整运营重点，可以帮助企业更好地利用新媒体平台和工具来实现市场营销目标。因此，需要针对性地调整运营重点以满足市场需求并保持竞争优势。大部分产品的生命周期如图 6-19 所示。

图 6-19 产品的生命周期

以下是在产品的不同生命周期阶段调整运营重点的一般指导原则。

1. 导入期

在产品导入期，可以通过新媒体渠道来提高产品的知名度和曝光度，引起潜在客户的兴趣。此阶段的运营重点如下。

（1）社交媒体宣传：利用社交媒体平台，例如 Facebook、Instagram 等，通过有趣的内容、品牌故事、活动等方式来引起用户的注意并传播产品信息。

（2）搜索引擎优化（SEO）：确保在搜索引擎结果中排名靠前，提高产品被发现的机会。

（3）博客和媒体合作：与行业相关的博客和媒体进行合作，在他们的平台上发布有关产品的内容，提高产品的曝光度。

2. 成长期

在产品成长期，新媒体营销的重点应该是增加市场份额和扩大用户基础，同时提高产品的满意度和口碑。此阶段的运营重点如下。

（1）社交媒体互动：通过社交媒体平台与用户进行互动，回答用户的问题、提供帮助，增加用户满意度和忠诚度。

（2）用户生成内容（UGC）：鼓励用户分享使用产品的体验、评价和图片等内容，以增加社交媒体上关于产品的曝光和口碑。

（3）网红合作：与有影响力的社交媒体网红进行合作，推广产品并增加产品的知名度和认可度。

3. 成熟期

在产品成熟期，新媒体营销的重点在于巩固市场份额，并寻找新的增长点。此阶段的运营重点如下。

（1）数据分析和个性化营销：利用数据分析工具对用户行为和喜好进行分析，进行个性化的推送和营销，提高用户参与度和购买意愿。

（2）内容创新：针对目标受众群体，持续推出有吸引力和引人注目的创新内容，使用户保持关注和兴趣。

（3）与行业合作：与行业相关的合作伙伴进行合作，在新媒体平台上共同推广产品，扩大产品的市场影响力。

4. 衰退期

在产品衰退期，需要调整运营策略，降低成本，同时为新产品或业务的开展做准备。此阶段的运营重点如下。

（1）清理库存和降价促销：通过新媒体平台，宣传产品清仓促销活动，以清除库存。

（2）建立关系和转型：与现有客户建立良好关系，通过提供增值服务或其他产品来转型和延伸业务。

总之，根据产品的生命周期调整新媒体营销的运营重点，可以使企业更加针对性地利用新媒体平台和工具，实现市场营销目标，并确保产品的竞争力和可持续发展。

子任务6.3.3　多角度挖掘产品卖点

作为一名优秀的新媒体运营人员，在进行产品营销策划时，经常需要挖掘产品的卖点，以便定制出更加优秀的产品营销方案。

卖点分析是指通过识别和强调产品的独特之处、优势或价值主张，与竞争对手进行对比，以便在市场中突出产品的差异化和吸引力。通过找准卖点，企业可以更好地满足消费者需求，提高产品的市场竞争力。

1. 卖点分析的基本步骤

卖点分析的基本步骤是先了解产品特点、再识别目标消费者需求、竞争对比分析等，这里以一款智能手表为例，其卖点分析步骤如表 6-2 所示。

表 6-2　智能手表的卖点分析步骤

步 骤 名 称	重 点 内 容	举　　　例
了解产品特点	首先，需要准确了解产品的特点，即产品与其他竞争对手的不同之处。这包括产品的功能、品质、设计、技术、服务等方面的特点	例如，智能手表具有防水、心率监测、多运动模式等功能。这些特点可能是消费者的关注点，与其他竞争对手相比，这家公司的产品在水下活动、运动健康等方面有更强的优势

续表

步骤名称	重点内容	举例
识别目标消费者需求	分析目标消费者的需求和偏好，找出产品对其有吸引力的特点。消费者对产品的需求和价值观因人而异，因此找到目标消费者的痛点或关注点将成为确定卖点的重要依据	例如，智能手表的目标消费者可能是热爱户外运动、健康意识较强的群体。因此，该产品的防水功能和多运动模式将是他们关注的重点，这可以成为产品的卖点
竞争对比分析	与竞争对手进行对比分析，找出自身产品在特定特点上的优势或差异化。这有助于确定产品的核心卖点，并突出它在市场中的独特性	例如，在智能手表市场上，可能存在其他竞争对手提供类似的功能。然而，该公司的产品可能在心率监测方面更准确、能够自动识别不同运动模式，并提供个性化的运动建议。这些方面的优势将使其与竞争对手区分开，并成为产品的卖点
突出卖点与传播	将确定的卖点向目标消费者进行有效传播	例如，通过广告、宣传、产品展示、口碑传播等方式，突出产品的独特卖点，吸引消费者的注意力，并建立品牌认知和品牌价值

以上围绕智能手表的例子阐述了卖点分析的步骤。但是，每个产品都有不同的市场和竞争环境，所以卖点的确定需要基于具体情况来进行。通过找准产品的独特卖点并与竞争对手进行对比，企业可以增加产品的吸引力和差异化，并在市场中获得竞争优势。

2. 从用户思维的角度出发挖掘产品卖点

从用户思维角度出发，挖掘产品卖点是一种以用户需求为导向的方法，通过深入了解用户的喜好、痛点和期望，发掘产品能够满足用户需求的特点和优势。

（1）了解用户需求：首先，要对目标用户进行有效调研，了解他们的需求和偏好。可以通过市场调研、用户访谈、用户反馈等方式获取相关信息。这样可以帮助企业更好地理解用户的需求，找到切实的问题和痛点。

（2）识别产品独特之处：在了解用户需求的基础上，对产品进行分析，找出其独特之处。这些特点可能是产品功能、设计、材料、性能等方面的优势。将这些优势与用户需求相匹配，找到能够最好满足用户需求的特点。

（3）突出用户价值：将产品的独特之处与用户需求联系起来，强调对用户的价值和好处。通过强调产品的特点，即如何解决用户的痛点、提供便利、提高效率、提供愉悦体验等，使用户能够清晰地看到产品对他们的实际价值。

（4）定位目标用户群体：根据用户的不同需求和偏好，将目标用户群体进行细分。这样可以更好地了解每个用户群体的需求和痛点，并为其设计有针对性的产品卖点。从不同用户群体的角度出发，挖掘出不同的产品卖点。

（5）强调差异化竞争优势：与竞争对手相比，确定产品的差异化竞争优势。这些优势可以是产品的独特功能、优质的服务、高品质的材料等。通过强调这些优势，突出产品的卖点，使其在市场中与竞争对手区别开来。

从用户思维的角度出发挖掘产品卖点，强调以用户为中心，将用户需求与产品特点相结合，找到能够满足用户需求、突出产品价值的优势，并与竞争对手区别开来。这样可以帮助企业更好地满足用户需求，提高产品的市场价值。

课堂实训　"交个朋友直播间"的产品运营分析

观看视频

"交个朋友直播间"是一个由北京交个朋友数码科技有限公司运营的抖音账号，主要进行直播带货和新媒体营销。该直播间以高品质、高性价比的产品和专业的直播内容为特色，吸引了大量的粉丝和观众。

自 2020 年 4 月 1 日罗永浩进行首次直播带货以来，"交个朋友直播间"已经成为了中国头部的直播电商和新媒体营销机构之一。该直播间拥有超过 1200 人的专业团队，包括主播、编导、摄像、后期等人员，能够为消费者提供全方位的购物体验和服务。截至目前，该账号已经积累了 2360.5 万粉丝，如图 6-20 所示。

图 6-20　"交个朋友直播间"账号主页

交个朋友直播间以多样化的产品选择、专业的直播内容和高品质的服务为优势，不断拓展市场和业务范围。除了直播带货外，该直播间还提供供应链支持、自有品牌开发、直播培训学校和代运营业务等多元化服务。就产品运营方面，"交个朋友直播间"有诸多值得学习的地方。

（1）注重品质和性价比："交个朋友直播间"在选品时非常注重产品的品质和性价比，他们选择的产品不仅质量可靠，而且价格合理，让消费者能够以实惠的价格购买到高品质的产品。

（2）追求创新和差异化："交个朋友直播间"注重产品的创新和差异化，他们选择的产品不仅符合当下消费者的需求，而且具有独特的卖点，能够吸引更多的消费者关注。

（3）考虑受众需求和喜好："交个朋友直播间"在选品时会考虑受众的需求和喜好，选择不同类型的产品，满足不同消费者的需求。例如，他们选择的产品包括美妆、家居、数码、食品等多个领域，以满足不同消费者的需求。

（4）结合热点话题和活动："交个朋友直播间"会结合热点话题和活动进行选品的策划和推广，例如，在重要的促销活动期间，他们会选择与活动主题相关的产品进行推广，并提供相应的优惠和促销活动，以吸引更多的消费者关注和购买。

（5）筛选合作品牌："交个朋友直播间"在筛选合作品牌时，会考虑品牌的信誉、产品质量、市场口碑等因素，以确保所推荐的产品质量可靠、信誉良好，让消费者能够放心购买。

由此可见，"交个朋友直播间"严谨的选品逻辑为其产品运营带来了良好的效果和口碑。

在定价方面，"交个朋友直播间"的产品定价综合考虑成本及利润率、市场竞争、品牌影响力和消费者心理等多个因素。以下是一些实例。

（1）成本及利润率：在确定产品价格时，"交个朋友直播间"会首先考虑产品的成本，包括采购成本、生产成本、物流成本等，以及期望的利润率。例如，对于一款手机壳，如果采购成本是10元，生产成本是5元，物流成本是2元，期望的利润率是30%，那么这款手机壳的成本为10+5+2=17（元），30%的利润率为5.1元，合计为17+5.1=22.1（元）。

（2）市场竞争："交个朋友直播间"会关注竞争对手的产品定价策略，了解市场行情和消费者需求，以制定更具竞争力的价格策略。例如，如果竞争对手的手机壳价格是20元，"交个朋友直播间"可能会考虑将价格定在18元或19元，以吸引更多的消费者购买。

（3）品牌影响力：如果品牌具有较高的知名度和信誉度，那么产品价格可以适当提高，以体现品牌的附加值。例如，如果"交个朋友直播间"与知名品牌合作推出联名款商品，那么价格可能会比普通商品更高，但因为品牌的影响力，消费者仍然愿意购买。

（4）消费者心理："交个朋友直播间"会考虑消费者的心理因素，如果消费者普遍认为某些价格区间合理且可以接受，那么直播间就会根据这些信息来制定价格策略。例如，对于一款日常用品，消费者可能更愿意购买价格在10～20元的商品，那么交个朋友直播间可能会将价格定在15元左右，以吸引更多的消费者购买。

"交个朋友直播间"的产品定价策略是一个综合考虑多个因素的过程，通过制定合理的价格策略，可以提高竞争力、增加销售额和提升品牌影响力。

课后作业

1. 举例说明4类新媒体营销产品。
2. 分析一个人气较高的直播间使用了哪些定价技巧。
3. 简要说明产品各个生命周期的调整运营重点。

项目7 社群运营与管理

社群在新媒体运营中具有重要的地位和价值。通过社群运营与管理，新媒体运营人员可以更好地了解用户需求，与用户建立紧密的联系，提高用户黏性和忠诚度，同时也可以促进品牌传播和产品销售。因此，新媒体运营人员应该重视社群运营与管理的实践和研究。

本项目将帮助大家认识社群运营，并详细讲解社群平台的管理与维护、社群运营方法与技巧等内容。

本项目学习要点：

（1）了解社群运营的概念与特点。

（2）了解社群运营的优点与商业价值。

（3）熟悉常见的社群运营平台。

（4）掌握社群的日常管理与维护方法。

（5）掌握社群运营的方法与步骤。

（6）掌握提升社群活跃度和成交率的方法。

（7）掌握保持社群热度的技巧。

任务7.1　认识社群运营

新媒体运营人员在掌握社群运营方法与技巧之前，应该先认识社群运营的概念、社群运营特点、社群运营的商业价值等基础内容，本任务旨在帮助大家快速了解社群运营。

子任务7.1.1　社群运营的概念与特点

企业可以通过社群运营更好地了解用户需求、提高用户黏性、扩大品牌影响力等。而实现这一切的前提是对社群运营概念、特点的准确理解，下面就逐一讲解这些内容。

1. 社群运营的概念

社群运营是指通过特定方式将一群人聚集在一起，基于他们共同的兴趣爱好和目标，让他们持续地沟通交往，从而形成一种强烈的群体意识。简单来说，社群运营就是利用用户相似的兴趣爱好和需求，通过各种社交媒体平台（如微信、QQ 等）将用户聚集在一起，再通过合适的产品或服务来满足用户需求，以此实现商业价值。

社群运营工作主要包括建立社群、管理群组、关注社群成员的变化，以及为社群成员提供价值。通过这些工作，可以有效促进社群成员之间的互动和交流，增强社群成员的归属感和认同感，同时也可以吸引更多的用户加入社群，扩大社群规模。

首先，在社群运营中，运营人员需要密切关注社群成员的变化，包括成员的加入、离开和活跃度的变化等。对于这些变化，运营人员需要做出及时的应对措施，例如，对于离开的成员要了解原因并挽留，对于新加入的成员要及时欢迎和引导等。

其次，社群运营的核心是为社群成员提供价值，只有当社群能够为成员提供有价值的内容和服务时，才能吸引更多的成员加入并留下来。因此，运营人员在社群运营中需要注重提供高质量的内容和服务，同时也要积极回应成员反馈和需求，不断优化和改进社群运营的策略和方法。

2. 社群运营的特点

社群运营具有成员量级大、成员自驱动、了解成员需求、具有共同属性、情感营销、传播速度快和时间碎片化等特点，如图 7-1 所示。

这些特点使得社群运营成为一种非常有效的营销和运营手段。通过构建有共同兴趣爱好和目标的社群，实现用户互动、情感营销、自行运转、碎片化传播和快速传播，从而实现社群运营的商业价值。

（1）成员量级大：社群运营依靠用户自发建立和管理，可以覆盖成千上万的精准用户。通过管理这些

图 7-1　社群运营的特点

用户，社群可以实现精准营销，提高销售额。

（2）成员自驱动：在社群运营模式下，成员会自愿主动地抽出自己的时间和资源去策划和推进社群活动。这种用户自驱动的模式可以更好地调动用户的积极性和创造力，让成员有更多的施展机会。

（3）了解成员需求：社群运营模式下，成员会参与社群管理，这使得运营人员可以更好地了解成员需求，更准确地把握成员需求，从而策划出用户喜欢的活动。

（4）具有共同属性：社群中的用户通常具备某些共同属性，拥有共同语言。这个属性所覆盖的人群可多可少，只要是特点明显并且可以明确区分的就是成立的。例如，某个明星的粉丝、某个特定领域的专业人士、某个地域的居民，等等。

（5）情感营销：通常会采用情感营销的方式运营社群，如关心、关注社群成员，与成员互动等，让成员感受到社群的温暖，使相互之间产生情感联系。这种情感联系可以增强用户对社群的归属感和忠诚度，从而促进社群的运营和发展。

（6）传播速度快：社群中信息的传播速度非常快，短时间内就可以让更多的人了解到社群的活动和信息，从而更好地推广社群。

（7）时间碎片化：社群运营中的信息交流是碎片化的，成员可以在不同的时间段进行交流和互动，同时也可以根据自己的兴趣和需求选择不同的话题进行交流。

子任务7.1.2 社群运营的优点

社群运营除了具有信息传播速度快、时间碎片化等特点外，还具备门槛低、营销成本低等优点，这也是众多企业都比较重视社群运营的原因。总体而言，社群运营优点如图7-2所示。

1. 门槛低

社群运营已经成为现代营销的重要手段，能开展社群运营的平台众多，如微信群、抖音群、微博群及微信公众号等。这些平台的操作简单易上手，不仅适合个人用户，也适合各种类型的企业用户，甚至小微企业也无须担心门槛问题，少数员工即可通过微信群展开社群运营，实现有效推广。

图7-2 社群运营的优点

2. 成本低

相较于其他推广方式，社群运营的投入成本相对较低。尤其在社群发展成熟后，往往会有稳定的忠实用户主动维护群内环境，使得企业无须再另行安排专业运营人员。此时，企业只需在群内发布有关活动和品牌的信息，即可实现有效的推广和宣传。

3. 精准营销

社群成员主要基于圈子和人脉组成，因此他们具有更多的共同兴趣和需求。这一特点使得营销更加精准。例如，你是一位热爱美食的人，你在某社交媒体上发现一个名为"本地美食探索"的社群，你加入这个社群，并开始关注他们的推荐，然后根据社群推荐去品尝，最终找到了自己喜欢的餐厅和菜品，同时也通过参与社群活动和讨论结识了很多志同道合的人。社群利用成员的共同兴趣和需求实现了精准营销，成功推荐当地餐厅并组织线下活动等，提高用户的忠诚度和参与度。

4. 实现用户留存

通过提供有价值的内容和服务，建立社群互动机制、用户激励机制，营造积极的社群氛围，建立口碑传播机制等多种方式，社群运营可以帮助企业增加成员的归属感和认同感，提高用户留存率，从而实现商业价值。

子任务7.1.3　社群运营的商业价值

我们知道，社群具有门槛低、成本低、精准营销等诸多优点，利用好的话会产生很大的商业价值。社群运营的商业价值是通过深度了解成员需求、建立品牌形象和实现流量变现等方式，帮助企业与成员建立更紧密的联系，进而使用相关流量变现方式提高销售业绩来实现的。

社群运营的商业价值主要体现在以下几方面。

1. 提供市场营销渠道

社群成员之间的互动和交流为企业提供了一个直接的市场营销渠道。通过社群，企业可以与潜在客户建立联系，了解他们的需求和偏好，从而更好地定位产品和服务。企业可以通过社群中的口碑传播、产品推荐和用户评价等方式，提高品牌知名度，进而提高产品销售量。

2. 产品创新与优化

社群运营可以帮助企业更好地了解用户需求和反馈，进而进行产品的优化和创新。通过与成员互动，企业可以及时获取成员对产品的意见和建议，针对性地改进产品和服务，提高用户满意度。同时，社群也可以为企业提供创新思路和灵感，促进企业产品的研发和创新。

3. 建立品牌形象

社群运营可以帮助企业建立积极的品牌形象，增强成员对企业的信任和忠诚度。通过与成员互动和交流，企业可以在用户心中树立积极形象，提高品牌知名度和美誉度。同时，社群成员的反馈和建议也可以帮助企业及时修正和改进产品和服务，提高成员的满意度和对企业的忠诚度。

4. 广告变现

社群运营可以通过广告变现实现商业价值。社群作为一种媒体形式，可以投放广告，从而实现广告收入。不过，广告变现需要谨慎处理，避免对用户体验造成负面影响。

5.电商变现

社群电商是社群运营的重要商业价值之一。社群成员可以在社群中分享和推荐商品，引导其他成员购买。通过社群电商，企业可以将潜在客户转换为实际购买力，提高产品销量和品牌收益。

6.会员费变现

社群运营可以通过收取会员费的方式实现商业价值。社群成员可以通过付费的方式成为社群会员，享受社群提供的专属服务和资源。这种方式可以帮助社群运营者实现收益，并提高社群成员的参与度和黏性。

总之，社群运营的商业价值体现在提供市场营销渠道、产品创新与优化、建立品牌形象、广告变现、电商变现及会员费变现等多个方面。通过充分利用这些商业价值，企业可以更好地实现商业目标，提高自身的竞争力和市场占有率。

任务7.2　社群平台的管理与维护

社群是一种基于成员共同兴趣、需求和价值观形成的社交群体，它可以通过有效的管理，实现品牌与目标受众之间的精准营销和有效互动。

子任务7.2.1　常见的社群运营平台

（1）微博：微博是一个社交媒体平台，企业可以在微博上建立社群，进行品牌推广、营销活动策划等。

（2）微信：微信是一个拥有十多亿用户的社交媒体平台，企业可以在微信上创建微信群，并通过微信群向用户发送消息，与用户进行互动。例如某企业向群内用户发送的产品信息如图7-3所示。

（3）QQ：QQ是一个拥有数亿用户的社交媒体平台，企业可以在QQ上建立群组，向成员发送消息、分享资源等，还可以与成员互动。

（4）知乎：知乎是一个知识分享社区，企业可以在知乎上建立话题、参与讨论、分享经验等，与用户进行互动。

（5）小红书：小红书是一个以年轻女性为主要受众的社交媒体平台。企业可以在小红书上建立社群，分享美妆、穿搭、旅游等心得体会。

图7-3　发送产品信息

（6）钉钉：钉钉是一款企业级通信工具，企业可以在钉钉上建立内部通讯录、召开会议、分享文件等。

子任务7.2.2　社群的日常管理与维护

创建社群之后，必须对社群进行有效的管理与维护，才可能发挥社群的价值和作用。社群的日常管理与维护主要包括社群规划与目标设定、成员招募与审核、内容管理、互动管理、社群运营与推广、社群监控与维护、客户服务与支持以及纠纷和问题处理等多个方面的内容。

1. 社群规划与目标设定

社群规划与目标设定是指在建立一个社群之前，要明确社群的目标及定位，并制定相应的社群运营策略和发展规划。

首先，明确社群目标和定位是非常重要的。社群的目标是指社群运营期望达到的结果，而社群的定位是指社群在特定领域或在目标用户群体心中的位置和特色。通过明确目标和定位，可以使社群的成员在共同的目标和定位下协同合作，共同发展。

例如，有一家健身房想要建立一个社群。他们的目标是促进健身意识的普及和增加健身房的会员数量。而在定位方面，他们决定将社群定位为一个健身爱好者的聚集地，提供健身知识分享和健身交流的平台。

其次，制定社群策略和发展规划是实现社群目标的关键步骤。社群策略是指为了实现目标而采取的行动和方法，而发展规划是指社群从起步到成熟发展的整个过程。

对于上述健身房的社群来说，他们制定的社群策略包括定期举办健身讲座和培训，提供专业的健身指导，并与健身爱好者建立联系和沟通渠道。他们的发展规划包括逐步扩大社群的规模和影响力，与其他健身机构合作举办大型活动，吸引更多的潜在会员加入。

总体来说，社群规划与目标设定对于建立和发展一个有活力和影响力的社群非常重要。通过明确社群的目标和定位，制定相应的策略和规划，可以更好地吸引和留住目标用户群体，提高社群的凝聚力和影响力。

2. 成员招募与审核

积极招募符合社群定位和目标的成员可以帮助社群吸引更多的潜在用户，并增加社群的活力和影响力。同时，对申请加入的成员进行审核是为了确保社群的成员质量和合适性，以维护社群的稳定和良好的互动环境。

在成员招募方面，社群可以通过社交媒体、合作伙伴关系、内部推荐等途径积极招募成员，如图 7-4所示。

（1）社交媒体：在相关的社交媒体平台上，发

图 7-4　招募成员的途径

布关于社群的介绍和招募信息，吸引潜在用户加入社群。例如，某饮品店在公众号平台上发布的社群招募信息，通过买一送一等优惠活动，吸引用户加入社群，如图 7-5 所示。

（2）合作伙伴关系：与相关领域的机构或组织建立合作伙伴关系，互相推荐和宣传，增加社群的知名度和吸引力。

（3）内部推荐：社群成员可以将他们的朋友或同事推荐给社群，以扩大社群的成员基础。

在成员审核方面，社群可以采取以下措施来确保成员的质量。

（1）申请表格：要求申请加入社群的用户填写申请表格，了解他们的个人信息、兴趣爱好和意向加入社群的原因。

（2）面试或访谈：通过面试或访谈的方式更深入地了解申请加入的成员，掌握他们的背景和动机，评估他们是否符合社群的定位和目标。

（3）参考推荐：社群成员可以提供对申请成员的推荐信或背景参考，以帮助审核过程。

图 7-5　某饮品店发布的社群招募信息

需要注意的是，审核成员时应遵循公正、透明和客观的原则，不应基于个人偏见或歧视。同时，社群也要灵活地根据成员的特点和社群发展的需要来制定审核标准和流程。

通过积极招募并精心审核成员，社群可以保证成员的质量，并促进社群的良好互动和共同发展。

3. 内容管理

内容管理是社群运营中非常重要的一环，它涉及管理和监督社群内成员发布的内容，确保内容的质量和合适性。以下是一些关键的内容管理方法。

（1）内容审核：社群管理员对成员发布的内容进行审核，以确保内容符合社群的主题和规范。审核的标准可以包括内容的真实性、合法性、合适性等。

（2）内容监控：社群管理员定期监控社群内的内容，注意关注是否有低质量、不当或违反规定的内容出现。通过及时的监控，可以避免不良内容的扩散，并采取相应措施进行处理。

（3）引导与激励：社群管理员可以通过主动引导成员发布有价值的内容，鼓励他们分享经验、交流观点和提供有用的资源。定期组织比赛、活动和奖励制度，以激励成员积极参与社群，并提供优质内容。

（4）专家贡献：邀请领域专家或意见领袖定期分享专业知识和见解，提供高质量的内容。专家贡献可以提升社群的声誉和吸引力，也可以帮助成员获取有价值的信息和资源。

（5）用户反馈：鼓励社群成员对其他成员的内容进行评价和反馈。通过用户反馈，可以了解成员对内容的满意度和需求，从而进一步优化内容管理策略。

需要强调的是，内容管理应遵循透明、公正和公平的原则，尊重成员的言论自由，并充分尊重知识产权。同时，管理员应积极与成员互动，回应成员的问题和反馈，增进社群的互动和凝聚力。

通过良好的内容管理，社群可以保证提供丰富、有价值和符合社群主题的内容，提升社群的知名度和影响力，并吸引更多的潜在用户加入。

4. 互动管理

互动管理是社群运营中的一个重要方面。它涉及促进社群成员之间的互动和交流，组织活动，制定互动规则，并引导讨论和知识分享。以下是一些关键的互动管理方法。

（1）社群活动：定期组织线上或线下的活动，例如讨论会、学习班、座谈会等。这些活动可以增加成员之间的互动机会，促进社群的凝聚力和活跃性。活动的策划和组织应根据成员需求和目标定位，提供有趣、实用和互动性强的内容。

（2）知识分享：鼓励社群成员分享自己的经验、见解和学习资源。可以设立专门的板块或话题，供成员发布有关知识分享的内容。管理员可以邀请专家或意见领袖分享他们的专业知识和观点，以激发成员的讨论和学习兴趣。

（3）互动规则制定：制定明确的互动规则，明确禁止或限制不当言论、商业广告等行为。互动规则应公正、合理，并通过管理员的引导和监督得到执行，这有助于维护社群的秩序和良好的互动环境。

（4）引导讨论：管理员可以通过提出问题、分享有趣的话题或主持线上讨论，引导成员之间的交流和讨论。同时，管理员应积极回应成员的问题和讨论，激发更多的参与和交流。

（5）激励机制：设立激励机制，鼓励成员积极互动和贡献。例如，设立积分或奖励制度，对活跃参与者进行奖励或表彰。这有助于增加成员参与度和互动频率。

通过激励机制，社群可以建立积极互动的氛围，促进成员之间的交流和协作，提高社群的凝聚力和参与度。此外，社群管理员的积极引导和参与，对互动管理起到了至关重要的作用。

5. 社群运营与推广

社群运营与推广是社群发展过程中至关重要的一环，它涉及制定社群运营策略和推广计划，以增加社群的活跃度和知名度，吸引更多的目标用户加入社群。以下是一些关键的社群运营与推广方法。

（1）社交媒体推广：利用社交媒体平台，例如微博、微信公众号、Facebook等，发布社群相关的内容、活动以及成员的互动等，吸引用户关注和加入社群。

（2）内容营销：通过精心设计的内容营销策略，提供高质量的内容，与目标用户建立连接和共鸣。可以定期发布有价值的文章、教程、研究报告等，吸引目标用户的关注和加入。例如，某美食类微信群，每天都为群中的用户分享一两道菜谱，如图 7-6 所示。

图 7-6　某美食类微信群定期发布的菜谱

（3）口碑传播：鼓励社群成员主动分享和宣传社群，提供分享功能和奖励制度，通过成员的口碑传播，扩大社群的影响力和知名度。

（4）合作伙伴关系：与相关领域的机构或组织建立合作伙伴关系，互相推荐和合作，扩大社群的曝光度和用户群体。

（5）线下活动：组织线下交流会、讲座、研讨会等活动，提供面对面的交流和互动机会，加强社群成员之间的联系和关系。

（6）数据分析与优化：使用数据分析工具，对社群活动和推广效果进行跟踪和分析。根据分析结果进行调整和优化，确保社群推广策略的效果和可持续性发展。

需要强调的是，社群运营与推广需要持续和有计划地进行，根据不同阶段和需求，制定相应的策略和计划。同时，与成员和目标用户的互动和沟通也是社群运营与推广的重要手段之一。

通过有针对性的社群运营与推广，可以增加社群的知名度和用户参与度，吸引更多的目标用户加入社群，推动社群的发展和壮大。

6.社群监控与维护

社群监控与维护是社群运营中不可或缺的一项工作，通过监控社群活跃度、用户参与度和内容质量，并及时解决问题，能够维护社群的和谐与稳定，提升用户体验，推动社群的发展。

监控社群的活跃度是指密切关注社群成员的互动情况，例如发帖数量、点赞和评论数量等，通过数据分析来评估社群的活跃程度。如果发现社群的活跃度下降，可以采取相应措施，例如举办活动、提供优惠等，来吸引成员积极参与。

用户参与度监控是指关注社群成员在社群中的参与程度，例如参与讨论、提出建议等。通过观察用户参与度，可以了解社群成员的需求和兴趣，并针对性地提供相关内容和服务，进一步提高用户参与度。

内容质量监控是指对社群中的内容进行评估，包括原创性、有价值性、准确性等方面。通过定期审核和评估社群中的内容，可以发现低质量或不适宜的内容，及时进行处理和删除，以确保社群中的内容质量和声誉。

及时发现和解决问题是社群监控与维护的重要环节。通过对社群中用户的反馈和投诉进行搜集和分析，能够及时发现潜在问题，防止问题扩大化。同时，及时回应用户的问题和投诉，解决用户的疑惑和困扰，保持社群的和谐和稳定。

7. 客户服务与支持

提供及时的客户服务和解决困扰，能够满足成员的需求，增强成员对社群的信任和认同感。保持与成员的良好关系，则能够提高用户留存率，促进社群的持续发展。因此，客户服务与支持在社群运营中具有重要意义。客户服务与支持是维护良好社群关系的重要环节，主要包括以下几方面。

（1）提供及时的客户服务：社群成员有问题或困扰时，能够及时给予回应和解决方案。例如，在社群中设立专门的客服渠道，及时回复成员的咨询和反馈。

（2）回答成员的问题：社群成员可能会提出各种问题，需要运营人员提供准确、清晰、友好的回答。不仅能解决成员的困扰，还能增加用户满意度，促进用户参与度。

（3）解决困扰：社群成员可能会遇到各种问题和困扰，例如账号问题、技术难题等。当这些问题出现时，运营人员应积极配合，协助成员解决问题，提供有效的解决方案。

（4）保持与成员的良好关系：运营人员应与社群成员建立起良好的沟通和互动关系，对成员的需求和问题保持敏感，关注成员的反馈和建议，及时回应和改进。通过与成员的良好互动，建立社群的信任和黏性。

8. 纠纷和问题处理

纠纷和问题处理是社群管理中必不可少的一项任务，它涉及及时解决社群成员之间的冲突和协助解决成员的问题，以维护社群的和谐和稳定。

以下是处理纠纷和问题的一般步骤，如图 7-7 所示。

（1）搜集信息和了解情况：在处理纠纷和问题之前，需要全面了解事态发展的经过，并收集有关的证据和信息。

（2）聆听和分析：了解各方的观点和意见，尽可能全面地聆听不同的声音，并进行分析和判断，客观公正地评估问题。

图 7-7　处理纠纷和问题的一般步骤

（3）积极介入和调解：积极介入冲突双方，以平和的态度和专业的方法进行调解，帮助双方寻找解决问题的办法，促进双方的理解和沟通。

（4）提供解决方案：根据问题的性质和情况，提供可行的解决方案，例如协商、调解、补偿等，以妥善解决纠纷和问题。

（5）及时回应和跟进：对成员的投诉和反馈要及时回应，给予合理的解释和处理结果，确保成员的合理权益得到保护。

（6）吸取教训和改进：对于处理纠纷和问题的过程，要及时总结经验教训，并进行改进，以提升社群管理的水平和效果。

通过及时处理社群中的纠纷和问题，回应成员的投诉和反馈，能够有效维护社群的和谐和稳定，并增强成员对社群的信任和满意度。同时，处理纠纷和问题也是社群管理和维护的重要职责之一，对于促进社群的健康发展具有积极的作用。

任务7.3　社群运营方法与步骤

很多企业都有社群运营板块，但只有少部分企业能通过社群运营裂变用户，生成更多订单。究其原因，离不开社群运营的方法。新媒体运营者在社群运营过程中，应注意一些方法技巧。

子任务7.3.1　社群运营的方法

当我们创建一个社群后，接下来就是对社群进行运营，那么，社群运营通常有哪些方法呢？下面为大家列举了几种常见的社群运营方法。

1.制定明确的目标

制定明确的目标是社群运营的第一步，通过设定明确的目标和愿景，让社群成员共享同样的价值观和目标，从而有助于社群运营的成功。

2.提供高质量的内容

提供高质量的内容是社群运营的关键，通过创作有价值和有趣的文章、视频、图片等内容，吸引并留住社群成员，为社群提供丰富的资讯和娱乐，进而增加社群的吸引力和影响力。

3. 激发参与和互动

激发参与和互动是社群运营的重要环节，可以通过鼓励社群成员积极参与，包括提问、评论、分享观点等行为，也可以通过问答、讨论、投票等方式促进社群成员之间的互动，增强社群的活跃度和凝聚力。

4. 定期组织活动

定期组织活动是社群运营的重要一环，无论是线下还是线上的活动，都可以有助于增加社群成员之间的联系，并增进他们的归属感和参与度。

首先，定期组织线下活动如会议、研讨会等，可以提供与社群成员面对面交流的机会。这样的活动可以促进成员间的互动和碰撞思想，共同探讨感兴趣的话题，加深彼此的了解和认知。此外，通过线下活动，社群成员还可以建立更加真实和密切的联系，增进彼此之间的信任和友谊。例如，某微信群组织了一场线下培训活动，并在群公告中发布培训活动的主要内容和时间，为社群成员提供交流机会，如图 7-8 所示。

另外，线上的活动也扮演着重要的角色。例如游戏比赛、线上讲座、知识分享等，使得社群成员无论身处何地都能参与其中。线上活动具有互动性强、便捷、全球范围内参与等特点，能够更广泛地吸引社群成员的参与，促进他们之间的交流与合作。

通过定期组织线下和线上活动，社群运营者可以提

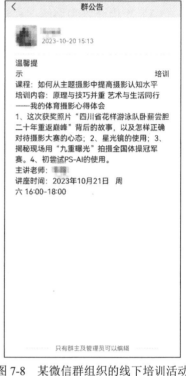

图 7-8　某微信群组织的线下培训活动

供一个平台，让成员们在活动中互相交流、分享经验、展示才华，从而增进彼此的联系和沟通。这样的活动不仅可以增加社群成员的互动和归属感，也能够进一步增强社群的凝聚力和活跃度。

5. 社群管理

社群管理是确保社群的秩序和稳定，处理纠纷和冲突，以及保持社群的活跃度和健康发展的重要工作。

首先，社群管理需要建立明确的规则和准则，确保社群成员遵守这些规则并遵循共同的价值观和道德标准。这些规则可以包括言论规范、行为规范、版权保护等，通过设立这些规则可以维护社群的秩序和稳定。例如，某微信群公告中明确规定了该群所发布的内容范围，若发布违规内容，则有可能被群主踢出该群，如图 7-9 所示。

其次，社群管理者需要及时处理社群中的纠纷和冲

图 7-9　某微信群公告

突。这包括了解冲突的背景和原因，倾听各方的意见和诉求，并采取适当的措施解决问题。通过公平、公正和有效的纠纷处理，可以维护社群的和谐氛围和成员之间的良好关系。

此外，社群管理者需要持续关注社群的活跃度，引导社群健康发展。可以通过不断激发成员的参与和互动，提供有价值和有趣的内容，定期组织活动等方式来保持社群的活跃度。同时，社群管理者还可以通过定期的反馈和调研，了解成员的需求和意见，及时进行调整和改进，使社群持续发展并满足成员的期望和需求。

总而言之，社群管理者在维护社群秩序和稳定的同时，还应注重处理纠纷和冲突，保持社群的活跃度和健康发展。通过有效的管理措施，社群管理者可以创建一个积极、友好和有益的社群环境，让每个成员都感到舒适和受到尊重，从而促进社群的繁荣和成长。

6. 与社群成员建立密切联系

与社群成员建立密切联系是社群运营的关键之一。以下是几种与社群成员保持联系的方式。

（1）积极互动：与社群成员积极互动，回复他们的问题、评论和反馈。通过及时回复和关注他们的需求，建立社群成员与运营者之间的互动和信任。

（2）提供多样的沟通渠道：通过多样化的沟通渠道，如邮件、社交媒体、在线聊天等，与社群成员进行沟通。不同的渠道可以满足不同成员的喜好和习惯，增加联系的便利性和有效性。

（3）定期更新和通知：定期向社群成员更新社群的活动、新闻、资源等信息。通过邮件列表、社交媒体或专门的社群平台，向成员发送定期通知，保持他们对社群动态的了解。

（4）定期调查和调研：定期进行调查和调研，了解社群成员的需求、意见和建议。通过收集反馈和意见，及时调整社群运营策略，以便提供更好的服务。

（5）创造互动和参与的机会：通过举办问答、讨论、投票等活动，鼓励社群成员积极参与。提供平台让成员主动表达观点、分享经验和知识，增加社群成员之间的互动和参与度。

通过与社群成员建立密切联系，社群运营者可以更好地了解成员的需求和意见，建立良好的沟通和信任关系，进而促进社群的发展和成员的参与度。

7. 与其他社群合作

合作是社群发展中非常重要的一环，与其他相关的社群合作可以带来许多益处，比如扩大影响力、分享资源、互换经验、提供更丰富的活动内容、增加社群的资源等，如图 7-10 所示。

图 7-10　与其他社群合作的益处

（1）扩大影响力：与其他社群合作可以共同推广活动或项目，吸引更多的参与者和关注度，扩大社群的影响力和知名度。

（2）分享资源：不同社群可能拥有不同的资源，通过合作可以互相分享资源，如场

171

地、设备、人力等，提高效率并降低成本。

（3）互换经验：与其他社群合作可以促进经验和知识的交流，分享彼此的成功经验和教训，相互学习借鉴，提高自身的发展能力。

（4）提供更丰富的活动内容：合作可以丰富社群的活动内容，举办联合活动或项目，融合双方的特色，吸引更多的参与者和观众。

（5）增加社群的资源：合作可以汇集不同社群的资源，如人才、影响力、资金等，为社群的发展提供更广阔的空间和可能性。

在与其他社群合作时，需要注意以下几点。

（1）确定合作目标：明确合作的目的和期望，确保双方的利益一致，避免合作过程中出现分歧和冲突。

（2）寻找合适的合作伙伴：选择与自己领域或内容相关的社群进行合作，有共同的目标和价值观，能够互相补充和支持。

（3）建立良好的沟通合作机制：建立良好的沟通渠道和合作机制，及时沟通并共享信息和资源，确保合作的顺利进行。

（4）明确责任和权益：明确各方在合作中的责任和权益，确保合作的公平和公正，避免出现资源不均和利益不对等的情况。

（5）及时总结和评估：合作结束后，及时总结合作的经验和教训，评估合作的成效和效果，为今后的合作提供参考和改进。

综上所述，与其他社群合作是扩大社群影响力和获取资源的有效方式，需要明确合作目标、寻找合适的合作伙伴、建立良好的沟通机制，明确责任和权益，并注重总结和评估合作效果，为社群的发展带来更多机遇和可能性。

8.数据分析和优化

数据分析和优化是社群运营中至关重要的一环。通过定期分析社群的运营数据，可以了解社群的当前状态和趋势，找出问题和瓶颈，并采取相应的优化措施，持续改进社群的运营效果。社群运营数据分析的内容包括用户增长分析、活跃度分析、参与度分析、内容效果分析以及反馈分析，如图 7-11 所示。

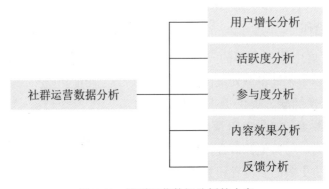

图 7-11　社群运营数据分析的内容

（1）用户增长分析：分析社群的用户增长情况，了解用户来源、转化率等关键指标，找出用户增长的瓶颈和机会。根据分析结果，制定相应的增长策略，如改进推广方式、增加用户留存等。

（2）活跃度分析：分析社群成员的活跃度，如日均活跃用户数、活跃用户占比等，了解用户参与度和留存情况。通过分析活跃度数据，找出活跃度低下的原因，并采取措施提高用户参与度，如推出有吸引力的内容、开展有趣的活动等。

（3）参与度分析：分析社群成员的参与度，如发帖、评论、点赞等行为，了解社群成员的参与情况。通过分析参与度数据，找出参与度较低的原因，并采取措施增加社群成员的参与度，如提供更多互动机会、优化用户体验等。

（4）内容效果分析：分析社群发布的内容的效果，如阅读量、转发量、互动量等指标，了解哪些类型的内容更受欢迎和有影响力。通过分析内容效果数据，找出内容发布的问题和机会，并优化内容策略，提供更有价值和受欢迎的内容。

（5）反馈分析：分析社群成员的反馈和意见，了解用户的需求，找出社群运营中存在的问题和改进的方向。通过分析反馈数据，及时回应用户的需求，并进行社群运营的调整和改进。

除了数据分析以外，在进行社群运营时还需要注意以下几点。

（1）数据质量保证：确保收集到的数据准确可靠，使用适合的数据分析工具和方法进行数据处理，避免做出错误的决策。

（2）定期更新数据分析：数据分析和优化是一个持续改进的过程，所以需要定期更新数据，并进行分析和优化。

（3）多维度分析：考虑多个维度的数据指标，如用户增长、活跃度、参与度等，综合分析社群的整体运营情况，而不仅仅关注单一指标。

（4）跟踪并监测优化效果：在采取优化措施后，跟踪和监测优化效果，观察指标的变化和改善情况，及时调整和改进优化策略。

数据分析和优化是社群运营的关键环节，通过准确的数据分析和及时的优化措施，可以不断提升社群的运营效果和用户体验，推动社群的健康发展。

以上是一些常见的社群运营方法，具体的运营策略需要根据不同社群的需求和特点进行调整和优化。

子任务7.3.2 社群运营的步骤

社群运营的步骤主要包括确定目标和定位、招募和吸引社群成员、提供有价值的内容、促进互动和参与、组织线上／线下活动、强化社群管理、保持沟通和联系以及数据分析和优化，如图7-12所示。

（1）确定目标和定位：明确社群的目标和定位，确定所要管理的社群类型和主题，明确目标受众。

（2）招募和吸引社群成员：通过各种渠道招募符合目标受众的社群成员，提供真实的价值和吸引力，吸引更多人加入社群。

图 7-12　社群运营的步骤

（3）提供有价值的内容：根据目标受众的需求和兴趣，提供有价值、有趣的内容，包括文章、视频、图片等，以吸引和留住社群成员。

（4）促进互动和参与：鼓励社群成员之间的互动和参与，提供平台和机会，如提问、讨论、投票等，营造积极的互动氛围。

（5）组织线上/线下活动：定期组织社群成员参与线上或线下活动，如会议、研讨会、游戏比赛等，增进社群成员之间的交流和联系。

（6）强化社群管理：建立明确的规则和准则，维护社群秩序，解决纠纷和冲突，确保社群长期稳定的健康发展。

（7）保持沟通和联系：与社群成员建立密切的联系，通过不同的沟通渠道回答问题、提供支持、收集反馈，并定期向社群成员更新信息和动态。

（8）数据分析和优化：数据分析和优化是社群运营中至关重要的一环。通过定期分析社群的运营数据，可以了解社群的当前状态和趋势，找出问题和瓶颈，并采取相应的优化措施，持续改进社群的运营效果。

这些步骤可以帮助社群运营者构建和管理一个积极、活跃和有价值的社群，并与社群成员建立良好的互动关系。

子任务7.3.3　如何提升社群的活跃度和成交率

活跃度和成交率是社群运营中非常重要的目标。提升社群活跃度和成交率的关键在于提供有价值的内容、建立良好的社区氛围，以及进行有效的营销策略。下面就为大家介绍一下提升社群活跃度和成交率的具体方法。

1. 提供有价值的内容

社群成员参与的核心动力之一是获得有价值的内容。通过提供有趣、实用和有深度的内容，吸引社群成员的注意并激发他们的参与。可以通过发布精心制作的文章、教程、案例分享等形式来提供有价值的内容。

2. 互动和参与机会

提供积极互动和参与的机会，例如发起讨论、参与投票、举办问答等，鼓励社群成员积极参与互动，增加社群的活跃度。

3. 个性化互动

了解和关注社群成员的兴趣和需求，根据不同群体提供个性化的互动和内容。可以通过问卷调查、用户反馈等方式获取信息，更好地满足社群成员的需求。

4. 创造社群活动

定期举办社群活动，如线下聚会、专题讲座、线上直播等，这些活动可以促进社群成员之间的互动、交流和合作，提高社群活跃度。

5. 奖励机制

设立奖励机制，激励社群成员的参与和贡献。可以给予积分、徽章、优惠券等形式的奖励，增加社群成员的积极性和参与度。

6. 社群管理

有效的社群管理可以促进社群的活跃度和成交率，管理者应及时回应社群成员的问题和反馈，保持良好的沟通和互动，营造积极的社群氛围。

7. 营销推广

通过适当的营销推广手段，将社群的价值和优势传达给更多的潜在用户。可以借助社交媒体、个人网络等渠道进行推广，吸引更多的用户加入社群。

8. 数据分析和优化

定期分析社群的运营数据，了解用户参与情况和转化率，并采取相应的优化措施。通过数据分析找出问题和改进点，不断优化社群运营策略，提升活跃度和成交率。

以上策略可以综合运用，不同的社群拥有自己的特点和目标用户，需要根据具体情况选择合适的策略，并不断调整和优化，才能提升社群的活跃度和成交率。同时，也要关注成员的反馈和需求，及时调整策略，保持社群的活力。

子任务7.3.4 如何保持社群热度

社群热度是指社群内部的活跃度和互动量。保持社群热度的方法有很多，以下是一些具体的技巧。

（1）提供有吸引力的内容：定期为社群成员提供有趣、有价值的内容，可以是文章、视频、图片等。内容应该符合目标群体的兴趣，能够引起他们的关注和参与。

（2）互动交流：鼓励社群成员之间的互动交流，可以通过提问、讨论话题、调查问卷等方式，激发会员们的参与度和黏性。

（3）感受组织温暖和归属感：建立一个友好、温暖的氛围，让社群成为成员们宣泄情感、分享经验和寻求支持的地方。组织活动可以增加社群成员之间的交流，让他们感受到归属感。

（4）社群管理：确保社群运营的有序和规范，解决成员遇到的问题和困扰。及时回答成员的提问，处理纠纷和争议，保持社群的秩序和稳定。

（5）持续推广：通过不同的渠道宣传社群的存在和优势，吸引更多的目标用户加入，扩大社群规模。

（6）社群活动：定期举办社群活动，包括线上和线下的聚会、培训、比赛等，增加成员之间的互动和参与度。

（7）主题活动：根据成员的兴趣和需求，策划一些特殊主题的活动，例如专题讲座、讨论会、行业研讨等。

（8）社群奖励：设立一些奖励机制，对积极参与社群活动的成员给予认可和奖励，激励其他成员参与和贡献。

总之，要保持社群的热度，需要不断提供吸引人的内容，积极互动交流，加强社群管理，定期举办活动，并给予成员适当的奖励和认可。

观看视频

课堂实训　健康饮食社群运营

1. 背景介绍

这是一个关于健康饮食的社群，主要成员是关注饮食健康、营养等方面的人。社群的建立目的是提供一个交流平台，让成员能够分享健康饮食的知识、经验和心得，互相帮助，共同追求健康生活。

2. 社群运营策略

这个健康饮食社群可以从制定规则、强化互动、建立小组、举办活动和定期反馈等方面入手制定社群运营策略，如图 7-13 所示。

图 7-13　社群运营策略的方向

（1）制定规则：在社群成立之初，制定基本的规则，如禁止发布广告、禁止发布不健康或虚假信息等，以保证社群秩序。

（2）强化互动：通过定期发布健康饮食相关的话题，引导成员讨论，增强社群活跃度。同时，鼓励成员分享自己的经验和故事，增强社群凝聚力。

（3）建立小组：根据成员的兴趣和需求，建立不同的小组，方便成员之间进行深入交流和合作。

（4）举办活动：定期举办线上或线下的健康饮食活动，如健康烹饪比赛、健康饮食讲座等，增强成员之间的互动和信任。

（5）定期反馈：定期对社群成员的反馈和评价予以关注和回复，对于表现积极的成员给予一定的奖励和荣誉，激励成员继续参与社群活动。

3. 社群运营成果

通过以上的运营策略，这个健康饮食社群取得了以下成果：

（1）成员数量稳步增长，目前已经有超过 2000 名成员。

（2）社群活跃度高，每天都有大量的讨论和分享。

（3）成员之间的互动频繁，形成了良好的社群氛围。

（4）通过举办活动，提高了成员的参与度和信任度。

（5）通过反馈和评价，激励了成员的积极性和创造力。

4. 总结与启示

这个健康饮食社群的成功运营得益于制定合理的规则、强化互动、建立小组、举办活动以及定期反馈等方面。通过这些策略，社群取得了良好的成果，为成员提供了一个有益的交流平台。

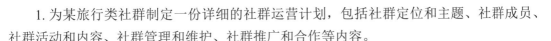

课后作业

1. 为某旅行类社群制定一份详细的社群运营计划，包括社群定位和主题、社群成员、社群活动和内容、社群管理和维护、社群推广和合作等内容。

2. 假设你是一名社群运营专员，请根据以下条件开展一次线上活动。

活动主题：读书分享会。

活动时间：周日下午。

活动平台：腾讯会议。

活动参与人群：大学生、文学爱好者。

活动流程：主持人介绍、读书分享、讨论交流、抽奖环节。

请根据以上信息，撰写该活动策划方案，包括活动目的、宣传方案、参与对象、流程安排等。

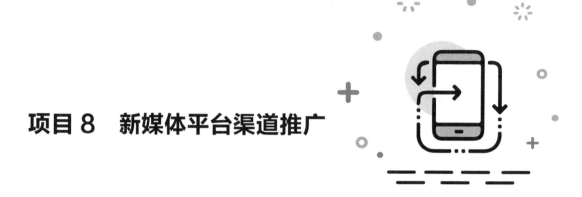

项目 8　新媒体平台渠道推广

　　新媒体平台的崛起，改变了传统的信息传播方式和品牌推广模式。在数字化时代，新媒体平台已经成为人们获取信息、交流思想的重要渠道。对于企业和品牌来说，如何在新媒体平台上进行有效推广，提高知名度、美誉度和销售量，已经成为一项重要的战略任务。

　　在进行新媒体平台推广时，需要针对不同的平台和目标用户，制定不同的推广策略和内容。本项目将为大家详细讲解短视频、社交、资讯、电商等不同类型新媒体平台的推广方式和技巧。

　　本项目学习要点：

　　（1）掌握短视频平台的推广方法和推广策略。

　　（2）掌握社交平台的推广方法和推广策略。

　　（3）掌握资讯平台的推广方法和推广策略。

　　（4）掌握电商平台的推广方法和推广策略。

任务8.1　短视频平台推广

短视频平台是一种提供短视频上传、分享、观看服务的平台，如抖音、快手等。这些平台通过提供便捷的上传工具和丰富的特效、音乐等功能，让用户能够轻松创作和分享短视频内容。短视频平台的推广方式包括发布有趣、有创意的短视频，利用平台提供的推广工具进行宣传，以及与网红或意见领袖合作等，旨在提高品牌曝光度和用户关注度。通过合理的短视频平台推广，企业能够吸引目标受众的关注和喜爱，提升品牌影响力和销售业绩。

子任务8.1.1　抖音推广

抖音是当下非常流行的短视频新媒体平台，它的用户数量庞大，其中不乏潜在的目标受众。在抖音平台上进行推广需要根据不同的推广目标和产品特点，选择合适的推广方式。具体来说，可以从以下几方面入手进行抖音推广。

1. 抖音直播

抖音直播是一种非常有效的推广方式。通过直播，企业可以与粉丝进行互动，增强品牌曝光度和影响力。在直播过程中，可以进行商品推广，增加销售额。例如，在抖音平台上可以看到很多卖货直播间在进行商品销售，如图 8-1 所示。

图 8-1　抖音平台上的卖货直播间

在抖音直播中，企业可以采取以下措施来提高推广效果。

（1）确定目标受众：在直播前，企业需要明确目标受众，以便更好地吸引他们的关注和互动。

（2）制作高质量的内容：直播需要制作高质量的内容，以吸引用户的关注和留存。内容可以包括产品介绍、使用方法、优惠活动等。

（3）与粉丝互动：在直播过程中，企业需要积极与粉丝进行互动，回答他们的问题，并引导他们关注和购买商品。

（4）打 call：通过打 call 的方式，可以增强品牌的影响力和曝光度。例如，可以在直播中宣传品牌的社交媒体账号、网站等。

（5）商品推广：在直播中可以进行商品推广，介绍产品的特点、价格、优惠活动等，并引导用户购买。

（6）合作推广：可以与其他抖音用户或品牌合作推广，以扩大品牌的影响力和曝光度。

2. 抖音广告投放

抖音广告投放是抖音平台提供的一项广告服务。广告主可以根据自己的需求，选择目标受众定制广告内容和投放位置。抖音通过在用户浏览时展示广告，能够有效地提高品牌曝光度和点击率。

抖音广告投放的具体操作分为 9 个步骤进行，如图 8-2 所示。

图 8-2　抖音广告投放的具体操作步骤

（1）注册广告主账号：首先需要在抖音广告平台上注册一个广告主账号，以便进行广告投放和管理。

（2）设置广告计划：在广告主账号中，选择创建广告计划，并设置广告的目标、预算、投放时间等相关信息。

（3）定义受众定向：根据自己的目标受众，选择性别、地域、年龄、兴趣等多个定向维度，以准确找到符合目标的用户群体。

（4）选择广告形式：根据广告目标和要传达的信息，选择适合的广告形式，例如品牌形象广告、活动推广广告、商品直播广告等。

（5）设定广告投放位置：在抖音平台中可以选择广告的投放位置，如抖音首页、个人主页、视频详情页等。

（6）制作广告素材：根据广告形式的选择，制作与品牌和广告目标相符合的广告素材，包括图片、视频、文字等。

（7）设定投放预算和时间：根据需求来设定投放广告的预算金额和投放广告的具体时间、频次。

（8）监测和优化广告效果：在广告投放期间，及时监测广告的效果和数据报告，包括曝光量、点击率、互动率等，根据数据对广告进行优化和调整。

（9）结果分析和报告生成：广告投放结束后，对广告效果进行整体分析和评估，生成广告报告，以便进行总结和下一步的广告优化策略。

3. 挑战营销

挑战营销是在抖音平台上广告投放的一种创意方式。通过参与热门挑战和流行元素，制作相关的视频内容，可以吸引用户的关注和参与，提高视频的曝光度和传播力。

以下是挑战营销的一些操作方法。

（1）跟随热门挑战：时刻关注抖音平台上的热门挑战和流行元素，并及时参与其中。可以通过搜索相关话题或关注热门用户，了解当前最热门的挑战内容。

（2）制作创意视频：根据热门挑战的主题和要求，制作与之相关的创意视频。可以通过特效、音乐、剪辑等手段，使视频更具吸引力和趣味性。例如，可以使用抖音平台上的热门特效工具拍摄创意视频，如图 8-3 所示。

（3）加入挑战标签：在视频中加入相关的挑战标签，让其他用户可以更容易地找到并参与该挑战，如图 8-4 所示。

图 8-3　抖音平台上的热门特效工具

图 8-4　添加挑战标签的短视频

（4）发布和分享视频：将制作好的视频发布到自己的抖音账号上，并积极分享给其他社交媒体平台，如微博、微信朋友圈等，以扩大视频的曝光度和传播范围。

（5）鼓励用户参与：在视频中提醒和鼓励其他用户参与该挑战，并设置奖励机制，比如送礼品或抽奖等，增加用户的参与度和活跃度。

（6）互动与回应：积极与其他参与挑战的用户进行互动，回复评论、点赞分享等，增加用户与视频的互动和参与感。

通过挑战营销，可以利用抖音平台上的热门话题和流行元素，吸引用户的关注和参与，进而提高的视频曝光度和传播力。但需要注意的是，挑战营销的成功也依赖于创意、内容质量和与挑战话题的相关度，建议结合自身品牌和目标受众，选择合适的挑战来参与。

4. KOL 合作

与抖音上的知名达人（KOL）合作是一种很有效的品牌推广方式。抖音上有很多拥有大量粉丝和影响力的知名达人，他们能够吸引大量的关注和用户参与，借助他们的影响力可以提高品牌的曝光度和认知度。

例如，抖音平台上某美食博主的账号，截至 2023 年 10 月 30 日，该账号粉丝数高达 2028.6 万，作品获赞 4 亿，如图 8-5 所示。这些数据足以说明该账号在美食领域的影响力，如果商家与这类在相关行业内有影响力的达人账号合作，必然也可以提升自己品牌的曝光度和认知度。

以下是与抖音知名达人合作的一些操作方法。

（1）筛选合适的达人：根据品牌定位和目标受众，筛选出在抖音平台上具有相关领域影响力和粉丝基础的知名达人。

（2）联系和洽谈合作：通过私信、邮件或第三方平台等方式联系达人，并洽谈合作方式、代言费用、合作内容等细节。

（3）制定合作计划：与达人一起制定合作计划，包括代言推广、制作相关视频内容等。可以根据品牌需求和目标受众，共同商讨最合适的合作内容和形式。

图 8-5　某美食博主的抖音账号主页

（4）视频制作和发布：与达人合作制作相关的视频内容，并在抖音平台上发布。可以根据品牌形象和目标受众，选择合适的创意和内容，让达人代言或演绎品牌形象。

（5）定期互动和回应：与达人保持定期的互动和回应，回复评论、点赞分享等。积极与粉丝互动，增加品牌的曝光度和用户认知度。

（6）监测和评估效果：定期监测合作达人的影响力和视频的效果，包括观看量、互动率、转化率等。根据数据进行优化和调整，以提升合作的效果。

与抖音知名达人合作，可以借助他们的影响力和粉丝基础，提高品牌的曝光度和认知度。但需要注意的是，选择合适的达人合作是很重要的，要与达人的风格、品牌定位和目标受众相符合，以确保合作的效果和品牌形象的一致性。

5. 内容营销

制作高质量、有趣、有创意的视频内容，将产品或品牌信息融入其中。通过精心选择的主题和时机，吸引用户关注和参与，提高品牌知名度和用户互动。例如，抖音平台上某短视频作品中通过有趣的剧情引出产品，吸引用户购买产品，如图 8-6 所示。

图 8-6　通过有趣的剧情引出产品

以下是一些内容营销的操作方法。

（1）确定目标受众：了解自己的目标受众，包括年龄段、兴趣爱好、地域等信息，针对这些受众制作相关的视频内容。

（2）制作优质视频内容：确保视频内容质量高，制作过程中注意选择有吸引力的主题和故事情节，以及使用高清画面和良好的音效，以吸引用户的注意力。

（3）将产品或品牌信息融入内容中：将产品或品牌信息自然地融入视频内容中，避免强推或打广告的感觉。可以通过剧情、角色或产品使用场景等方式巧妙地展示产品或品牌。

（4）选择合适的主题和时机：结合品牌的定位和目标受众的兴趣，选择适合的主题和时机。关心用户关注的话题和流行元素，制作与之相关的视频内容，引起用户的共鸣和参与。

（5）增加用户互动：通过互动的方式，鼓励用户参与和分享视频。可以在视频中加入问题、邀请用户评论、参与挑战或抽奖等，增加用户的互动和参与度。

（6）利用数据分析和用户反馈：通过对广告投放期间的数据分析和用户反馈，收集用户对视频内容的评价和意见。根据这些信息进行优化和调整，提升内容的吸引力和效果。

通过制作高质量、有趣、有创意的视频内容，并融入品牌信息，可以吸引用户的关注和参与，提高品牌知名度和用户互动。但需要确保内容与品牌定位一致，并注重精心选择主题和时机，以及定期优化和调整内容，以获得最佳的广告效果。

6. 巨量引擎推广

巨量引擎是抖音集团旗下的一款广告服务平台，主要针对大品牌做活动、收集客户线索等需求进行广告投放。它可以帮助企业将广告投放到抖音、今日头条、西瓜视频等平台中，实现跨平台的广告投放，提高品牌的曝光度和影响力。巨量引擎官网首页如图 8-7 所示。

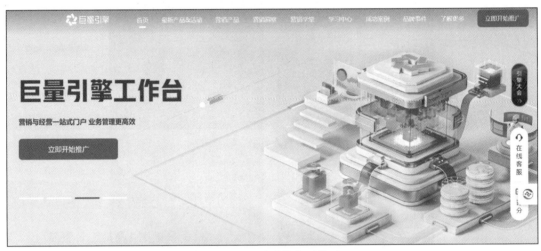

图 8-7　巨量引擎官网首页

巨量引擎推广具有精准定位、多样化投放、数据分析与优化、高效协作和智能投放等特点，是企业进行大品牌活动和客户线索收集的重要工具，如图 8-8 所示。

（1）精准定位：巨量引擎推广可以根据企业的需求和目标受众，对广告进行精准定位和投放，提高广告的转化率和效果。

（2）多样化投放：巨量引擎推广支持多种广告投放形式，包括图文广告、视频广告、信息流广告等，可以根据企业的需求进行选择。

（3）数据分析与优化：巨量引擎推广提供详细

图 8-8　巨量引擎推广的特点

的数据分析和优化功能，可以帮助企业更好地了解广告效果和受众反馈，及时调整投放策略，提高广告效果。

（4）高效协作：巨量引擎推广支持多部门、多人员的协作，方便企业进行团队协作和项目管理。

（5）智能投放：巨量引擎推广利用人工智能技术进行广告投放，可以根据受众的行为和兴趣进行智能推荐和优化，提高广告的点击率和转化率。

巨量引擎推广是一种高效、精准、灵活的广告投放方式，可以帮助广告主提高品牌知名度、获取精准用户、提升转化率和 ROI。巨量引擎推广的操作方法如下。

（1）登录巨量引擎账号，进入后台管理页面。

（2）在导航栏中选择"推广"，然后选择"新建广告组"。根据产品或服务的类型选择推广目的，然后按需求选择广告组类型、设置广告组日预算和广告组名称。

（3）选择投放范围，包括默认和穿山甲两大类。其中默认投放范围包括今日头条、西瓜视频、抖音、火山小视频等巨量引擎旗下产品，穿山甲的流量主要来自厂商流量和其他知名 App。

（4）选择投放目标，根据推广的产品或服务的目标人群属性来选择定向人群。

（5）设置预算与出价，可设置日预算或总预算，也可设置指定的投放时间段。

（6）填写计划名称，完成广告计划创建，下一步开始创建广告创意。

（7）根据提示，创建广告创意后提交审核，审核通过后即可投放广告。

以上是巨量引擎推广的基本操作步骤，具体操作可能因实际情况而有所不同。建议在实际操作中参考巨量引擎的官方文档和指南，或者寻求专业人士的帮助。

7. 巨量千川推广

巨量千川是抖音集团旗下巨量引擎平台的一个电商数字化推广工具，主要帮助抖音小店用户进行短视频带货推广和直播间带货推广，提高电商营销效果。巨量千川整合了DOU+、鲁班、feed、电商广告等多种电商广告能力，既能站外引流，又能做内部导流，相对来说是一个比较完整的推广平台。巨量千川平台首页如图 8-9 所示。

图 8-9 巨量千川平台首页

巨量千川推广具有智能投放、多样化推广方式、高效协作、数据驱动和闭环电商推广等特点，是电商商家进行数字化营销的重要工具之一，如图 8-10 所示。

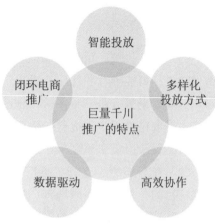

图 8-10 巨量千川推广的特点

（1）智能投放：巨量千川推广通过人工智能技术实现智能投放，根据用户的行为和兴趣进行智能推荐和优化，提高广告的点击率和转化率。

（2）多样化推广方式：巨量千川推广支持多种推广方式，包括短视频带货、直播间带货、商品推广等，可以根据不同的需求进行选择。

（3）高效协作：巨量千川推广支持多部门、多人员的协作，方便企业进行团队协作和项目管理。

（4）数据驱动：巨量千川推广通过数据分析与优化，帮助企业更好地了解广告效果和受众反馈，及时调整投放策略，提高广告效果。

（5）闭环电商推广：巨量千川推广只做闭环电商推广，不包括引流电商广告，更适合于抖音小店商家进行电商营销。

8. 全自动拓客系统

全自动拓客系统是一种利用人工智能和大数据技术，进行客户开发和市场拓展的自动化系统。它能够通过分析市场数据、识别潜在客户、制定个性化的营销策略，甚至执行精细的客户管理任务，为企业提供全面而高效的客户开发和市场拓展服务。这种系统的优点主要表现在以下几个方面，如图 8-11 所示。

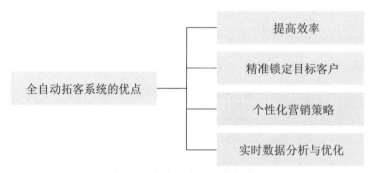

图 8-11 全自动拓客系统的优点

（1）提高效率：全自动拓客系统可以自动执行一系列任务，如数据收集、客户筛选、营销策略制定和实施等，大大提高了拓客效率。

（2）精准锁定目标客户：系统可以通过对市场数据进行分析，识别出潜在客户，并准确定位到他们的需求和兴趣，从而更有效地开发和拓展客户。

（3）个性化营销策略：全自动拓客系统可以根据对客户的深入了解，制定个性化的营销策略，提高客户满意度和忠诚度。

（4）实时数据分析与优化：系统可以实时收集和分析客户数据，根据反馈调整和优化营销策略，以实现更好的拓客效果。

然而，全自动拓客系统也有其局限性。首先，系统的开发和维护需要高水平的技术人员和巨大的投入。其次，虽然系统可以自动执行许多任务，但仍需要人类的判断和决策来制定合适的营销策略，以及根据市场变化做出相应的调整。

总体来说，全自动拓客系统是一种具有很高价值的商业工具，尤其适合于需要在短时间内快速拓展客户的行业。然而，企业在使用这种系统时，也需要考虑其实际需求和可能遇到的风险，以做出明智的决策。

> 【提示】抖音的用户基本都是年轻人，所以在推广过程中要结合目标受众的特点，制作符合他们口味的内容，才能取得更好的效果。

子任务8.1.2　快手推广

快手平台的用户群体广泛，内容形式多样，包括短视频、直播、文字等，同时也提供了各种特效、滤镜、音乐等功能，让用户可以轻松地制作出专业级的短视频。快手常用的推广方式包括快接单、粉丝头条、广告投放、合作推广、直播推广和挑战活动以及话题标签等。

1. 快接单

快手快接单是快手平台推出的一款面向快手用户的推广接单功能，它可以帮助快手用户通过接受商家发布的订单，进行视频拍摄并获得相应的推广收入。

具体来说，快手快接单功能具有推广收入、自助接单、轻松赚钱 3 大特点，如图 8-12 所示。

（1）推广收入：快手用户可以通过快接单功能接受商家发布的 App 下载、淘宝商品推广等订单，并获得相应的推广收入。

（2）自主接单：快手用户可以根据自己的兴趣爱好和特长，自主选择接单类型和任务要求，实现个性化的视频推广。

（3）轻松赚钱：快接单功能让快手用户可以通

图 8-12　快手快接单功能的 3 大优点

过自己的才艺和创意轻松赚钱，同时也可以通过推广收入改善自己的生活。

快接单功能由系统自己开放，不接受个人申请，当快手号运营到一定程度，那么，快手平台会自动判定该快手号有没有达到接单标准，如果达到了，那么该快手号的用户就可以点击开通快接单功能了。快接单功能的开通条件为：MCN 旗下达人粉丝数 ≥ 10 万，或非 MCN 旗下达人粉丝数 ≥ 30 万时，可申请开通快接单视频推广或直播推广功能。

如果账号符合开通快接单功能的条件，在快手 App 内的"设置"→"快接单"入口，选择快接单或快直播，按照页面提示提交个人信息，完成实名认证后，设置推广报价，等待接单即可。

【提示】为了保证推广效果和用户体验，需要保证上传的视频或直播内容符合快手平台的规定和要求。

2. 粉丝头条

粉丝头条是快手提供的一项推广功能，旨在为用户提供更多的自我表达和展示的机会。通过使用粉丝头条，用户可以更好地展现自己的特色和魅力，吸引更多的关注和粉丝。

具体来说，快手粉丝头条功能具有增加曝光度、增加粉丝数量和提高互动率的特点，如图 8-13 所示。

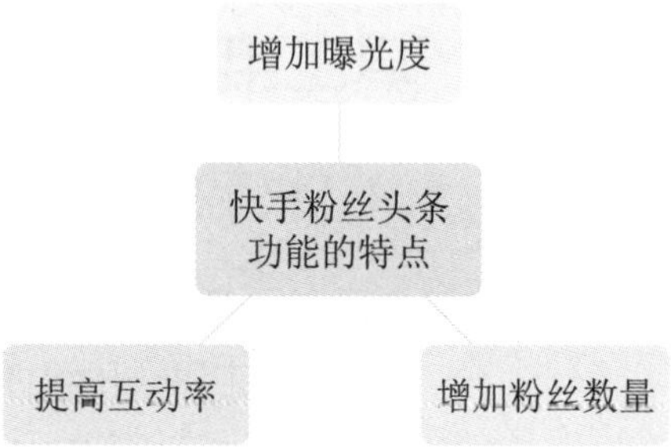

（1）增加曝光度：通过粉丝头条功能，快手用户可以将自己的视频或直播推荐给更多的人，增加曝光度和关注度。

（2）增加粉丝数量：通过粉丝头条功能，快手用户可以吸引更多的人关注自己的账号，增加粉丝数量和忠诚度。

增加曝光度

快手粉丝头条功能的特点

提高互动率　　　　增加粉丝数量

图 8-13　快手粉丝头条功能的特点

（3）提高互动率：通过粉丝头条功能，快手用户可以与自己的粉丝进行互动和交流，提高互动率和用户黏性。

在使用快手粉丝头条功能时，用户也需要注意一些问题，来保证自己的粉丝头条能够产生更好的效果。

（1）发布高质量的内容：快手用户需要发布高质量、有趣、有吸引力的视频或直播内容，才能吸引更多的关注和粉丝。

（2）保持频繁的更新：快手用户需要保持频繁的更新，不断推出新的内容，吸引粉丝的关注和互动。

（3）与粉丝互动：快手用户需要与粉丝进行互动和交流，回答粉丝的问题和评论，增加粉丝的忠诚度和互动率。

（4）合理使用标签：快手用户可以使用相关的标签，增加自己视频或直播的曝光度和关注度。

（5）避免违规行为：快手用户需要遵守平台规定，避免发布违法、不良、低俗的内容，以免影响自己的形象和账号质量。

3. 广告投放

快手支持广告投放，可以通过广告投放的方式将视频推荐给更多的人，增加曝光度和粉丝数量。

快手广告投放可以按照以下步骤进行，如图 8-14 所示。

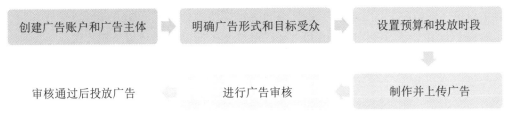

图 8-14　快手广告投放的步骤

（1）创建广告账号和广告主体：在快手上创建一个广告账号并完成注册，然后创建一个广告主体，广告主体是用于管理广告的账号。在创建广告账号过程中，需要填写一些基本信息，如公司名称、联系人信息等。

（2）明确广告形式和目标受众：快手提供多种广告形式，包括原生视频广告、橱窗广告以及品牌露出等，根据自己的目标选择合适的广告形式。同时需要明确目标受众及他们的细分属性，包括性别、年龄、地理位置、行业领域等。

（3）设置预算和投放时段：根据产品或服务的定位、目标受众的特点和竞争环境等因素，设定广告的预算以及投放时间。

（4）制作并上传广告：根据选择的广告类型和目标受众，创作有吸引力的广告内容，将其上传至快手广告平台，并设置相关参数，如广告标题、描述、链接等。

（5）进行广告审核：提交广告进行审核，快手平台会对广告内容和参数进行审核，确保广告内容符合相关规定和标准。

（6）审核通过后投放广告：如果广告审核通过，需要根据广告投放的预算支付相应的费用。支付费用后即可启动广告并开始在快手平台上进行投放。

此外，在快手进行广告投放时，需要注意以下几点。

● 了解目标受众：快手用户主要是年轻群体，因此需要在广告中针对这些人群进行精准定位。

● 创意制作：快手广告的创意需要结合快手的特色进行制作，例如，使用快手的流行语、音乐等元素。

● 合理设置预算和投放时段：根据实际需求设置预算和投放时段，避免浪费和无效投放。

● 定期优化广告：根据数据和用户反馈定期优化广告内容和策略，提高转化率和 ROI。

总之，在快手进行广告投放需要结合快手的特色和目标受众进行创意制作和投放策略的制定，同时需要注意预算和投放时段的合理设置以及定期优化广告内容。

4. 社交媒体推广

社交媒体推广是一种有效的推广方式，可以通过将快手平台上视频分享到其他社交媒体平台，来吸引更多的用户观看和分享。通过社交媒体平台，可以扩大品牌或产品的曝光度和知名度，吸引更多的潜在客户和目标受众。同时，社交媒体推广还可以促进用户之间的互动和分享，提高用户参与度和忠诚度，为品牌或产品带来更多的商业机会和价值。

在快手平台上进行社交媒体推广，可以按照以下步骤进行，如图 8-15 所示。

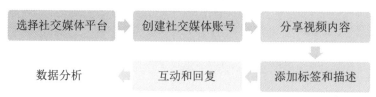

图 8-15　社交媒体推广的步骤

（1）选择社交媒体平台：选择适合目标受众的社交媒体平台，如微信、微博、抖音等。

（2）创建社交媒体账号：在选择的社交媒体平台上创建账号，并进行实名认证和添加好友等操作。

（3）分享视频内容：将制作的视频内容分享到社交媒体平台上，可以通过发布动态、上传视频文件等方式进行分享。

（4）添加标签和描述：为视频添加标签和描述，以便用户更好地了解视频内容和搜索到该视频。

（5）互动和回复：与用户互动，回复评论和私信，增加用户黏性和忠诚度。

（6）数据分析：定期查看数据分析，了解推广效果和用户反馈，以便进行优化和调整。

需要注意的是，社交媒体推广需要持续地进行内容更新和互动，以吸引更多的用户关注和分享。同时，需要遵守社交媒体平台的规定和要求，不得进行违规操作和虚假宣传。

5. 合作推广

合作推广是一种有效的推广方式，通过与快手平台上的其他用户、达人、企业或机构合作，共同推广品牌、产品，可以提高品牌或产品的曝光度和知名度、增强品牌可信度和口碑、实现资源共享和优势互补等价值。

在快手平台上进行合作推广的步骤，如图 8-16 所示。

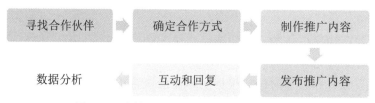

图 8-16　在快手平台上进行合作推广的步骤

（1）寻找合作伙伴：在快手平台上寻找与自己领域或受众相似的用户或达人，建立联系并商讨合作事宜。

（2）确定合作方式：根据实际情况选择合作方式，如联合推广、互相宣传、共同创作等。

（3）制作推广内容：根据合作方式，制作相应的推广内容，如视频、图片、文案等。

（4）发布推广内容：将制作好的推广内容发布到各自的平台上，吸引用户关注和分享。

（5）互动和回复：与用户互动，回复评论和私信，增加用户黏性和忠诚度。

（6）数据分析：定期查看数据分析，了解推广效果和用户反馈，以便进行优化和调整。

需要注意的是，合作推广需要选择合适的合作伙伴，并确定合适的合作方式。同时，需要遵守平台的规定和要求，不得进行违规操作和虚假宣传。

6.直播推广

直播推广是指利用快手直播平台，通过直播的形式向观众展示产品或服务，从而吸引潜在客户，提升销售量的推广方式。快手直播推广可以帮助企业提高品牌曝光、促进销售转化、建立信任关系、提升用户参与度并降低营销成本。

在快手平台上进行直播推广的具体步骤如下。

（1）打开快手 App，点击页面下方"⊕"图标，如图 8-17 所示。

（2）进入内容创作页面，将页面切换到直播页面中，选择直播类型（这里以聊天直播为例进行讲解，将页面切换到"聊天室"页面中，还可以选择视频直播、语音直播、游戏直播等直播方式），如图 8-18 所示。

图 8-17　点击页面下方"⊕"图标

图 8-18　选择直播类型

（3）点击"更多"按钮，在弹出的菜单中选择"上热门"选项，如图 8-19 所示。

（4）弹出"直播推广"页面，选择推广模式、希望提升的数据指标、投入金额、每直播观看推广费等，然后点击"立即支付"按钮，如图 8-20 所示。

完成支付后，返回直播页面设置好直播封面和标题后，点击"开始聊天直播"按钮就可以开始直播推广了。在直播过程中，可以随时关闭直播推广或修改直播推广设置。直播结束后，可以查看直播数据和效果，根据数据调整推广策略，提高直播效果。

以上步骤可以帮助运营者在快手平台上进行直播推广，增加观众的参与度和黏性，提高直播效果。同时，也可以通过分享直播间、使用推广道具等方式进行直播推广。总之，在进行直播推广时，应根据个人实际情况和产品特点进行具体操作，注重观众的参与度和互动性，根据数据调整推广策略，不断提升效果。

图 8-19　选择"上热门"选项

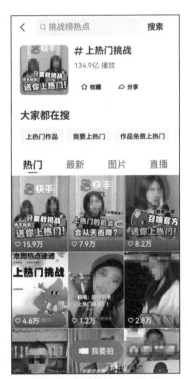

图 8-20　点击"立即支付"按钮

7.挑战活动

　　参与快手挑战活动是一种有效的推广方式，可以通过提高参与度和互动性吸引更多的用户关注和参与。例如，快手官方推出的"上热门挑战"活动，只要用户发布视频带话题＃上热门挑战，并@快手粉条，就有可能被官方抽中上热门。如图8-21所示，截至2023年10月30日，"上热门挑战"话题的相关视频播放量高达134.9亿次。

　　以下是参与快手挑战活动的具体操作步骤。

　　（1）寻找合适的挑战活动：在快手平台上寻找与自己领域或产品相关的挑战活动，并了解活动的要求和规则。

　　（2）制作挑战内容：根据挑战活动的要求和规则，制作相应的挑战内容，如视频、图片、文案等。

　　（3）发布挑战内容：将制作好的挑战内容发布到快手上，并添加相应的标签和描述，以便更多的用户发现和参与。

　　（4）宣传挑战活动：通过社交媒体、电子邮件、短信等方式，向自己的粉丝宣传挑战活动，并鼓励他们参与。

　　（5）互动和回复：与参与挑战活动的用户进行互动，

图 8-21　"上热门挑战"话题页面

回复评论和私信，增加用户黏性和忠诚度。

（6）整理和分析数据：在挑战活动结束后，整理和分析数据，了解参与度和用户反馈，以便进行优化和调整。

需要注意的是，参与快手挑战活动需要选择合适的挑战活动，并按照要求和规则制作相应的挑战内容。同时，需要在活动前进行必要的宣传和准备，确保活动顺利进行并达到预期效果。通过参与挑战活动可以吸引更多的用户关注和参与，提高品牌知名度和销售量。

8. 话题标签

在发布视频时添加相关的话题标签，增加曝光率和用户参与度。以下是添加话题标签的操作步骤。

（1）确定话题标签：根据视频的内容和目标受众，确定相关的话题标签，如＃美食分享、＃旅行日记等。

（2）发布视频：在快手平台上发布视频，并上传至云端。

（3）添加话题标签：在发布视频的界面中，找到添加话题标签的选项，点击并输入相关的话题标签。

（4）发布并推广：确认添加的话题标签无误后，点击发布按钮将视频发布到快手上。同时，可以通过分享链接、社交媒体等方式推广视频，吸引更多的用户观看和参与。

（5）观察数据：观察视频的数据表现，如播放量、点赞数、评论数等，了解用户反馈和参与度。

（6）调整优化：根据观察到的数据表现和用户反馈，适时调整话题标签和推广策略，以提高曝光度和用户参与度。

需要注意的是，添加话题标签需要选择与视频内容相关的话题标签，并确保话题标签的准确性和合法性。同时，需要持续观察数据表现并进行调整优化，以提高曝光率和用户参与度。通过合理使用话题标签可以吸引更多的用户关注和参与，提高品牌知名度和销售量。

子任务8.1.3　哔哩哔哩（B站）推广

哔哩哔哩（以下简称 B 站）是一个视频分享平台，用户可以在上面观看各种类型的视频，包括动画、漫画、游戏、音乐、舞蹈等，同时，B 站也是一个推广平台，企业或个人可以通过投放广告或参与活动等方式进行推广。B 站常用的推广方式包括广告投放、视频推荐、社交媒体推广、合作推广、弹幕推广、评论推广、专栏推广以及活动推广等，通过这些推广方式可以帮助商家增加品牌曝光和用户参与度。

1. 广告投放

B 站支持广告投放，包括品牌广告、效果广告等，可以通过投放广告的方式吸引目标用户。B 站广告投放的方法包括以下步骤：

（1）确定广告需求和目标受众：根据品牌或产品的特点以及目标受众的需求，明确广告的投放目标和受众群体。

（2）选择广告类型：根据目标受众和品牌需求，选择适合的广告类型，如品牌广告、效果广告等。

（3）制作广告素材：根据选择的广告类型，制作相应的广告素材，如视频、图片、文案等。

（4）提交广告计划：在B站平台上提交广告计划，包括广告位置、投放时间、预算等参数。

（5）审核与发布：等待B站审核广告计划，通过审核后即可发布广告。

（6）监测与优化：通过数据监测和分析，了解广告投放效果和用户反馈，以便进行优化和调整。

需要注意的是，B站广告投放需要遵守平台的规定和要求，不得进行违规操作和虚假宣传。同时，需要持续观察数据表现并进行调整优化，以提高广告效果和用户转化率。通过合理的广告投放可以吸引更多的目标用户关注和参与，提高品牌知名度和销售量。

2. 视频推荐

制作有趣、独特、高质量的视频内容，提高用户参与度和关注度。B站会根据用户的兴趣和行为，推荐相关的视频内容，通过这种方式将视频推广给更多的用户。

B站视频推荐的操作方法主要基于用户兴趣和行为数据，通过算法推荐相关的视频内容，提高用户参与度和关注度。以下是具体的操作步骤。

（1）制作优质视频内容：制作有趣、独特、高质量的视频内容是吸引用户关注和参与的关键。可以结合品牌或产品的特点，以及目标受众的需求，创作出具有吸引力的视频内容。

（2）发布并上传视频：将制作好的视频内容上传至B站平台，并发布到相应的频道或分类下。

（3）吸引用户互动：通过视频中的互动元素或评论区的回复，与用户进行交流和互动，提高用户参与度。

（4）观察数据表现：通过观察视频的数据表现，如播放量、点赞数、评论数等，了解用户反馈和参与度。

（5）调整优化：根据观察到的数据表现和用户反馈，适时调整视频内容和推广策略，以提高曝光度和用户参与度。

（6）利用B站推荐机制：B站会根据用户的兴趣和行为数据，通过推荐算法将相关的视频内容推荐给更多的用户。利用B站的推荐机制，可以增加视频的曝光率和用户关注度。

需要注意的是，视频推荐需要持续观察数据表现并进行调整优化，以适应用户需求和市场变化。同时，需要遵守B站平台的规定和要求，不得进行违规操作和虚假宣传。通过合理的视频推荐可以吸引更多的用户关注和参与，提高品牌知名度和销售量。

3. 社交媒体推广

通过社交媒体平台（如微信、微博等）进行推广，将视频分享到其他平台，吸引更多的用户观看和分享。

4. 合作推广

合作推广是一种有效的推广方式，可以通过与其他用户或达人合作，共同推广视频或产品，增加曝光度和粉丝数量。以下是合作推广的操作步骤。

（1）寻找合适的合作伙伴：在B站平台上寻找与自己领域或受众相似的用户或达人，建立联系并商讨合作事宜。可以寻找具有相似受众或互补优势的合作伙伴，以实现资源共享和互利共赢。

（2）确定合作方式：根据实际情况选择合作方式，如联合推广、互相宣传、共同创作等。可以根据双方的资源和技术优势，制定具体的合作计划和策略。

（3）制作推广内容：根据合作方式和目标受众的需求，制作相应的推广内容，如联合制作视频、共同发起活动等。可以发挥各自的优势和创意，提升视频或产品的质量和吸引力。

（4）发布推广内容：将制作好的推广内容发布到各自的频道或平台上，互相宣传和推广。可以利用各自的粉丝基础和影响力，扩大推广范围和曝光度。

（5）互动和回复：与用户互动，回复评论和私信，增加用户黏性和忠诚度。可以互相评论、点赞和转发，以及在直播中进行互动，提高用户参与度和关注度。

（6）整理和分析数据：在合作推广结束后，整理和分析数据，了解合作效果和用户反馈，以便进行优化和调整。可以关注播放量、点赞数、评论数等指标，以及粉丝增长和品牌知名度等综合效益。

需要注意的是，合作推广需要选择合适的合作伙伴和合作方式，并制定具体的合作计划和策略。同时，需要遵守B站平台的规定和要求，不得进行违规操作和虚假宣传。通过有效的合作推广可以扩大视频或产品的曝光度和影响力，提高品牌知名度和销售量。

5. 弹幕推广

B站是一个以ACG（动画、漫画、游戏）为主题的弹幕视频分享网站，因此它的弹幕功能是其最为独特和受欢迎的特性之一。

在B站上，用户可以观看各种类型的动画、漫画、游戏等视频，并且可以在视频播放时实时发送弹幕评论。这些弹幕会以字幕的形式悬浮在视频上方，让观众可以一边观看视频一边与其他人进行交流。这种互动形式在年轻人中非常受欢迎，因为它不仅可以增加观众之间的互动和参与感，还可以让观众更好地理解和欣赏视频内容。例如，由B站出品的某部纪录片，视频画面上几乎被弹幕消息刷屏了，可见观众对该部纪录片的喜爱，如图8-22所示。

弹幕推广是一种新颖、有趣的在线广告形式，它利用弹幕技术，在视频播放过程中将广告信息以字幕形式展示给观众。这种广告形式通常以品牌曝光和用户互动为主要目的，具有较高的互动性和参与度。在弹幕推广中，广告主可以在视频播放时设置特定的弹幕内容，这些内容可以是品牌宣传、产品推广、活动推广等。当观众在观看视频时，这些弹幕内容会以字幕的形式自动出现在屏幕上，观众可以实时参与互动，发表自己的评论和看法。

在 B 站平台上进行弹幕推广的具体操作步骤如下：

（1）找到合适的视频：选择与品牌或产品相关的视频，并确定其受众群体，确保弹幕内容能够吸引目标用户。

（2）制作弹幕内容：根据视频内容和目标受众，制作具有吸引力和讨论性的弹幕内容。可以涉及品牌或产品的特点、亮点、卖点等，或者可以引发用户情感共鸣和参与的话题。

（3）发布视频并添加弹幕：将制作好的视频上传至

图 8-22　B 站上某部纪录片中的弹幕

B 站平台，并在发布时选择添加弹幕的功能。在视频的适当位置插入相应的弹幕内容，确保其与视频内容相符合。

（4）观察数据表现：观察视频的弹幕数量、点赞数、评论数等数据表现，了解用户对弹幕内容的反馈和参与度。

（5）调整优化：根据观察到的数据表现和用户反馈，适时调整弹幕内容和其他推广策略，以提高曝光度和用户参与度。

（6）利用弹幕互动：通过弹幕与用户进行互动，回答用户的问题或参与讨论，提高用户黏性和忠诚度。

需要注意的是，弹幕推广需要选择合适的视频和弹幕内容，并遵守 B 站平台的规定和要求，不得进行违规操作和虚假宣传。同时，需要持续观察数据表现并进行调整优化，以提高曝光度和用户参与度。通过合理的弹幕推广可以吸引更多的用户关注和讨论，提高品牌知名度和销售量。

6. 评论推广

评论推广是一种在视频下方发表评论的方式，通过评论的内容和形式吸引用户关注和讨论。例如，B 站上某条关于《史记》解读的视频作品，吸引了众多用户关注和讨论，拥有 9000 多条评论，如图 8-23 所示。

在 B 站平台上进行评论推广的具体操作步骤如下。

图 8-23　B 站上评论数较多的视频作品

（1）找到合适的视频：选择与品牌或产品相关的视频，并确定其受众群体，确保评论内容能够吸引目标用户。

（2）制作评论内容：根据视频内容和目标受众，制作具有吸引力和讨论性的评论内容。可以涉及品牌或产品的特点、亮点、卖点等，或者引发用户情感共鸣和参与的话题。

（3）发表评论：在视频的评论区发表评论，可以涉及对视频内容的评价、对其他用户评论的回应等。

（4）互动和回复：与其他用户进行互动，回复评论和私信，增加用户黏性和忠诚度。可以互相点赞、回复和转发，以及在直播中进行互动，提高用户参与度和关注度。

（5）观察数据表现：观察评论的数量、点赞数、回复数等数据表现，了解用户对评论内容的反馈和参与度。

（6）调整优化：根据观察到的数据表现和用户反馈，适时调整评论内容和推广策略，以提高曝光度和用户参与度。

需要注意的是，评论推广需要选择合适的视频和评论内容，并遵守 B 站平台的规定和要求，不得进行违规操作和虚假宣传。同时，需要持续观察数据表现并进行调整优化，以提高曝光度和用户参与度。通过合理的评论推广可以吸引更多的用户关注和讨论，提高品牌知名度和销售量。

7. 专栏推广

专栏推广是一种在 B 站的专栏中发布文章或观点的方式，通过文章或观点的内容和形式吸引用户关注和讨论。B 站上的专栏版块如图 8-24 所示。

在 B 站平台上进行专栏推广的具体操作步骤如下。

（1）确定目标受众：明确专栏的目标受众群体，以便针对他们的兴趣和需求进行文章或观点的撰写。

（2）制作文章或观点：根据目标受众和品牌或产品的特点，制作具有吸引力和讨论性的文章或观点。可以涉及品牌或产品的特点、亮点、卖点等，或者引发用户情感共鸣和参与的话题。

（3）发布文章或观点：在 B 站的专栏中发布文章或观点，确保其内容与 B 站平台的规定和要求相符。

（4）吸引用户互动：通过文章或观点中的互动元素或评论区的回复，与用户进行交流和互动，提高用户参与度。

（5）观察数据表现：观察文章或观点的阅读量、点赞数、评论数等数据表现，了解用户反馈和参与度。

（6）调整优化：根据观察到的数据表现和用户反馈，适时调整文章或观点的内容和推广策略，以提高曝光度和用户参与度。

图 8-24　B 站上的专栏版块

需要注意的是，专栏推广需要选择合适的专栏平台和文章或观点内容，并遵守 B 站平台的规定和要求，不得进行违规操作和虚假宣传。同时，需要持续观察数据表现并进行调整优化，以提高曝光度和用户参与度。通过合理的专栏推广可以吸引更多的用户关注和讨论，提高品牌知名度和销售量。

8. 活动推广

活动推广是一种参与 B 站活动或挑战的方式，通过提高参与度和互动性来吸引更多的用户关注和参与。在 B 站的活动中心版块中有很多活动可供用户选择参与，如图 8-25 所示。

在 B 站平台上进行活动推广的具体操作步骤如下。

（1）寻找合适的活动或挑战：在 B 站平台上寻找与自己领域或产品相关的活动或挑战，并了解其规则和要求。可以寻找具有高曝光度和用户参与度的活动或挑战，以增加品牌曝光和用户互动。

（2）制定活动或挑战的方案：根据活动或挑战的要求和规则，制定具体的方案和策略，包括参与方式、互动内容、奖励机制等。可以结合品牌或产品的特点，以及目标受众的需求，制定有吸引力的方案。

（3）发布活动或挑战：在 B 站平台上发布活动或挑战，并宣传推广至自己的粉丝群体。可以利用 B 站的推广渠道，

图 8-25　B 站上的活动中心版块

如弹幕、评论、私信等，吸引更多的用户关注和参与。

（4）参与活动或挑战：根据活动或挑战的方案和规则，参与并完成任务，提高用户的参与度和互动性。可以结合品牌或产品的特点，以及目标受众的需求，设计有趣、独特、具有吸引力的任务和互动环节。

（5）持续互动和推广：在活动或挑战期间，持续与用户进行互动和交流，回答问题、回复评论、分享经验等。可以利用社交媒体、直播等渠道进行推广和宣传，吸引更多的用户参与和关注。

（6）整理和分析数据：在活动或挑战结束后，整理和分析数据，了解用户参与度和反馈，以便进行优化和调整。可以关注阅读量、点赞数、评论数等指标，以及粉丝增长和品牌知名度等综合效益。

需要注意的是，活动推广需要选择合适的活动或挑战，并制定具体的方案和策略。同时，需要遵守 B 站平台的规定和要求，不得进行违规操作和虚假宣传。通过有效的活动推广可以扩大品牌曝光度和用户参与度，提高品牌知名度和销售量。

任务8.2　社交平台推广

社交平台是一种提供社交网络服务的平台，如微信、微博、QQ、小红书等。这些平台通过建立用户的社交关系网络，实现信息分享、交流互动和娱乐消费等功能。社交平台的推广方式包括发布有趣、有价值的内容，邀请网红或意见领袖参与，以及举办线上活动等，旨在吸引用户的关注和参与，提高品牌知名度和转化率。通过合理的社交平台推广，企业能够与目标受众建立紧密联系，实现精准营销和品牌传播。

子任务8.2.1　微信推广

微信是一个集社交、媒体、电商、支付等多功能于一体的综合性平台，用户可以通过微信进行交流、分享、互动等活动。微信为企业和个人提供了广泛的推广和营销渠道，通过微信平台，企业可以更好地与用户互动、推广产品和服务、提高品牌价值和知名度。微信的常用推广方式包括朋友圈广告推广、微信公众号推广、微信群推广、微信小程序推广等。

1. 朋友圈推广

朋友圈推广是一种通过在微信朋友圈分享文章、图片或视频等方式，吸引朋友关注和转发的推广方式。例如，某水果商家利用朋友圈销售柑橘产品，如图 8-26 所示。

图 8-26　某水果商家利用朋友圈销售柑橘产品

以下是朋友圈推广的操作步骤。

（1）制作分享内容：根据品牌或产品的特点以及目标受众的需求，制作有趣、实用、有吸引力的文章、图片或视频等内容。

（2）发布分享内容：将制作好的内容发布到微信朋友圈中，可以添加适当的标签或描述，以便让更多的朋友看到。

（3）邀请朋友关注：通过私信或直接在朋友圈中邀请朋友关注，可以发送个性化的邀请信息，提高朋友的参与度。

（4）互动和回复：在朋友圈中与其他用户进行互动，回答问题、回复评论，增加用户黏性和忠诚度。

（5）观察数据表现：观察朋友圈分享内容的点赞数、评论数、转发数等数据表现，了解用户反馈和参与度。

（6）调整优化：根据观察到的数据表现和用户反馈，适时调整分享内容和其他推广策略，以提高曝光度和用户参与度。

需要注意的是，朋友圈推广需要选择合适的内容和受众群体，并遵守微信平台的规定和要求，不得进行违规操作和虚假宣传。同时，需要持续观察数据表现并进行调整优化，以提高曝光度和用户参与度。通过合理的朋友圈推广可以吸引更多的用户关注和转发，提高品牌知名度和销售量。

2. 微信公众号推广

微信公众号推广是一种通过在微信公众号发布文章、图片或视频等方式，吸引粉丝关注和转发的推广方式。例如，某美食类公众号会定期为用户分享相关的文章、知识和产品，通过该公众号用户既可以掌握对美食的制作经验，也可以购买自己心仪的美食及相关产品，如图 8-27 所示。

以下是微信公众号推广的操作步骤。

（1）创建公众号：在微信公众平台上创建公众号，可以选择订阅号、服务号或企业号等类型，以便根据不同需求进行推广。

（2）定位目标受众：明确公众号的目标受众群体，以便针对他们的兴趣和需求进行内容撰写和推广。

（3）制作内容：根据品牌或产品的特点以及目标受众的需求，制作有趣、实用、有吸引力的文章、图片或视频等内容。

（4）发布内容：将制作好的内容发布到微信公众号中，可以设置不同的栏目和分类，以便让粉丝更好地了解和关注。

（5）推广公众号：通过其他渠道推广微信公众号，如社交媒体、线下活动等，以便吸引更多的粉丝关注。

图 8-27 某美食类公众号

（6）互动和回复：在公众号中与其他粉丝进行互动，回答问题、回复评论，增加用户黏性和忠诚度。

（7）观察数据表现：观察公众号的内容阅读量、点赞数、评论数等数据表现，了解用户反馈和参与度。

（8）调整优化：根据观察到的数据表现和用户反馈，适时调整公众号的内容和其他推广策略，以提高曝光率和用户参与度。

需要注意的是，微信公众号推广需要选择合适的内容和受众群体，并遵守微信平台的规定和要求，不得进行违规操作和虚假宣传。同时，需要持续观察数据表现并进行调整优化，以提高曝光度和用户参与度。通过合理的微信公众号推广可以吸引更多的粉丝关注和转发，提高品牌知名度和销售量。

3. 微信群推广

微信群推广是一种通过加入微信群或创建自己的微信群，吸引群成员关注和转发的推广方式。例如，某购物优惠微信群，每天群主和群管理员都会为在群内分享某购物平台的优惠产品信息，群内成员可以自己点击链接以优惠的价格购买产品，如图 8-28 所示。

以下是微信群推广的操作步骤。

（1）加入微信群：通过搜索或朋友介绍等方式加入与自己品牌或产品相关的微信群，了解群成员的兴趣和需求。

（2）创建微信群：根据自己的品牌或产品特点，创建自己的微信群，可以通过公众号、朋友圈等方式邀请用户加入。

（3）维护微信群：定期发布相关内容，与群成员互动交流，维护微信群的活跃度和信任度。

（4）推广微信群：在微信群中发布有趣、实用、有吸引力的内容，吸引群成员关注和转发，可以通过红包、优惠券等方式进行激励。

（5）管理微信群：及时回复群成员的问题和反馈，处理群内纠纷和不良行为，维护微信群的秩序和环境。

图 8-28　某购物优惠微信群

（6）观察数据表现：观察微信群的成员数量、活跃度、转化率等数据表现，了解推广效果和用户反馈。

（7）调整优化：根据观察到的数据表现和用户反馈，适时调整微信群的内容和其他推广策略，以提高曝光度和用户参与度。

需要注意的是，微信群推广需要选择合适的微信群和受众群体，并遵守微信平台的规定和要求，不得进行违规操作和虚假宣传。同时，需要持续观察数据表现并进行调整优化，以提高曝光度和用户参与度。通过合理的微信群推广可以吸引更多的用户关注和转发，提高品牌知名度和销售量。

4. 微信小程序推广

微信小程序推广是一种通过微信小程序进行推广，吸引用户关注和使用的推广方式。例如，某蛋糕商家在微信朋友圈中分享了一款蛋糕产品，并附了该款蛋糕的购买小程序链接，如果用户想要购买该款蛋糕，可以直接点击链接跳转至微信小程序中购买，如图 8-29 所示。

图 8-29　微信小程序推广案例

以下是微信小程序推广的操作步骤。

（1）开发小程序：根据品牌或产品的特点以及目标受众的需求，开发具有吸引力和实用性的微信小程序。

（2）提交小程序：将开发好的小程序提交到微信开放平台，进行审核和发布。

（3）优化小程序：根据微信小程序的数据分析和用户反馈，不断优化小程序的功能和用户体验。

（4）推广小程序：通过多种渠道推广微信小程序，如通过公众号、微信群、朋友圈等方式进行分享和宣传。

（5）设置自定义菜单：在公众号中设置自定义菜单，添加小程序的入口，方便用户快速访问和使用。

（6）开展营销活动：通过营销活动如优惠券、限时特惠等方式吸引用户使用小程序。

（7）管理用户数据：通过管理用户数据，了解用户需求和行为，提供更好的服务和体验。

（8）观察数据表现：观察小程序的用户访问量、活跃度、转化率等数据表现，了解推广效果和用户反馈。

（9）调整优化：根据观察到的数据表现和用户反馈，适时调整小程序的推广策略和其他优化措施，以提高曝光度和用户参与度。

需要注意的是，微信小程序推广需要选择合适的小程序和受众群体，并遵守微信平台的规定和要求，不得进行违规操作和虚假宣传。同时，需要持续观察数据表现并进行调整优化，以提高曝光度和用户参与度。通过合理的微信小程序推广可以吸引更多的用户关注和使用，提高品牌知名度和销售量。

5. 其他推广方式

除了上述介绍的推广方式以外，微信的推广方式还有很多，如微信广告推广、互推推广、活动推广、软文推广、视频推广以及社交媒体推广等。

（1）微信广告推广：通过微信平台提供的广告投放方式进行推广，包括品牌广告、效果广告等。

（2）互推推广：与其他微信公众号或个人微信号进行互推，互相宣传和引流。

（3）活动推广：通过举办线上或线下活动，吸引用户关注和参与，提高品牌知名度和曝光度。

（4）软文推广：通过撰写软文或发布其他具有营销性质的文案，吸引用户关注和转发。

（5）视频推广：通过发布有趣、独特、高质量的视频内容，吸引用户观看和分享。

（6）社交媒体推广：通过其他社交媒体平台（如微博、抖音等）进行推广，将流量引导至微信平台。

这些推广方式可以根据实际需求进行选择和组合，以达到最佳的推广效果。同时需要注意推广的合法性和合规性，避免过度营销和违规行为。

子任务8.2.2　QQ推广

QQ 推广是一种网络推广方式，通过 QQ 平台进行宣传和营销，以增加品牌知名度、吸引潜在客户和提高销售量等。QQ 的常用推广方式包括 QQ 群推广、QQ 空间推广、QQ 好友推广等。QQ 平台的具体推广方式如下。

（1）群发所有在线 QQ 好友：通过 QQ 的群发功能，将广告信息发送给所有在线的 QQ 好友。

（2）定向群发：通过搜索引擎采集 QQ 号，或者用软件采集论坛会员的 QQ 号，进行定向群发，只发指定的 QQ 号。

（3）QQ 群群发：加入多个群，可以多申请几个 QQ 号专门加群。在 QQ 群里发消息，要把握好时间，要选在上网高峰时发，这样效果才好。

（4）QQ 病毒式营销推广：通过用户感兴趣的话题或热点，将广告信息嵌入其中，利用病毒式营销的方式进行推广。

（5）QQ 空间推广：通过发表有趣、有吸引力的说说，或转发其他人的说说，来吸引用户的关注和转发。

（6）QQ签名推广：修改用户的个人设置，将推广信息写入签名中，让其他用户看到。

（7）QQ邮件推广：通过给好友发送电子邮件的方式，将广告信息发送给好友。

（8）QQ漂流瓶推广：通过漂流瓶的方式，将广告信息发送给其他用户。

（9）QQ秀推广：通过QQ秀的形象展示，将广告信息嵌入其中，吸引用户的关注和转发。

（10）QQ排行榜推广：通过参与或发起排行榜活动，吸引用户的关注和参与。

这些方法可以根据实际需求进行选择和组合，以达到最佳的推广效果。同时需要注意推广的合法性和合规性，避免过度营销和违规行为。

子任务8.2.3　小红书推广

小红书是一个非常受欢迎的社交媒体平台，它拥有庞大的用户群体和活跃的社区。对于品牌而言，利用小红书进行推广可以帮助他们吸引更多的潜在客户、提高品牌知名度和销售量。新媒体运营者可以在小红书平台上发布笔记、参加话题活动、进行品牌合作以及使用广告投放工具等方式进行小红书推广。常用的小红书推广方式包括排名推广、热搜推广、达人推广、素人推广等。

1. 排名推广

排名推广是一种通过优化关键词排名，将笔记或品牌推到搜索结果的前几页，提高曝光度和流量的推广方式。以下是排名推广的操作步骤。

（1）确定关键词：首先需要确定要优化的关键词，这些关键词应与笔记或品牌相关，并具有较高的搜索量和较低的竞争度。

（2）优化笔记内容：在笔记中合理地使用关键词，提高笔记与关键词的相关性。可以使用标题、正文、标签等方式来优化关键词。

（3）提高笔记权重：通过提高笔记的权重，可以提高笔记在搜索结果中的排名。

（4）观察排名变化：在优化关键词排名后，需要持续观察排名变化，并分析排名上升或下降的原因。可以通过搜索关键词查看笔记在搜索结果中的排名。

（5）调整优化策略：根据观察到的排名变化和用户反馈，适时调整优化策略，包括重新选择关键词、优化笔记内容、提高笔记权重等，以提高排名和曝光度。

需要注意的是，排名推广需要一定的时间和努力才能看到效果。同时，需要遵守平台的规定和要求，不得进行违规操作和虚假宣传。通过合理的排名推广可以吸引更多的流量和曝光度，提高品牌知名度和销售量。

2. 热搜推广

通过购买热搜词或热搜话题，将内容推送到热搜页面，吸引更多用户关注和互动。热搜推广的操作方法通常包括以下步骤。

（1）确定目标受众：了解要推广的内容面向的受众群体，包括他们的兴趣、需求和习惯等，以便选择合适的热搜词或话题。

（2）选择热搜词或话题：根据目标受众和品牌或产品的特点，选择具有高搜索量和关注度的热搜词或话题。这些词或话题可以是与品牌或产品相关的关键词或话题，也可以是当前热门的话题或事件。

（3）创作推广内容：根据选择的热搜词或话题，创作具有吸引力和实用性的推广内容。这些内容可以是文章、视频、图片等形式，要保证其质量高、有创意，能够吸引用户的关注和互动。

（4）购买热搜词或话题：通过相关的购买渠道购买热搜词或话题，提高推广内容在热搜页面上的曝光率和流量。具体的购买方式可能因平台而异，可以参考平台提供的指南或咨询相关客服人员。

（5）监测和评估效果：在购买热搜词或话题后，要持续监测和评估推广效果。这包括观察内容的曝光量、点击量、互动量等数据表现，了解用户反馈和参与度。根据监测结果及时调整推广策略，包括选择不同的热搜词或话题、优化内容质量等，以提高曝光度和用户参与度。

需要注意的是，热搜推广是一种有偿的推广方式，需要投入一定的成本。因此，在选择热搜词或话题时，要根据实际情况进行选择，避免浪费资金。同时，要遵守平台的规定和要求，不得进行违规操作和虚假宣传。通过合理的热搜推广可以帮助品牌或产品快速获得曝光和关注度，提高市场竞争力。

3.达人推广

达人推广是一种与有一定影响力的达人或网红合作，让他们推荐或代言产品，提高品牌知名度和转化率的推广方式。例如，某牛奶商家与小红书平台上拥有 400 多万粉丝的美食博主合作，将自己的牛奶产品植入该美食博主拍摄的视频作品中，如图 8-30 所示。

图 8-30　小红书达人推广案例

以下是达人推广的操作步骤。

（1）确定合作对象：选择与品牌或产品相关的有一定影响力的达人或网红，了解他们的受众群体和影响力，以确定是否适合合作。

（2）制定合作计划：与达人或网红协商制定合作计划，包括合作方式、推广内容、时间安排等细节问题，确保推广效果的最大化。

（3）创作推广内容：根据达人的特点和品牌或产品的需求，创作具有吸引力和创意性的推广内容，如推荐视频、直播带货等。

（4）发布推广内容：将创作的推广内容发布到相关的社交媒体平台，如抖音、快手、小红书等，吸引更多用户的关注和互动。

（5）监测和评估效果：在发布推广内容后，要持续监测和评估推广效果，包括曝光量、点击量、转化率等数据表现，了解用户反馈和参与度。

（6）调整优化策略：根据监测结果及时调整优化策略，包括重新选择合作对象、优化推广内容等，以提高曝光度和用户参与度。

需要注意的是，达人推广需要选择合适的合作对象，并制定合理的合作计划，同时需要遵守平台的规定和要求，不得进行违规操作和虚假宣传。通过合理的达人推广可以快速提高品牌知名度和转化率，提高市场竞争力。

4. 素人推广

素人推广是一种通过投放素人笔记或邀请素人写评价，增加品牌真实性和口碑，吸引更多用户关注和信任的推广方式。例如，某图书产品在小红书上就有很多人对其进行推广，其中既有网红博主，也有普通的素人用户，如图 8-31 所示。

以下是素人推广的操作步骤。

（1）确定目标受众：了解要推广的品牌或产品的目标受众群体，包括他们的兴趣、需求和习惯等，以便选择合适的素人进行推广。

（2）邀请素人撰写笔记或评价：通过邀请相关的素人或消费者，撰写关于品牌或产品的笔记或评价，增加品牌的真实性和口碑。可以是通过社交媒体平台、电子邮件或其他渠道进行邀请。

（3）确定推广渠道：选择合适的推广渠道，如社交媒体平台、电商平台、论坛等，将素人的笔记或评价进行发布和传播。

（4）监测和评估效果：在发布推广内容后，要持续监测和评估推广效果，包括曝光量、点击量、转化率等数据表现，了解用户反馈和参与度。

图 8-31　在小红书平台上很多对某图书产品进行推广

（5）调整优化策略：根据监测结果及时调整优化策略，包括重新选择素人群体、优化推广渠道等，以提高曝光度和用户参与度。

需要注意的是，素人推广需要选择合适的素人群体和推广渠道，并制定合理的推广计划，同时需要遵守平台的规定和要求，不得进行违规操作和虚假宣传。通过合理的素人推广可以增加品牌的真实性和口碑，提高用户对品牌的信任度和忠诚度。

5. 其他推广方式

除了上述介绍的推广方式以外，小红书的推广方式还有很多，如关键词优化、标签推广、评论推广、品牌合作页面推广以及广告投放等。

（1）关键词优化：在笔记中合理使用关键词，提高搜索结果的相关性和排名。

（2）标签推广：在笔记中添加相关标签，将内容推送给关注该标签的用户，提高曝光度和互动率。

（3）评论推广：在热门笔记下发表有趣或有价值的评论，吸引其他用户关注和互动。

（4）品牌合作页面推广：在小红书上建立品牌合作页面，与达人或网红合作，吸引更多用户关注和互动。

（5）广告投放：通过小红书的广告投放平台，投放品牌广告或效果广告，提高曝光度和转化率。

任务8.3　资讯平台推广

资讯平台是一种提供新闻、信息、娱乐等各类资讯服务的平台，如今日头条、一点资讯等。这些平台通过发布海量、多样化的内容，吸引用户的关注和互动，进而实现流量变现和品牌推广。资讯平台的推广方式包括发布优质内容、投放广告、使用话题标签和参与活动等，旨在提高品牌曝光度和用户关注度。通过合理的推广策略，资讯平台能够为企业和个人提供有效的宣传和推广服务，促进品牌知名度和影响力的提升。

子任务8.3.1　今日头条推广

今日头条平台采用了先进的推荐算法，能够准确地识别用户的兴趣和偏好，从而为用户提供更加精准的新闻推荐。此外，用户还可以通过今日头条平台与作者和其他读者互动，分享自己的看法和观点。今日头条常用的推广方式包括文章推广、视频推广、头条广告和用户互动推广等，旨在提高品牌曝光和用户关注度。

1. 文章推广

文章推广是一种通过撰写具有吸引力的文章，吸引用户的关注和转发的推广方式。文章内容可以包括热点事件、生活常识、健康养生、情感故事等。在今日头条平台上有很多优秀的文章，如图 8-32 所示。

图 8-32　今日头条平台上的文章

以下是文章推广的具体操作步骤。

（1）确定目标受众：了解要推广的目标受众群体，包括他们的兴趣、需求和习惯等，以便撰写针对性的文章内容。

（2）撰写优质文章：根据目标受众和品牌或产品的特点，撰写具有吸引力和实用性的文章。文章内容可以包括热点事件、生活常识、健康养生、情感故事等，确保文章质量高、有创意，能够吸引用户的关注和转发。

（3）选择合适的发布渠道：选择合适的发布渠道，如社交媒体平台、新闻媒体网站、论坛等，将文章进行发布和传播。

（4）推广文章的宣传：通过社交媒体、电子邮件或其他渠道，将推广文章宣传给更多的用户，吸引他们的关注和转发。

（5）监测和评估效果：在发布推广内容后，要持续监测和评估推广效果，包括曝光量、点击量、转发量等数据表现，了解用户反馈和参与度。

（6）调整优化策略：根据监测结果及时调整优化策略，包括重新选择发布渠道、优化文章质量等，以提高曝光度和用户参与度。

需要注意的是，文章推广需要撰写高质量的文章内容，并选择合适的发布渠道和宣传方式，同时需要遵守平台的规定和要求，不得进行违规操作和虚假宣传。通过合理的文章推广可以吸引用户的关注和转发，提高品牌知名度和销售量。

2. 视频推广

视频推广是一种通过发布具有吸引力的视频内容，吸引用户的关注和转发的推广方式。视频内容可以包括生活技巧、科普知识、搞笑短片、电影剪辑等。在今日头条平台上除了文章内容以外，还有很多视频内容。例如，今日头条平台上的视频版块和小视频版块，如图 8-33 和图 8-34 所示。

图 8-33　今日头条平台上的视频版块

图 8-34　今日头条平台上的小视频版块

以下是视频推广的具体操作步骤。

（1）确定目标受众：了解要推广的目标受众群体，包括他们的兴趣、需求和习惯等，以便制作针对性的视频内容。

（2）制作优质视频：根据目标受众和品牌或产品的特点，制作具有吸引力和实用性的视频。视频内容可以包括生活技巧、科普知识、搞笑短片、电影剪辑等，确保视频质量高、有创意，能够吸引用户的关注和转发。

（3）选择合适的发布渠道：选择合适的发布渠道，如社交媒体平台、视频分享网站、电视广告等，将视频进行发布和传播。

（4）推广视频的宣传：通过社交媒体、电子邮件或其他渠道，将推广视频宣传给更多的用户，吸引他们的关注和转发。

（5）监测和评估效果：在发布推广内容后，要持续监测和评估推广效果，包括曝光量、点击量、转发量等数据表现，了解用户反馈和参与度。

（6）调整优化策略：根据监测结果及时调整优化策略，包括重新选择发布渠道、优化视频质量等，以提高曝光度和用户参与度。

需要注意的是，视频推广需要制作高质量的视频内容，并选择合适的发布渠道和宣传方式，同时需要遵守平台的规定和要求，不得进行违规操作和虚假宣传。通过合理的视频推广可以吸引用户的关注和转发，提高品牌知名度和销售量。

3.头条广告

头条广告是一种通过在今日头条上投放广告，吸引用户的关注和点击的推广方式。广告形式包括图文广告、视频广告、信息流广告等。例如，某护肤品品牌在今日头条上投放的信息流广告，如图8-35所示。

以下是头条广告的具体操作步骤。

（1）确定目标受众：了解要推广的目标受众群体，包括他们的兴趣、需求和习惯等，以便选择合适的广告形式和定位。

（2）制定广告计划：根据目标受众和品牌或产品的特点，制定具体的广告计划，包括广告形式、投放时间、投放位置、预算等。

（3）创建广告素材：根据选择的广告形式，创建具有吸引力和创意的广告素材，如图文广告的设计、视频广告的制作等。

（4）投放广告：在今日头条的广告平台上进行广告投放，根据设定的条件和目标受众进行精准投放，提高广告的曝光度和点击率。

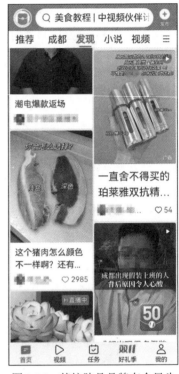

图8-35　某护肤品品牌在今日头条上投放的信息流广告

（5）监测和评估效果：在投放广告后，要持续监测和评估广告效果，包括曝光量、点击量、转化率等数据表现，了解用户反馈和参与度。

（6）调整优化策略：根据监测结果及时调整优化策略，包括重新选择目标受众、优化广告素材等，以提高广告效果和转化率。

需要注意的是，头条广告需要选择合适的广告形式和定位，并制订合理的广告计划和预算，同时需要遵守平台的规定和要求，不得进行违规操作和虚假宣传。通过合理的头条广告投放可以吸引用户的关注和点击，提高品牌知名度和销售量。

4.用户互动推广

用户互动推广是一种通过与用户进行互动，回复评论或私信，增加用户的参与度和忠诚度的推广方式。例如，今日头条平台上某美食制作类视频，作者对每一位用户的评价都进行了回复和点赞，如图8-36所示。

以下是用户互动推广的操作步骤。

图8-36　今日头条平台上的用户互动推广案例

（1）关注用户互动：在社交媒体、论坛、电商平台等渠道上关注用户的评论和私信，及时回复他们的疑问、建议和反馈。

（2）建立互动关系：通过回复用户的评论和私信，建立与用户的互动关系，让他们感受到品牌的关注和重视。

（3）提供有价值的内容：在回复用户时，提供有价值的内容和建议，帮助他们解决问题或获得更好的体验。

（4）鼓励用户参与：通过举办活动、征集意见、邀请用户参与产品开发等方式，鼓励用户参与到品牌的建设和发展中来。

（5）建立忠诚度：通过与用户的互动和参与，建立用户的忠诚度，提高他们的复购率和口碑传播。

除了以上方法之外，常用的今日头条推广方式还有话题推广、问答推广等。需要注意的是，用户互动推广需要建立专门的团队或指定专人进行操作，并制定合理的互动计划和流程，确保与用户的互动质量和效果。同时需要遵守平台的规定和要求，不得进行违规操作和虚假宣传。通过合理的用户互动推广可以增加用户的参与度和忠诚度，提高品牌知名度和销售量。

子任务8.3.2　一点资讯推广

一点资讯是一款基于兴趣而生的内容推荐引擎，它致力于为用户提供私人定制的精准资讯。与传统的搜索和浏览方式不同，一点资讯通过分析用户的兴趣和行为数据，以及文章的内容和属性，为用户推荐符合其兴趣和需求的内容。

在一点资讯平台上进行推广，可以利用其精准的推荐算法和庞大的用户群体，将品牌或产品的信息精准地推送给目标受众。同时，可以利用一点资讯的广告投放平台，根据目标受众的特点选择不同的广告形式和投放位置，提高广告效果和转化率。一点资讯常用的推广方式包括一点资讯广告推广、文章页 banner 广告推广、专题活动推广、频道合作推广、社交媒体推广、评论推广以及用户互动推广等。

（1）一点资讯广告推广：通过一点资讯的广告投放平台，进行品牌广告、效果广告的投放，通过精准定位目标受众，提高曝光度和转化率。

（2）文章页 banner 广告推广：在一点资讯平台上的文章页面中插入 banner 广告，通过点击或展示进行计费，增加品牌曝光度和点击率。

（3）专题活动推广：通过一点资讯平台上的专题活动进行推广，吸引用户的关注和参与，提高品牌知名度和影响力。

（4）频道合作推广：与一点资讯平台上的相关频道或栏目进行合作，通过频道或栏目的推荐或专访，增加品牌曝光度和关注度。

（5）社交媒体推广：通过一点资讯平台上的社交媒体分享功能，将内容分享到其他社交媒体平台，吸引更多用户关注和互动。

（6）评论推广：在一点资讯平台上的文章下发表有价值的评论，吸引其他用户的关注和互动，增加品牌曝光度和口碑。

（7）用户互动推广：通过与用户的互动，回复评论或私信，增加用户的参与度和忠诚度，提高品牌曝光度和关注度。

总之，在一点资讯平台上进行推广需要结合平台特点和目标受众的需求，制定合适的推广计划，并不断优化和调整策略，才能取得良好的效果。同时需要注意遵守平台规定和相关法律法规，避免违规行为和过度营销。

子任务8.3.3　百度号推广

百度号（baijiahao.baidu.com）是百度为创作者打造的集创作、发布、变现于一体的内容创作平台。在这个平台上，创作者可以发布高质量的原创文章，这些文章可以通过百度的流量支持获得更多的曝光和阅读量，从而吸引更多的粉丝和用户。

百度号推广是一种通过百度号平台进行推广的方式，它可以帮助企业或个人提高品牌知名度、吸引潜在客户和增加销售量。百度号常用的推广方式包括发布优质文章、投放广告、社交媒体推广、活动推广、专栏推广、搜索引擎优化以及合作推广等。

（1）发布优质文章：在百度百家平台上发布优质文章，可以是原创文章，也可以引用其他优质文章，通过提高文章质量和内容吸引力，吸引读者点击和分享，提高品牌曝光度和关注度。

（2）投放广告：在百度号平台上投放广告，包括品牌广告、效果广告等，通过精准定位目标受众，提高曝光度和转化率。

（3）社交媒体推广：通过社交媒体平台（如微信、微博等）进行推广，将流量引导到百度号平台，增加用户关注和互动。

（4）活动推广：在百度号平台上举办活动或比赛，吸引用户参与和关注，提高品牌知名度和影响力。

（5）专栏推广：在百度号平台上开设专栏，发布专业文章或评论，吸引目标受众关注和互动。

（6）搜索引擎优化：通过关键词优化和搜索引擎优化等手段，提高文章在搜索引擎上的排名，增加文章的点击率和曝光率。

（7）合作推广：与其他媒体或企业合作推广，共同宣传品牌或产品，扩大品牌或产品的知名度和影响力。

总之，百度号推广是一种有效的推广方式，在进行百度号推广时，需要结合平台特点和目标受众的需求，制定合适的推广计划，并不断优化和调整策略，才能取得良好的效果。

任务8.4　电商平台推广

电商平台是一种提供在线购物、交易服务的平台，如淘宝、京东、拼多多等。这些平台通过提供便捷的购物体验、安全的支付方式和丰富的商品选择，吸引用户的关注和购买。电商平台的推广方式包括投放广告、参与促销活动、优化商品搜索排名、提供优惠券和促销折扣等，旨在提高商品曝光度和销售量。通过合理的电商平台推广，企业能够扩大销售渠道、提高品牌知名度和市场占有率。

子任务8.4.1　淘宝推广

淘宝推广是淘宝商家通过各种渠道向潜在客户展示商品信息，以促进客户购买和增加销售量的过程。淘宝常用的推广方式包括淘宝直通车、淘宝客、淘宝联盟等。这些方法可以帮助商家提高店铺曝光度、吸引更多潜在客户和提高销售量。

1.淘宝直通车

淘宝直通车是一种按点击付费的推广工具，它通过竞价排名的方式，让商家的商品在淘宝搜索引擎中获得较高的曝光率，同时精准地吸引潜在客户进入店铺或者直接购买商品。

在淘宝推广中，直通车推广占了很大一部分，其展示位也遍布多个页面。以手机淘宝为例，在搜索任意关键词时，一般是以"1+5+1+5+1+10+1+10…"这个规律展示直通车商品，这里的"1"一般是指的首条，然后按照顺序隔 5 个或者 10 个位置，再有一个展示位置。一般来说，手机淘宝搜索页面中只要是带有红色"广告"标志的，都是直通车展位。如图 8-37 所示为手机淘宝的部分直通车展位。

图 8-37　手机淘宝的部分直通车展位

商家开通直通车服务后，可以在直通车后台创建相应的推广计划。直通车推广计划的基础设置主要包括新建计划设置、日限额设置、投放设置等。

（1）新建计划设置：一般选择计划时有智能计划和标准计划可选择。那么这两种计划有什么区别呢？智能计划就是后台帮你去投放直通车，标准计划时按照自己计划投放直通车。新手可直接选择智能计划。

（2）日限额设置：一般来讲直通车日限额分为有日限跟没日限。有日限额设置时最低可设置 30 元，建议新手商家都设置有日限。

（3）投放位置：投放位置分为"手机淘宝搜索""淘宝网搜索""销量明星""站外优质媒体"等位置，可以点击红框内按钮设置投放与否，如图 8-38 所示。

（4）投放地域：在进行投放位置设置时可以根据地区来选择，即可以根据省份来选择，也可以根

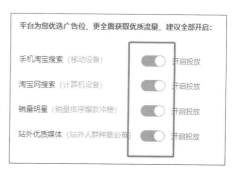

图 8-38　投放位置设置

213

据城市来选择，具体投放根据实际情况选择。勾选地域前面的方框则说明投放该区域，如图 8-39 所示。

图 8-39　投放地域设置

（5）投放时间：每一种商品面对的每一种消费者习惯都不太相同，所以对于投放时间的设置是很有必要的，选择需要调节的时间及相应的时间折扣即可，这里要注意自定义调节时最低的折扣为 30%。某直通车的投放时间设置如图 8-40 所示。

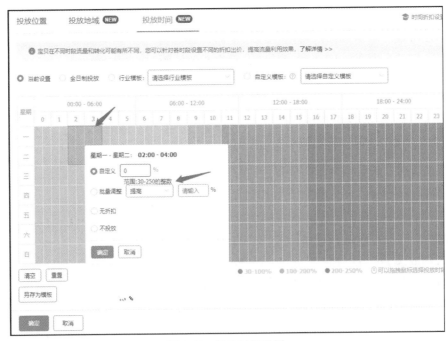

图 8-40　投放时间设置

通过设置以上内容，基本就可以完成一个直通车推广计划设置了。需要注意的是，淘宝直通车推广需要针对不同的宝贝和潜在客户群体进行精细化运营，同时也需要掌握一定的竞价策略和技巧，以实现高效的推广效果。

2.淘宝客

淘宝客是一种通过推广淘宝店铺或商品赚取佣金的推广模式。淘宝客可以从淘宝客推广专区获取商品代码，并利用各种渠道进行推广，包括社交媒体、论坛、博客等。当客户通过淘宝客的推广链接进入淘宝商家店铺并完成购买后，淘宝客就可以获得由商家支付的佣金。淘宝客的推广效果通常会受到推广渠道、商品类型、佣金比例等多种因素的影响。

淘宝客的推广方式有很多种，以下是一些常见的方法。

（1）创建一个淘宝客推广计划：首先需要制定一个明确的推广计划，包括要推广的商品、推广的渠道、推广的时间、推广的目标等。

（2）利用社交媒体进行推广：在微信、微博、抖音等社交媒体平台上发布推广信息，或者通过直播的方式向网友展示推荐商品并讲解其特性和使用体验，从而提高商品的点击量和购买转化率。

（3）利用淘宝联盟：淘宝联盟是一个为淘宝客提供推广服务的平台，可以通过淘宝联盟将淘宝客的推广链接发布到其他网站或 App 上，吸引更多的用户点击链接并进入淘宝购买商品。

（4）利用淘宝客 App：淘宝客 App 是一个为淘宝客提供推广服务的移动应用，可以在 App 中获取商品推广链接，通过微信、短信、邮件等方式分享给朋友或客户。

（5）利用店铺推广：可以在淘宝店铺内设置淘宝客推广专区，通过店铺内的海报、图片等方式向客户展示推广信息，引导客户点击链接并购买商品。

（6）利用优惠券推广：可以设置一些优惠券，通过淘宝客推广给客户，吸引更多的客户购买商品。

总之，淘宝客推广需要结合市场需求和自身情况，制定科学合理的推广策略，并不断优化和调整策略，才能取得良好的效果。同时需要注意遵守淘宝的规定和相关法律法规，避免违规行为和过度营销。

3.淘宝联盟

淘宝联盟隶属于阿里巴巴集团旗下，是一家为淘宝客提供推广服务的平台。淘宝客可以通过淘宝联盟获取商品推广链接，并将链接发布到其他网站或 App 上，吸引更多的用户点击链接并进入淘宝购买商品。淘宝联盟拥有大量的电子商务营销效果数据和经验，可以为商家提供精准的推广服务，同时也可以为淘宝客提供更多的推广机会和收益。淘宝联盟的成立和发展，不仅推动了阿里巴巴集团电商业务的发展，也为电子商务营销领域带来了更多的创新和机遇。淘宝联盟首页如图 8-41 所示。

4.其他推广方式

除了淘宝直通车、淘宝客、淘宝联盟以外，淘宝平台还有一些其他的推广方式，如淘宝论坛、淘宝定向推广、社交媒体推广、限时促销、口碑营销等。

图 8-41　投放时间设置

（1）淘宝论坛：是最具人气的淘宝店铺推广社区论坛，提供论坛资讯信息，力求给客户一个简洁舒适的快速阅读界面。

（2）淘宝定向推广：继搜索推广之后的又一精准推广方式。利用淘宝网庞大的数据库，通过创新的多维度人群定向技术，锁定目标客户，并将推广信息展现在目标客户浏览的网页上。

（3）社交媒体推广：在微博、微信、抖音等社交媒体上宣传店铺和产品，吸引用户点击链接进入店铺。

（4）限时促销：通过打折、满减、抢购等促销活动，吸引用户进入店铺抢购产品。

（5）口碑营销：提供优质的产品和服务，让用户通过口口相传，吸引更多用户购买。

（6）优质产品评价：鼓励购买者留下积极的产品评价，提升店铺信誉，吸引其他用户购买。

（7）淘宝活动参与：参与淘宝举办的活动，如"双十一"、"618"等，享受平台的流量分流效应。

（8）淘宝店铺 SEO 优化：优化店铺标题、关键词、分类等，提升店铺在内部搜索引擎中的排名。

（9）私域流量管理：积极维护店铺的粉丝群体，通过站内信、优惠券等方式吸引其访问。

（10）淘宝直播：是一种通过直播形式展示商品和店铺的推广方式。商家可以通过直播展示商品的特点、使用方法和实际效果，吸引更多用户的关注和购买。同时，直播内容还可以包含一些店铺和商家的故事和特色，增强用户的认同感和忠诚度。淘宝直播推广需要选择合适的直播内容、主播和推广渠道，并制定合理的推广计划和预算，以提高曝光率、点击率和转化率。

以上就是淘宝常用的推广方式，不同的方法适用于不同的产品和策略，商家需根据实际情况选择合适的方法进行推广。

子任务8.4.2　拼多多推广

拼多多平台是一个社交电商网站，以低价和拼团为核心卖点，迅速在市场上获得了广泛的认可和青睐。拼多多推广是商家在拼多多平台上进行商品推广和营销的重要手段。通过拼多多推广，商家可以扩大品牌知名度，提高商品销量和用户黏性。拼多多推广的方法包括多多进宝、优惠券、直通车、限时免单等多种形式，如图8-42所示。

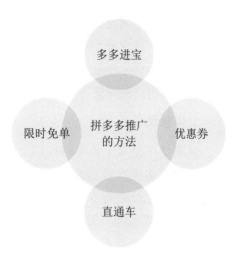

图 8-42　拼多多推广的方法

（1）多多进宝：商家可以在后台设置商品的专属优惠，推手接任务后去推广商品赚取佣金，达到最终的销售目的。这种方法对推广预算的要求较高，需要充足的推广资金。

（2）优惠券：优惠券分为店铺优惠券和商品优惠券，可以增加用户的购物欲望和转化率、客单价，有效提升销量。

（3）直通车：付费推广的一种工具，用于上新测款、打爆款、引流、批量推广等目的，但不能作为店铺的主要引流来源。

（4）限时免单：活动期间购买指定商品，系统成团后抽取一定数量的订单，返回与商品等价的平台优惠券。

除此之外，商家还可以在拼多多平台进行搜索推广、场景推广、焦点图推广、社交媒体推广、活动推广、团长推广和直播推广。

（1）搜索推广：通过关键词搜索广告，将商品展示在搜索结果页面，提高商品的曝光度和点击率。

（2）场景推广：通过商品展示广告，将商品展示在拼多多首页、类目页面等场景下，提高商品的曝光度和点击率。

（3）焦点图推广：通过焦点图广告，将商品展示在拼多多首页焦点图位置，吸引用户点击并进入店铺。

（4）社交媒体推广：通过微信、微博等社交媒体平台，将商品推广给更多的用户，提高商品的曝光度和销售量。

（5）活动推广：参加拼多多的各种促销活动，如限时特价、满减等，吸引用户购买商品。

（6）团长推广：通过招募团长来推广商品，团长可以在自己的社交渠道中推广商品并获得佣金。

（7）直播推广：通过直播平台直播商品来吸引用户购买商品，提高商品的曝光度和销售额。

以上就是拼多多常用的推广方式，不同的方法适用于不同的产品和策略，商家需根据实际情况选择合适的方法进行推广。

子任务8.4.3　京东推广

京东平台是国内最大的自营电子商务平台,提供了丰富的商品和服务,同时也有一些推广手段来帮助商家在平台上进行营销和推广。京东常用的推广方式包括京东快车、京挑客引流、品牌聚效和京东直投等。这些推广方式可以帮助商家提高店铺曝光度、吸引更多潜在客户和提高销售量。

1. 京东快车

京东快车是京东推出的推广工具,类似于淘宝直通车和拼多多直通车等。商家可以按照不同的频道或关键词竞价取得不同的展位,和百度竞价等一样,排名越靠前的商品流量越多,但收费也越高。如图 8-43 所示为京东手机端上的京东快车展示位。

2. 京挑客引流

京挑客是京东与第三方媒体的合作,由媒体选择商家商品信息在自己的资源上进行推广,类似于媒体广告,目的也是为了引流并吸引顾客下单,为商家带来销售。此广告形式按 CPS 进行结算,即商品成交后才需要支付相应的广告费用。

3. 品牌聚效

品牌聚效是一种品牌广告,商家可以购买品牌关键词,将广告展示在搜索结果页面的显著位置,提高品牌的曝光度和知名度。

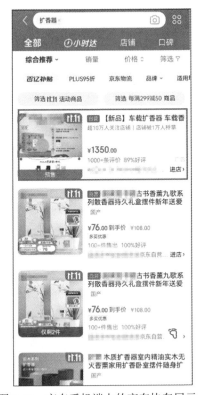

图 8-43　京东手机端上的京东快车展示位

4. 京东直投

京东直投是一种基于大数据的广告投放方式,商家可以通过投放广告将商品展示在用户的兴趣页面或购买路径上,提高商品的曝光度和转化率。

以上就是京东常用的推广方式,不同的方法适用于不同的产品和策略,商家需根据实际情况选择合适的方法进行推广。

观看视频

课堂实训　多平台联合推广案例　≡

酒时浪创立于 2017 年,原本是一家淘宝酒饮集合店。2019 年,酒时浪团队开始进行"二次创业",自创酒饮品牌,先后推出了野系列、吃茶系列等自有品牌产品。自品牌创立之初,酒时浪就瞄准了年轻消费群体,其产品研发也主要迎合年轻消费者的口味及审美。目前,酒时浪共推出了"野系果酒""CHITCHAT 吃茶"及"环球严选"三大系列产品,产品品类包括果酒、气泡酒、葡萄酒等。

　　打造诸多系列产品的同时，酒时浪也未忽略在渠道营销推广层面上发力。酒时浪不仅在淘宝、京东等电商平台开通了品牌店铺，也通过小红书、抖音、微信公众号等社交平台持续触达用户，与其建立强联系，进而获得品牌知名度和销量的双增长。下面我们就来看看酒时浪品牌在小红书、抖音、微信公众号三大新媒体平台上进行营销的推广策略。

　　1. 小红书推广

　　对于想要实现从 0～1 过渡的品牌和新产品，作为年轻人的生活方式平台与消费决策入口的小红书是一个非常好的选择。小红书的受众人群购买意向极高，品牌能在上面更好地进行种草。

　　在小红书平台搜索"酒时浪"关键词，可以看到多个相关笔记内容，有的笔记点赞数很多，有的笔记点赞数却很少，如图 8-44 所示。这是因为酒时浪在小红书上投放的主要是头部达人和尾部达人，头部达人有高影响力可以打造广泛认知，粉丝经济带动转化，尾部达人可以营造全民推荐氛围，转化高意向用户，促进购买行为。

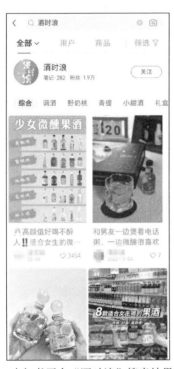

图 8-44　小红书平台"酒时浪"搜索结果页面图

图 8-45　酒时浪小红书企业号主页

　　酒时浪在小红书上的推广策略是多元化的，他们通过爆文笔记、聚焦核心产品、场景化营销、企业号推广以及信息流加热等方式，来提高品牌知名度和销售额。这些策略的运用不仅有助于酒时浪在小红书上的品牌增长，也为其他品牌提供了可借鉴的推广经验。

　　2. 抖音推广

　　抖音平台拥有庞大的用户群体和活跃的社交功能，为品牌提供了广阔的营销空间。通过抖音推广，可以提高品牌的曝光度、建立品牌形象、拉近客户关系。酒时浪在抖音平台上虽然没有进行过多的广告投放，但是通过进行产品创意短视频的内容输出，更好地接触了年轻消费者。

酒时浪品牌在抖音推广方面，采用了多种策略和形式。首先，酒时浪在抖音上开通了品牌账号，通过发布短视频、直播等内容，向用户展示品牌形象和产品特点。这些内容不仅包括品牌介绍、产品介绍、品鉴体验等，还包括与用户互动的环节，比如邀请用户进行品鉴活动、发起话题挑战等。截至 2023 年 10 月 31 日，该账号的粉丝数为 1.5 万，获赞数为 14.4 万，如图 8-46 所示。

其次，酒时浪还采用了抖音的广告投放功能，通过投放广告来提高品牌曝光度和销售额。例如，酒时浪在抖音上投放了开屏广告和信息流广告，通过精准定位目标用户和设置关键词，将广告推送给潜在消费者。

此外，酒时浪还通过与其他抖音用户合作的方式，进行品牌推广。例如，酒时浪曾与一些抖音网红、美食博主等合作，邀请他们体验产品并将心得分享到自己的账号上。这种方式可以帮助酒时浪扩大品牌影响力，提高销售额。

图 8-46　酒时浪的抖音企业号主页

最后，酒时浪还通过抖音的社交功能，与用户进行互动和沟通。例如，酒时浪在抖音上发起了话题挑战"＃酒时浪请你喝好酒"，邀请用户上传自己品鉴酒时浪产品的视频，并获得点赞和分享。这种方式可以让用户更加深入地了解品牌和产品，同时也可以促进用户之间的互动和社交。

3. 微信推广

在微信公众号推广方面，酒时浪也有自己的一套营销推广策略。例如，用户关注公众号后，系统就会自动推送酒时浪人员的私人微信号，将消费者引流到私人微信，便于后期开展社群运营，如图 8-47 所示。

另外，酒时浪公众号发布的大多数文章内容中都会有一个有奖评论活动，用户在评论区分享相关话题内容，便有可能获得相应奖励，如图 8-48 所示。而且酒时浪选择的评论话题，也是紧跟当下年轻人的社交话题，再加上奖励的加持，用户的参与积极性往往都比较高。

酒时浪正是靠着不同系列多款产品的研发创新，以及多平台、多元化的品牌推广营销，才能在竞争激烈的酒饮市场中脱颖而出，获得众多年轻消费者的青睐。

图 8-47　酒时浪公众号的自动回复信息

图 8-48　酒时浪公众号的有奖评论活动

课后作业

1. 为某食品品牌制定一份完整的抖音推广计划。
2. 为某运动品牌选择适合的 2 ~ 3 个新媒体推广平台，并制定相应的推广计划。

项目 9　数据化运营

在新媒体时代，数据分析技术已经全面渗透到了新媒体的各个领域。数据化运营对于新媒体运营非常重要。通过数据化运营，企业可以更好地了解市场需求、提高营销效果，以及制定更精准的营销策略。在新媒体时代，数据化运营已经成为一项必不可少的工作。

本章学习要点：

（1）了解数据化运营的概念、价值、思维及工作流程。

（2）了解数据化运营的核心指标。

（3）认识数据化运营的常用工具。

任务9.1　数据化运营概述

在新媒体时代，数据分析具有至关重要的意义和作用。通过运用新媒体数据分析工具，进行内容生产和信息传播已经成为新媒体运营的常规操作。下面我们来一起探讨什么是新媒体数据分析，以及新媒体数据分析的特征和价值。

子任务9.1.1　什么是数据化运营

数据化运营是指通过数据分析和挖掘，对新媒体平台进行全面的运营和优化，提高运营效率、用户转化率和品牌价值。

从新媒体角度来看，数据化运营包括多个方面，如用户数据、内容数据、社交媒体数据等。通过对这些数据的收集、分析和挖掘，可以深入了解目标受众的喜好、需求和行为特点，从而制定更加精准的运营策略。

首先，用户数据是新媒体运营的核心，包括用户的基本信息（如年龄、性别、地域等）、兴趣爱好、行为轨迹等。通过分析用户数据，可以深入了解用户的特征和需求，为后续的内容制作和推广提供重要的参考。

其次，内容数据是新媒体运营的关键，包括文章的阅读量、点赞数、评论数等。通过分析内容数据，可以了解哪些内容更受欢迎，哪些内容需要改进，从而优化内容策略，提高用户转化率。

此外，社交媒体数据也是新媒体运营的重要来源，包括社交媒体的关注人数、互动评论等。通过分析社交媒体数据，可以了解用户在社交媒体上的行为习惯和需求，从而制定更加精准的社交媒体推广策略。

总之，数据化运营是新媒体时代的重要趋势，通过对数据的分析和挖掘，可以制定更加精准的运营策略，提高新媒体平台的运营效率、用户转化率和品牌价值。

子任务9.1.2　数据化运营的价值

数据化运营的价值在于通过运用数据分析和挖掘技术，实现对于新媒体平台的精细化和个性化运营，提高运营效率、用户转化率和品牌价值。新媒体数据化运营的价值主要体现在如图 9-1 所示的几方面。

（1）提高运营效率：通过数据分析和挖掘，可以更加精准地了解用户的需求和行为，制定更加精细化的运营策略，提高运营效率。

（2）提升用户转化率：通过对于用户数据和内

图 9-1　数据化运营的价值

容数据的分析，可以了解用户对于哪些内容更感兴趣，从而优化内容策略，提高用户转化率。

（3）增强品牌价值：通过数据分析和挖掘，可以更加全面地了解用户的特征和需求，从而制定更加精准的营销策略，增强品牌价值和知名度。

（4）精细化运营：通过数据分析，可以更加精细地认识用户的需求，从而制定更加个性化的运营策略，提高用户满意度和忠诚度。

（5）决策支持：通过数据分析和挖掘，可以获得更加全面和准确的数据支持，为运营决策提供更加可靠的数据支持。

新媒体数据化运营的价值在于通过数据分析和挖掘，可以更加全面、精准地了解用户的需求和行为，从而制定更加精细化的运营策略，提高运营效率、用户转化率和品牌价值。同时，还可以为运营决策提供更加可靠的数据支撑，有效提高决策的准确性和效率。

子任务9.1.3　数据化运营的五大思维

数据化运营的思维是一种基于数据的分析和运用的思维方式，它强调数据在企业运营过程中的重要性，通过收集和分析各种数据，了解市场趋势、消费者需求、竞争对手情况等关键信息，从而更好地把握市场机会和挑战。同时，数据也是企业优化运营的关键工具，通过数据的分析，可以发现问题、识别瓶颈，进而采取相应措施进行改进和优化。数据化运营的思维还包括追踪思路和分解思路，追踪思路可以帮助运营者发现问题，而分解思路可以将数据层层向下分解，找出更多的"子数据"，通过对子数据的挖掘和优化，找到方向并提升最后的"关键指标"。

数据化运营思维主要包括对比思维、转化思维、细分思维、趋势思维和用户思维等5大思维，如图9-2所示。

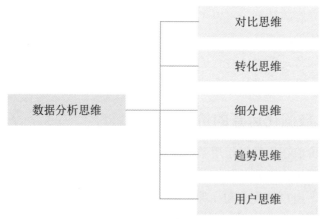

图 9-2　数据分析思维

1. 对比思维

对比思维是指将两个或两个以上数据指标进行比较，以发现其中的差异和规律。例如，可以将本品牌的销售数据与竞争对手的销售数据进行比较，以了解本品牌在市场中的销售表现和优劣势。如图 9-3 所示为某抖音店 A、B 两款产品月度销量对比。

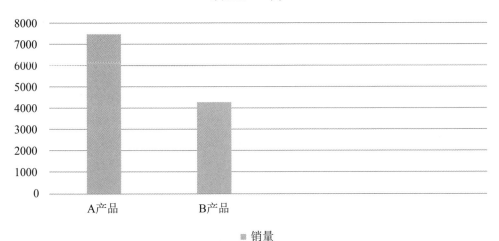

图 9-3 某抖音店 A、B 两款产品月度销量对比

2.转化思维

转化思维是指将原始数据进行转化，以获得更有价值的指标和信息。例如，可以将用户行为数据转化为用户画像，以了解用户的兴趣、需求和行为特点，从而制定更加精准的营销策略。

3.细分思维

细分思维是指将整体数据按照不同的维度和标准进行划分和细分，以获得更加细致和深入的信息。例如，可以将用户按照性别、年龄、地域等维度进行划分，以了解不同用户群体的特点和需求，如图 9-4 所示。

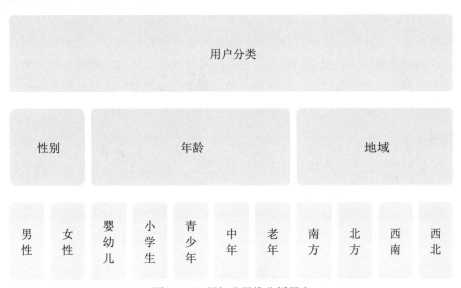

图 9-4 运用细分思维分析用户

4. 趋势思维

趋势思维是指通过对数据进行分析和预测，了解市场和用户的需求和发展趋势。例如，可以通过对用户购买行为的数据进行分析，预测用户的购买趋势和购买意愿。

5. 用户思维

用户思维是指从用户的角度出发，对数据进行深入的分析和研究。例如，可以通过对用户反馈的数据进行分析，了解用户对于产品的需求和意见，从而进行产品优化和改进。

总之，数据化运营思维是一种综合性的思维方式，它要求运营者具备多种思维方式和能力，能够灵活运用各种数据分析和挖掘工具，以获得更加全面、准确和有价值的信息，为企业的运营和发展提供有力的支持和保障。

子任务9.1.4 新媒体数据化运营的工作流程

新媒体数据化运营的工作流程主要包括确定目标、制定计划、数据分析、制定策略、实施方案、效果评估和总结经验等步骤。通过不断迭代和优化，企业可以更好地了解市场和用户需求，实现提高品牌知名度、增加销售量等目标。

1. 确定目标

新媒体数据化运营的目标是提高品牌知名度和增加销售量。为了实现这些目标，企业需要制定相应的计划并不断进行优化和迭代。通过数据分析，企业可以更好地了解市场和用户需求，从而制定更精准的营销策略和方案，提高转化率和变现效果。同时，通过评估效果和总结经验，企业可以不断优化运营策略，提高竞争力和盈利能力。

2. 制定计划

在制定新媒体数据化运营的计划时，需要考虑内容制作、发布时间、发布渠道等多个方面。具体来说，企业需要根据目标用户的需求和媒体平台的特点，制定相应的内容策略和创意，并确定发布时间和频率。此外，企业还需要选择合适的发布渠道和平台，并根据不同渠道的用户特点和竞争情况，制定相应的运营策略和方案。通过制定合理的计划，可以提高内容质量和传播效果，进而实现提高品牌知名度和增加销售量的目标。

3. 数据分析

新媒体数据分析是通过收集和分析新媒体数据，了解用户行为特征、兴趣爱好等信息的过程。这个过程需要借助数据分析工具对数据进行清洗、整理和分析，从而提取出有价值的信息和趋势。通过数据分析，企业可以更好地了解用户需求和市场趋势，还可以评估营销活动的效果和回报率，为制定更精准、更有效的营销策略和方案提供支持。

4. 制定策略

根据数据分析结果，企业可以制定相应的策略，如个性化推荐和精准营销等。个性化推荐可以根据用户的兴趣爱好和购买习惯，推荐相应的产品或服务，提高用户满意度和忠诚度。精准营销可以通过对市场和用户数据的分析，制定针对不同用户群体的营销策略和方案，提高营销效果和回报率。通过制定合适的策略，企业可以更好地满足用户需求和市场趋势，提高竞争力和盈利能力。

5. 实施方案

实施方案是按照制定的策略和计划，具体执行和实施的过程。在这个过程中，企业需要对实施过程进行监控和调整，确保方案顺利执行并达到预期效果。具体来说，企业需要密切关注市场和用户反馈，以及方案实施的成本和效果。针对出现的问题和变化，及时调整和优化方案，确保方案的顺利实施并达成预期目标。通过实施过程的监控和调整，可以提高方案的效果和可行性，同时也可以提高企业的应变能力和竞争力。

6. 效果评估

效果评估是对新媒体数据化运营实施方案的效果进行评估的过程。这个过程可以通过转化率、销售额等指标进行评估，以衡量方案的实际效果和回报率。通过评估结果，企业可以了解方案的优势和不足，并根据评估结果进行调整和优化。通过不断评估和优化，可以提高方案的可行性和效果，进而实现提高品牌知名度和增加销售量的目标。同时，效果评估还可以帮助企业积累经验和教训，为未来的新媒体数据化运营提供参考和借鉴。

7. 总结经验

总结经验是新媒体数据化运营中重要的一步。通过总结实施过程中的经验和教训，企业可以更好地了解自身的优势和不足，并为未来的新媒体数据化运营提供参考和借鉴。

需要注意的是，新媒体数据化运营是一个不断迭代的过程，需要持续关注数据变化和用户反馈，及时调整和优化策略。

任务9.2　新媒体数据化运营的核心指标

传统营销方式与新媒体营销存在诸多差异。相比之下，新媒体营销具备粉丝行为可控、数据可视化等显著优点。那么，在进行新媒体运营时，应关注哪些核心指标呢？显然，粉丝数据、内容数据以及转化数据是三个不可或缺的指标。

子任务9.2.1　粉丝数据

对于新媒体运营而言，粉丝就是营销的基础，粉丝越多，转化的可能性才越大。所以无论是哪种新媒体运营，都离不开粉丝数据。常用的粉丝数据包括粉丝总数、粉丝活跃度、粉丝性别和年龄分布、粉丝地域分布等，如图 9-5 所示。这些数据可以帮助新媒体运营人员更好地了解自己的粉丝群体和行为，从而制定更精准的内容创作方案和营销策略。

1. 粉丝总数

粉丝总数可以反映出一个账号的受欢迎程度和影响力。如果粉丝总数持续增长，说明账号的内容和定位符合受众需求，可以继续保持。如果粉丝总数下降，说明账号的内容或定位可能存在问题，需要调整策略。

2. 粉丝活跃度

粉丝活跃度可以反映出一个账号的受众活跃度和参与度。如果粉丝活跃度高，说明受众对账号的内容感兴趣并愿意参与互动，账号的内容和定位符合受众需求。如果粉丝活跃度低，说明受众对账号的内容不感兴趣或参与度不高，需要调整内容策略和互动方式。

图 9-5　常见粉丝数据

3. 粉丝性别和年龄分布

粉丝性别和年龄分布可以反映出账号的受众群体特点。如果性别分布和年龄分布与账号的内容和定位相符，说明受众群体相对稳定。如果性别分布和年龄分布与账号的内容和定位存在较大差异，说明受众群体可能存在问题，需要调整内容策略和推广方式。如图 9-6 所示，为某抖音号的粉丝性别分布情况。

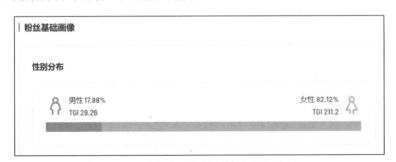

图 9-6　某抖音号的粉丝性别分布情况

4. 粉丝地域分布

粉丝地域分布可以反映出账号的受众地域分布情况。如果地域分布广泛，说明账号的内容和定位具有跨地域性，可以针对不同地域制定不同的营销策略。如果地域分布集中，说明账号的内容和定位可能存在地域局限性，需要针对不同地域调整内容策略和推广方式。

5. 商品购买需求分布

在新媒体数据分析中，分析粉丝的购买需求是非常重要的一部分。以下是一些分析粉丝购买需求的方法。

（1）观察粉丝的互动行为：通过观察粉丝在社交媒体平台上的互动行为，可以了解他们对哪些商品感兴趣，以及他们的购买意愿和偏好。例如，如果粉丝经常在社交媒体上点赞或评论某款商品，那么这款商品可能具有较高的购买需求。

（2）分析粉丝的购买数据：通过分析粉丝的购买数据，可以了解哪些商品最受粉丝的欢迎，以及他们的购买习惯和偏好。如果某款商品的销售量或销售额一直很高，那么这款商品可能具有较高的购买需求。例如，在飞瓜数据抖音版"受众画像"的粉丝画像页面中，可以查看消费需求分布情况，如图 9-7 所示。从图中可以看到该账号的粉丝对女装的消费需求最高，占比达到了 22.32%。

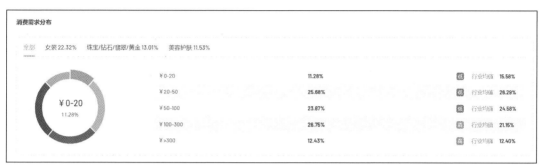

图 9-7　某账号的"商品购买需求分布"页面

（3）调查粉丝的需求和反馈：通过调查粉丝的需求和反馈，可以了解他们对哪些商品有较高的需求，以及他们对商品质量和价格等方面的要求。例如，可以通过在线问卷或个别访谈等方式，收集粉丝对商品的意见和建议，进一步了解他们的购买需求和偏好。

（4）利用大数据技术进行挖掘：利用大数据技术可以对海量的数据进行分析和挖掘，从而发现哪些商品具有较高的购买需求。例如，可以通过数据挖掘技术，对用户的浏览记录、购买记录、搜索记录等进行深入分析，从而发现最受用户欢迎的商品种类。

对于新媒体运营而言，常用的粉丝数据是非常重要的指标之一，可以帮助企业更好地了解受众群体，从而制定更精准的营销策略和方案，提高品牌影响力和销售效果。同时，对于不同的数据表现需要制定不同的策略和方案来提高运营效果。

子任务9.2.2　内容数据

新媒体的内容数据类型多样，常见的内容数据通常包括阅读量、点赞数、评论数、转发数和分享数等，如表 9-1 所示，这些数据可以反映用户对内容的兴趣和需求，帮助企业了解受众群体和行为，从而制定更精准的营销策略和内容创作方案，提高品牌影响力和销售效果。

表 9-1　常见的内容数据

数 据 名 称	解　　析
阅读量	指用户点击或扫码查看内容的次数，是衡量内容受欢迎程度的重要指标
点赞数	指用户对内容进行点赞的数量，反映用户对内容的认可和喜欢程度

数 据 名 称	解　　析
评论数	指用户对内容进行评论的数量，反映用户对内容的关注和反馈程度
转发数	指用户将内容转发到其他平台或分享给其他人的次数，反映用户对内容的认可和传播程度
分享数	指用户将内容分享到其他平台或以其他方式进行传播的数量，反映用户对内容的关注和传播程度

分析新媒体的内容数据可以帮助企业了解用户对内容的兴趣和需求，分析新媒体内容数据的方法如图 9-8 所示。

关注趋势和变化

分析受众群体

对比不同内容的数据

结合其他数据进行分析

图 9-8　分析新媒体内容数据的方法

（1）关注趋势和变化：通过观察内容数据的趋势和变化，可以了解用户对内容的关注程度和兴趣变化。例如，如果某篇文章的阅读量和点赞数持续增长，说明用户对这篇文章的内容越来越感兴趣。

（2）分析受众群体：通过分析受众群体的特征，可以了解用户对哪些内容更感兴趣，以及他们的阅读习惯和偏好。例如，如果某篇文章的阅读量主要来自年轻群体，说明这篇文章的内容更符合年轻用户的兴趣和需求。

（3）对比不同内容的数据：通过对比不同内容的数据，可以了解哪些内容更受欢迎，以及它们的优点和不足。例如，如果某篇文章的点赞数比另一篇文章高，说明这篇文章的内容更受用户欢迎。

（4）结合其他数据进行分析：通过结合其他数据进行分析，可以更全面地了解用户的需求和行为。例如，可以通过分析用户的搜索记录或浏览记录等数据，进一步了解他们对哪些内容更感兴趣。

分析新媒体的内容数据可以帮助企业更好地了解用户的需求和行为，从而制定更精准的内容创作方案和营销策略。同时，对于不同的数据表现需要制定不同的策略和方案来提高运营效果。

子任务9.2.3 转化数据

新媒体的转化数据通常包括转化率、订单转化率、注册转化率、下载转化率和付费转化率等，如表 9-2 所示。这些数据可以反映用户对新媒体营销的参与度和转化效果，帮助企业了解用户的需求和行为，从而优化运营策略和调整营销方案，提高销售业绩和品牌影响力。

表 9-2 新媒体的转化数据

数 据 名 称	解 析
转化率	指用户从浏览页面到完成特定目标的转化率，是衡量新媒体营销效果的重要指标
订单转化率	指用户从浏览页面到下单的转化率，反映用户对购买决策的信任度和满意度
注册转化率	指用户从浏览页面到注册的转化率，反映用户对注册流程便捷性的满意度和可信度
下载转化率	指用户从浏览页面到下载的转化率，反映用户对下载内容的兴趣和需求
付费转化率	指用户从浏览页面到付费的转化率，反映用户对付费内容的认可和价值感知

分析新媒体转化数据的方法如图 9-9 所示。

图 9-9 分析新媒体转化数据的方法

（1）关注关键指标：转化率是衡量新媒体营销效果的关键指标，需要重点关注和分析。例如，如果某篇文章的转化率较高，说明这篇文章的内容更符合用户的需求和兴趣。

（2）分析用户行为：通过分析用户的行为路径和转化方式，可以了解用户的需求和偏好。例如，如果用户更喜欢通过搜索来找到产品或服务，那么企业可以在优化搜索引擎方面下功夫。

（3）对比不同渠道的转化率：通过对比不同渠道的转化率，可以了解不同渠道的用户特点和需求，从而制定更精准的营销策略。例如，如果某个社交媒体的转化率较高，说明这个社交媒体的用户更具有购买意向和需求。

（4）优化运营策略：根据转化数据分析的结果，可以优化运营策略和调整营销方案。

例如，如果某个活动的注册转化率较低，那么企业可以在活动页面增加更多的注册引导或优化注册流程。

（5）结合其他数据进行分析：通过结合其他数据进行分析，可以更全面地了解用户的转化情况和行为。例如，可以通过分析用户的浏览记录、搜索记录等数据，进一步了解他们的购买决策和行为习惯。

分析新媒体的转化数据可以帮助企业更好地了解用户的需求和行为，从而制定更精准的营销策略和运营方案。同时，对于不同的数据表现需要制定不同的策略和方案来提高运营效果。

任务9.3　新媒体数据化运营的常用工具

为了方便新媒体运营者的数据化运营工作的开展，推出了很多实用性很强的工具，比如分析新媒体账号发展状况的新榜、提供新媒体排行榜的清博大数据、用户行为分析平台神策数据等，如图 9-10 所示。下面简要介绍这些常用的数据分析工具。

图 9-10　数据化运营的常用工具

子任务9.3.1　新榜

新榜是一个综合性的新媒体内容生态服务平台，提供了一系列工具和服务，以帮助企业和个人更好地运营新媒体。新榜的首页如图 9-11 所示。

新榜的主要功能与特点如下。

（1）榜单排名：新榜提供各种类型的榜单排名，包括微信、微博、抖音、知乎等众多平台，以及各行业和领域的自媒体排行榜。这些榜单可以反映各平台和自媒体的影响力和价值，帮助用户更好地了解新媒体内容生态。

图 9-11　新榜首页

（2）数据监测：新榜提供数据监测功能，用户可以实时监测自己或竞争对手的公众号、网站、App 等新媒体平台的数据，包括阅读量、点赞数、评论数等指标，从而更好地了解用户需求和行为，优化运营策略。

（3）内容创作：新榜提供一系列内容创作工具，包括新媒体编辑器、排版工具、图片素材库等，帮助用户快速创建高质量、美观的新媒体内容。

（4）推广与接广告：新榜提供推广和接广告的功能，用户可以通过新榜平台推广自己的内容或产品，或接收其他用户的广告投放需求，从而获得更多的曝光和收益。

（5）数据分析：新榜提供详细的数据分析功能，用户可以通过数据图表、趋势图等方式，深入分析自己或竞争对手的新媒体数据，从而更好地了解用户需求和市场趋势。

（6）社交媒体管理：新榜提供社交媒体管理功能，帮助用户管理多个社交媒体账号，包括微信公众号、微博、抖音等，提高社交媒体的营销效果。

（7）知识分享与交流：新榜还提供知识分享与交流社区，用户可以在这里获取各种类型的新媒体知识和经验分享，与其他用户进行交流和合作。

新榜作为一个综合性的新媒体内容生态服务平台，提供了丰富的工具和服务，帮助企业和个人更好地运营新媒体，提高品牌影响力和销售业绩。

子任务9.3.2　清博大数据

清博大数据（清博智能）是一个全域覆盖的新媒体大数据平台，也是国内制定各类互联网、新媒体、大数据排行榜的权威机构。清博智能拥有清博指数、清博舆情、新媒体管理考核系统等多个核心产品，提供微信、微博、头条号等新媒体排行榜、舆情报告、数据咨询、融媒体等服务。清博大数据的首页如图 9-12 所示。

图 9-12　清博智能首页

清博大数据的主要功能和特点如下。

（1）数据获取：清博大数据平台支持不同类型的数据获取，包括基于关键词搜索的数据和针对特定网站或社交媒体的数据爬取。同时提供数据清洗和筛选的功能，帮助用户筛选出最有价值的数据。

（2）数据处理与分析：清博大数据平台能够对获取的数据进行有效的处理和分析。例如，通过数据挖掘和机器学习等技术，对大量数据进行聚类分析、分类分析、关联分析等，从而发现数据背后的规律和趋势。

（3）数据可视化：清博大数据平台提供数据可视化工具，可以将处理后的数据以图表、表格等多种形式呈现，使用户更易于理解和分析数据。

（4）行业解决方案：清博大数据平台为不同行业提供个性化的解决方案。例如，针对电商行业，清博大数据可以提供基于新媒体大数据的营销策略、运营方案、效果评估等服务。

（5）数据应用：清博大数据平台将数据应用于实际业务场景中，例如新媒体运营、品牌推广、用户画像构建等。同时，还提供定制化的数据应用服务，以满足用户的个性化需求。

（6）影响力标准制定：清博大数据平台参与新媒体大数据评价体系和影响力标准的制定，能够科学评估新媒体账号的影响力和价值。

（7）舆情分析报告与软件供应商：清博大数据平台提供实时的舆情监测和分析报告服务，帮助用户及时发现和处理舆情事件。同时，还提供舆情分析软件，使用户可以更高效地进行舆情管理和分析。

（8）融媒体平台解决方案提供商：清博大数据平台为融媒体平台提供全面的解决方案，包括内容生产、分发、互动、运营等多个方面。

（9）一站式行业大数据解决方案服务商：清博大数据平台提供一站式的大数据解决方案服务，包括数据采集、处理、分析、应用等多个环节，帮助用户实现业务价值的最大化。

清博大数据（清博智能）是一个全域覆盖的新媒体大数据平台，具有丰富的功能和特点，能够满足用户在新媒体运营、舆情管理、品牌推广等方面的需求，帮助用户更好地利用大数据进行决策和管理。

子任务9.3.3 神策数据

神策数据是一个强大的数据分析工具，专注于用户大数据分析和用户管理需求的多维度数据分析。它具备私有化部署的优点，能够安全、高效地存储和处理用户数据。同时，神策数据也支持基础数据采集与建模，可以灵活地收集、处理和分析各种类型的数据。此外，神策数据还提供 PaaS 平台开发，帮助用户快速搭建自己的数据分析平台，提高工作效率。神策数据的首页如图 9-13 所示。

神策数据的主要功能与特点如下。

（1）基础数据采集与存储：神策数据可以采集多种数据源，包括终端（Web、App、H5、软件）的用户行为，后端服务器日志（Log）和业务数据（DataBase），根据业务分析需求，高效地采集散落在各处的基础数据，永久沉淀的企业数据资产。同时，神策数据支持多种埋点方式，确保提供适合业务需求的数据接入方案。无论产品技术架构如何，都可以便捷地接入神策系统，数据实时导入，格式达到统一、完备。

图 9-13 神策数据的首页

（2）实时灵活的多维分析能力：神策数据提供了全功能的多维分析能力，可以剖析用户行为，如维度、指标不需要预定义，漏斗分析、留存分析、分布分析都可以任意维度下钻。同时，神策数据不仅存储最细粒度的用户行为明细数据，还支持私有化部署，提供 API 接口并支持二次开发。

（3）客户行为偏好采集和分析：神策数据通过对用户行为进行分析后，针对不同用户，定向推送投其所好的营销内容，提升用户群体的黏性。

（4）个性化推荐改造和用户标签体系构建：神策数据可以基于用户行为数据进行个性化推荐改造，同时构建用户标签体系，以更好地了解用户需求和行为。

（5）营销渠道效果评估、用户精细化运营改进和产品功能及用户体验优化：神策数据可以针对不同营销渠道的效果进行评估，并提供用户精细化运营改进的建议，帮助企业优化产品功能和用户体验。

（6）老板看板辅助管理决策：神策数据提供老板看板辅助管理决策功能，让企业领导可以更直观地了解企业运营情况，从而做出更准确的决策。

（7）数据私有化部署：神策数据支持私有化部署，保障客户数据的安全性和隐私性。

神策数据是一个基于用户大数据分析和用户管理需求的多维度数据分析平台，具有丰富的功能和特点，可以帮助企业更好地了解和管理用户行为和需求，提高营销效果和运营效率。

子任务9.3.4 微信指数

微信指数是微信官方提供的基于微信大数据分析的移动端指数，能反映关键词在微信内的热度变化情况。微信指数整合了微信上的搜索和浏览行为数据，对微信搜索、公众号、视频号等内容进行综合分析，从而获取到关键词的动态指数变化情况，便于新媒体运营查看某个词语在一段时间内的热度趋势和最新指数动态。如图9-14所示为微信指数对于"杯子"这一关键词的数据展示。

微信指数的主要功能与特点如下。

（1）数据来源广泛：微信指数的数据来源非常广泛，包括微信内的搜索、浏览、分享、评论等行为数据，以及相关的外部数据源。这使得微信指数能够全面、客观地反映关键词在微信内的热度变化情况。

（2）实时分析：微信指数能够对海量数据进行实时分析，能够即时获取某一词语在微信内的热度趋势和最新指数动态。这使得用户能够及时了解互联网用户当前最为关注的社会问题、热点事件、舆论焦点等。

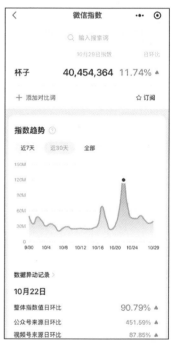

图9-14 "杯子"关键词的数据页面

（3）热度趋势可视化：微信指数将关键词的热度趋势用可视化图表的方式呈现，使得用户能够更加直观地了解关键词的热度变化情况。

（4）热词推荐：微信指数还会根据当前的热度趋势和用户行为数据，推荐一些热门的关键词和话题，帮助用户更好地了解当前的热点事件和舆论焦点。

（5）数据可追溯：微信指数提供的数据都是可追溯的，用户可以通过数据报告查看每个关键词的历史数据和变化趋势，从而更好地了解关键词的热度变化规律和趋势。

（6）个性化定制：微信指数还提供个性化定制功能，用户可以根据自己的需求和偏好设置定制化的关键词和数据报告，从而更好地满足自己的数据分析需求。

（7）多维数据分析：微信指数不仅提供关键词的热度趋势分析，还提供多维度的数据分析功能，例如地域分布、性别比例、年龄分布等，从而帮助用户更好地了解受众群体的特征和偏好。

（8）数据可视化工具：微信指数提供完善的数据可视化工具，用户可以通过简单的拖拽操作，快速创建各种类型的可视化图表，例如柱状图、折线图、饼图等，从而更加直观地展示数据和分析结果。

（9）移动端优先：微信指数是一个移动端优先的产品，用户可以在手机上随时随地查看和分析微信指数的数据报告和可视化图表，非常方便快捷。

微信指数是一个功能强大、特点鲜明的数据分析工具，能够帮助用户更好地了解和理解微信用户的行为和需求，从而更好地制定营销策略和运营方案。

子任务9.3.5　西瓜数据

西瓜数据是一款公众号运营及广告投放效果监控的专业大数据分析工具，提供全网优质公众号查询、监控及诊断等数据服务，并提供多维度的公众号榜单排名、公众号推荐等实用功能。西瓜数据的首页，如图 9-15 所示。

图 9-15　西瓜数据的首页

西瓜数据的主要功能与特点如下。

（1）公众号查询：西瓜数据可以提供全网优质公众号查询，用户可以输入关键词搜索相关的公众号，并查看每个公众号的详细信息，包括名称、简介、所属分类、粉丝数、阅读量等。

（2）公众号监控：通过西瓜数据，用户可以实时监控自己或竞争对手的公众号数据，包括阅读量、点赞数、评论数等指标，从而了解用户需求和行为，优化运营策略。

（3）数据排名和推荐：西瓜数据提供多维度的公众号榜单排名，用户可以查看不同分类的公众号排行榜，以及基于地域、行业等维度的公众号推荐，帮助用户发现更多高质量的公众号。

（4）广告投放效果监控：西瓜数据可以监测公众号文章中的广告投放效果，提供实时的数据分析和报告，帮助广告主及时了解广告效果，调整投放策略。

（5）数据分析工具：西瓜数据提供专业的数据分析工具，用户可以自定义分析指标，对公众号数据进行深入挖掘和分析，从而更好地了解用户需求和行为特征。

（6）定制化服务：西瓜数据还提供定制化的数据服务，根据用户的需求和要求，提供个性化的数据分析和解决方案，帮助用户更好地实现数据化运营。

西瓜数据是一款专业的公众号数据工具，提供全网优质公众号查询、监控及诊断等数据服务，以及多维度的公众号榜单排名、公众号推荐等实用功能。这些功能可以帮助新媒体运营者更好地了解用户需求和行为，优化产品功能和用户体验，提高营销效果和运营效率。

观看视频

课堂实训　用户画像分析案例详解

用户画像分析是一种通过收集和分析用户数据来深入了解用户需求、行为和偏好的方法。以淘宝直播为例，通过淘宝直播后台可以查看具体的用户信息，其具体操作步骤如下。

步骤 1： 打开并登录淘宝直播后台，在左侧菜单栏中点击"数据"板块下面的"粉丝分析"按钮，如图 9-16 所示。

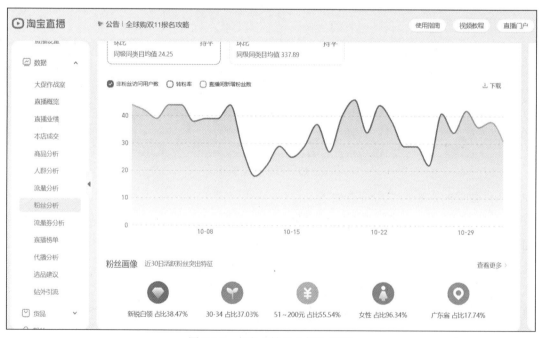

图 9-16　点击"粉丝分析"按钮

步骤 2： 进入"粉丝分析"页面，点击"粉丝画像"板块右侧的"查看更多"按钮，页面跳转至"用户画像"页面，该页面可以查看整体用户画像、粉丝用户画像和访客用户画像，我们这里查看整体用户画像，如图 9-17 所示。在用户画像板块中首先可以查看的就是用户基础特征信息，如性别占比、年龄占比以及笔单价占比情况。

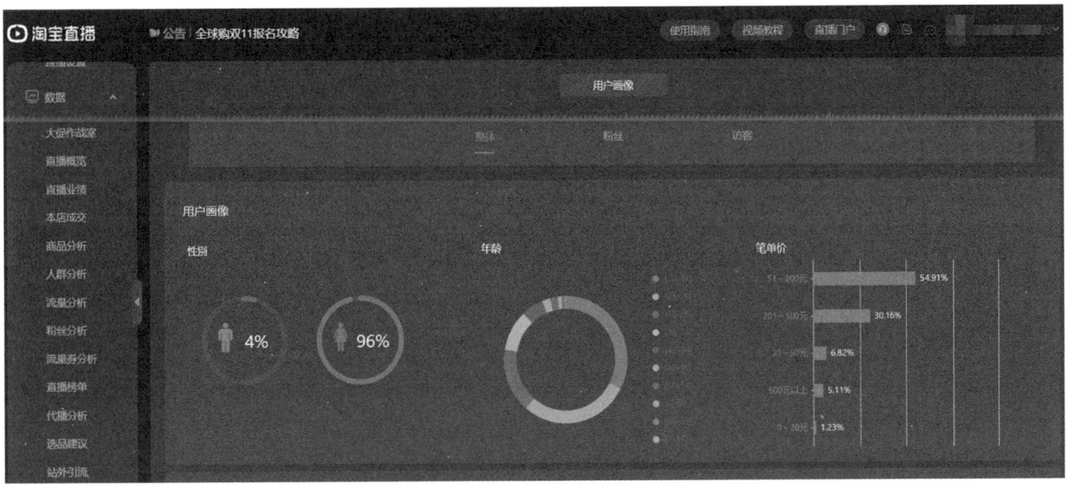

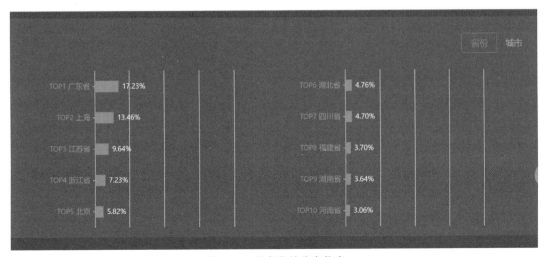

图 9-17　查看整体用户画像

通过用户性别和年龄分析，可以得知大多数用户的性别和年龄段，再分析这些人群的喜好，把喜好加入标题、封面图和直播内容中去，使直播间更受欢迎。如图 9-17 所示，通过分析该直播账号的用户基础特征信息，可以知道用户大多数为女性，因此在做运营时应重点考虑女性用户的需求和消费特点。

笔单价是指每一笔交易对应的平均交易金额，即总支付金额除以订单数。通过笔单价分析，运营者可以更好地了解用户需求、消费习惯和购买能力，为产品或服务定价、营销策略制定等提供更有针对性的参考。例如，图 9-17 中笔单价在 51 ~ 200 元这个价格段的占比最高，说明用户对这一价格段的产品或服务需求较高，拥有较强的购买力。

步骤 3：下拉"用户画像"页面，可查看用户地域分布信息，包括省份分布信息和城市分布信息。如图 9-18 所示为该直播账号的用户省份分布信息。

图 9-18　用户省份分布信息

通过用户地域分布信息，可以强化直播间内容或产品的地域特色风格。如上图所示，该直播账号的用户主要集中在广东、上海等省份和直辖市，因此，在直播时可加入一些该地域的话题，吸引用户们参与活动。

　　步骤 4： 继续下拉"用户画像"页面，可查看用户人群占比信息，如图 9-19 所示。通过人群占比分析，运营者可以更好地了解不同用户群体的需求和喜好，制定更精细化、更有针对性的运营策略、内容推荐和营销策略，提高用户体验、用户黏性和营收。例如，该直播账号的新锐白领人群占比较高，那么，运营者可以针对这部分用户提供更多高品质、高专业性的直播内容，以吸引和留住这部分用户。

图 9-19　用户人群占比信息

课后作业

　　1.简述什么是数据化运营。

　　2.简述数据化运营的核心指标。

　　3.列举 3 种数据化运营的常用工具。

图书资源支持

感谢您一直以来对清华版图书的支持和爱护。为了配合本书的使用，本书提供配套的资源，有需求的读者请扫描下方的"书圈"微信公众号二维码，在图书专区下载，也可以拨打电话或发送电子邮件咨询。

如果您在使用本书的过程中遇到了什么问题，或者有相关图书出版计划，也请您发邮件告诉我们，以便我们更好地为您服务。

我们的联系方式：

清华大学出版社计算机与信息分社网站：https://www.shuimushuhui.com/

地　　址：北京市海淀区双清路学研大厦 A 座 714

邮　　编：100084

电　　话：010-83470236　010-83470237

客服邮箱：2301891038@qq.com

QQ：2301891038（请写明您的单位和姓名）

资源下载：关注公众号"书圈"下载配套资源。

资源下载、样书申请

书 圈

图书案例

清华计算机学堂

观看课程直播